SCRIPTORVM CLASSICORVM
BIBLIOTHECA OXONIENSIS

OXONII

E TYPOGRAPHEO CLARENDONIANO

P. OVIDI NASONIS

AMORES
MEDICAMINA FACIEI FEMINEAE
ARS AMATORIA
REMEDIA AMORIS

EDIDIT

BREVIQVE ADNOTATIONE CRITICA

INSTRVXIT

E. J. KENNEY

COLL. DIV. PET. CANT. SOCIVS

OXONII

E TYPOGRAPHEO CLARENDONIANO

OXONII

Excudebat Vivianus Ridler

Architypographus academicus

© *Oxford University Press 1961*

FIRST PUBLISHED 1961
REPRINTED LITHOGRAPHICALLY AT THE
UNIVERSITY PRESS, OXFORD
FROM CORRECTED SHEETS OF THE FIRST EDITION
1965, 1968

PRINTED IN GREAT BRITAIN

PRAEFATIO

Codicvm adfinitates cum alibi[1] fusius indagaturus sim, hic rem sine multo probationis apparatu breuiter exponere satis habui. In *Amoribus* et *Arte Amatoria* et *Remediis Amoris* recensendis libri praestantiores quos constanter citaui hi sunt:

P Parisinus Latinus 8242 (Puteaneus), saec. ix uel x in Gallia exscriptus. Continet *Heroidas* non totas, *Am.* I ii 51–III xii 26, xiv 3–xv 8.

S Sangallensis 864, saec. xi exscriptus. Continet inter alia *Am.* epigr., I i 1–vi 45, viii 75–III ix 10, *Met.* iii 642–83.

R Parisinus Latinus 7311 (Regius), saec. ix in Gallia exscriptus. Continet *A.A.*, *Rem.*, *Am.* epigr.–I ii 19, I ii 25–50. Contuli.[2]

O Oxoniensis Bodleianus Auct. F. 4. 32, saec. ix in Wallia exscriptus. Continet *A.A.* i. Contuli.

S$_a$ Sangallensis 821, saec. xi exscriptus. Continet *A.A.* i 1–230. Contuli.

E Etonensis 150 (Bl. 6. 5), saec. xi in regione Barina exscriptus. Continet inter alia *Her.* i 1–vii 159, *Rem.* Contuli.

K Parisinus Latinus 8460 (Puteaneus), saec. xii exscriptus. Continet inter alia *Rem.* Contuli.

In *Amoribus* (R)PS, in *Arte* ROS$_a$, in *Remediis* REK communem quandam originem prae se ferunt. Cognationes per stemmata p. vi exhibita depingere licet.

---

[1] *C.Q.* s.n. xii (1962), 1 sqq. De nonnullis locis disputaui ibid. viii (1958), 54 sqq.; ix (1959), 240 sqq.

[2] Omnium quos adhibui codicum imagines phototypicae mihi praesto fuerunt.

Amores

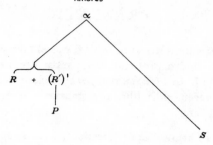

Ars Amatoria

Remedia Amoris

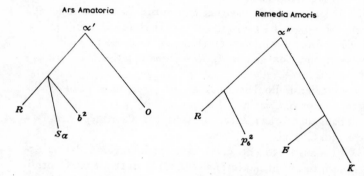

Istos tres codices quos uocant hyparchetypos (α, α′, α″) re
uera unum codicem fuisse, qui Ouidi carmina amatoria
(etiam *Her.*) omnia in uno corpore contineret, ut non
ausim pro certo affirmare, ita ueri simile censeo. Quod ut-
cumque erit, hunc textus fontem, siue unus liber fuit siue

¹ De Regii parte amissa et eius cum P cognatione cf. S. Tafel, *Die
Ueberlieferungsgeschichte von Ovids Carmina amatoria* (diss. Tübingen,
1910), p. 31; F. Munari, *Amores*³, p. xvi.

² b = excerpta in Bambergensi M. V. 18 (saec. x) adseruata (Tafel,
pp. 9–11); p₆ = excerpta in Par. Lat. 8069 (x/xi) adseruata (Tafel,
pp. 11–12). Ad textum constituendum parui pretii sunt.

α plures, α nominaui. Quando in *Amoribus* PS uel RS, in
A.A. i 1–230 ROS$_a$ uel RO uel OS$_a$, in *A.A.* i 231–772
RO,[1] in *Rem.* REK uel RE uel RK congruunt, α agno-
scimus; cum uero P/S uel RS$_a$/O uel R/EK inter se
discrepant, singulorum codicum auctoritate, ut ad α per-
ueniamus, non nisi raro niti licet: omnes enim plus minus
interpolati sunt et erroribus multis abundant. Quos errores
scrutanti mihi α litteris minusculis in Gallia circa a. 800
exscriptus fuisse uidetur.[2] Testimonium librorum qui ab α
originem ducunt pretiosissimum esse cuiuis patebit: in
primis P et R ueritatem nonnumquam soli adseruant.

Codicum recentiorum adfinitates diligenter scrutari
cum longum tum inutile erat: ita sunt confusae et, ut
A hodierno utar barbarismo, contaminatae. Vnus tamen
dignus est qui constanter citetur, Londiniensis Mus. Brit.
Add. 14086, circa a. 1100 exscriptus, qui *Artem* tantum
continet.[3] Is liber, quamquam interpolatione haudqua-
quam intactus est, tamen apertam cum α cognationem
prae se fert. Quod autem alii quoque nonnulli similis
D adfinitatis uestigia ostendunt, uelut Diuionensis 497 (saec.
O$_g$ xiii) uel Oxoniensis Bodl. Canon. class. Lat. 18 (xv) uel
Z Lentiensis 329 (xii/xiii), non idcirco debemus eis auctorita-
tem maiorem uindicare. Vt inter se recentiores libri non
raro dissentiant, tamen, si aetatis quam dicunt Ouidianam
adulterationes respueris, textus formam exhibent ab α
nonnihil distantem, quae utrum ab uno fonte an pluribus
deriuata sit nesciendum est. Vtilitati inseruire liceat dum

1 In *A.A.* ii–iii interdum fieri potest ut per consensum RAO$_g$ uel RO$_g$
prodatur α: de AO$_g$ cf. infra.

2 Cf. L. Müller, *De Re Metrica*[2], pp. 24 sqq., Tafel (qui per ρ signi-
ficat), pp. 32 sqq. De Hiberica istius libri origine errasse mihi uidetur
Tafel.

3 Primus detexit nominauitque A. Boutemy, *Rev. des Études lat.* xiv
(1936), 271–3; xv (1937), 92–102.

rem ita tractamus tamquam si ab uno fonte fluxerint β omnes, quem β nominaui.[1] In notis criticis codices recen-

ω, ς tiores omnes uel plures per ω, aliquot uel paucos per ς significaui. Nullum fere, quod ad auctoritatem attineat, inter manus cuiusuis recentiorum primam et secundam

P$_b$, P$_b$* discrimen esse docet Parisinus Latinus 7994 (saec. xiii).[2]

In *Amoribus* β non ab α deriuatum esse ideo certum est quod locos sine dubio genuinos I xiii 11–14, II ii 18–22, 25–27 omittit α (PS), tradunt ω.[3] In *Arte* item omittit α (RO) i 466–71 (quos uu. spurios esse nemo quod sciam putauit), tradunt ω. De *Remediis* nihil tale probari potest, sed ueri simile est etiam hic rem se non aliter habere. Igitur α et β duo[4] nobis praesto sunt testes per quos codicis

ξ archetypi (ξ), siquidem ab uno codice omnes qui nunc exstant libri deriuati sunt,[5] lectiones constituere debemus. Sed textus Ouidianus non is est qui regulis Lachmannianis pareat: haec carmina multorum lectorum manibus adtrita et saepissime exscripta multifidi fluminis ritu, ut Housmannianam mutuer similitudinem,[6] ad nostra tempora peruenerunt. Ergo interdum αω cum ς, ας cum ς, ας cum

---

[1] Vide quae Munari, *Amores*³, p. xviii, n. 1, de hac re sapienter praecepit. Sigla α et β ab eo ausus sum mutuari.

[2] Folium quod *A.A.* iii 710–89 continebat cum excidisset et nescioquo modo in mediam *Ibin* (ubi nunc fol. 102 est) migrasset, uersus amissos suppleuit (fol. 88) manus eiusdem aetatis primae non dissimilis. Ita congruit interdum P$_b$* cum P$_b$ ut ab eodem fonte credas necessario deductos: 711 *relinquit*, 721 *ut*, 722 *tremente*, 745 *labens*; sed dissensiones sunt non minus notabiles: 720 *quia mens* P$_b$: *quod amans* P$_b$*, 742 *o morior*: *labor et o*, 753 *cunctis*: *nocte*, 782 *semper . . . illa*: *stet uir . . . ipsa*. Equidem suspicor P$_b$* librarium eodem exemplari usum esse ac P$_b$, uarias lectiones ut libuit in textum recepisse. Talia in textu tam saepe exscripto quotiens accidisse existimemus?

[3] Cf. *C.R.* s.n. v (1955), 13–14.

[4] Quoniam φ parum confidere licet: u. infra, p. ix.

[5] Cf. G. Pasquali, *Storia della tradizione e critica del testo*², pp. 15–21.

[6] *Lucanus*, pp. vi–vii.

ω dissentiunt; interdum, cum ambigitur quid habuerit α, Pϛ cum Sϛ, Rω cum Oϛ, Rϛ cum EKω comparandi sunt. Quamquam β textum saepius praebet foedissimis mendis deprauatum, tamen ne α quidem interpolationum et corruptelarum expers fuit. Raro igitur codicum auctoritate, semper fere ratione et re ipsa nitendum. Nec reiciendae prorsus sunt eae lectiones quae in ϛ tantum occurrunt, si aliquam ueritatis speciem prae se ferunt: nam si semel[1] uera lectio in uno alteroue libro adseruari potuit, quid uetat sexies, quid uetat sescenties tale accidisse? nec semper uiris doctis, quiqui fuerunt, aetatis Ouidianae haec inputanda censeo. Recensionem habemus, ut Pasqualiano more loquar, apertam: sapientis est editoris ἐκλεκτικῶς edere.

e   Excerpta quae tradunt Escorialensis Q. I. 14 (saec. xiv)
P₁, P₃ et Parisini Latt. 7647 (xii), 17903 (xiii) ex uno fonte, quem
ϕ ϕ nominaui, hausta esse per se patet. Praeterquam quod errores quosdam proprios suos exhibet, planam cum β adfinitatem monstrat ϕ; nam quod *Epistulam Sapphus* inter *Her.* xiv et xvi collocauit[2] quodque *Am.* I ii 14 recte *prensi* praebet, ualde dubito num satis his arguatur recta uia a ξ descendisse. Ergo cum ϕ nouitatis causa constanter citauerim, auctoritatem ei non magnam tribuere uolui.

Exc. Put.   Excerpta Puteani et Scaligeri ab Heinsio saepius laudata
Exc. Scal. aliquam cum α adfinitatem exhibent, non tamen tota a

---

[1] *Am.* II i 17 *fulmen omisi* ϛ; quem correctorem putes suo Marte ausurum fuisse ŏ*misi* Ouidio reddere (cf. B. Axelson, *Unpoetische Wörter*, pp. 22–23)? Vide etiam de hac re Housmannum, *Iuuenalis*, pp. xxvi–xxvii; U. Knoche, *Handschriftliche Grundlagen des Juvenaltextes*, p. 74; Pasquali, pp. 43–108; W. V. Clausen, *Persi Saturarum Liber*, pp. xviii–xxii.

[2] Cf. A. Palmer, *Heroides*, p. 422; B. L. Ullman, *Classical Philology* xxvii (1932), 13.

codicibus exstantibus pendent: igitur citanda duxi, sed non constanter. Excerpta ex interpretatione Graeca [Plan.] pseudo-Planudea in cod. Neapol. II C 32 (circa a. 1400) adseruata bis terue in *Remediis* digna esse existimaui quae laudentur.[1]

Somnium (*Am.* III v) Ouidio etiam nunc attribui nequeo satis mirari: cum enim totum carmen ab *Amorum* genere et indole plane abhorret, tum multa continet quae si quis Ouidium scripsisse sibi persuadeat, μακαρίζω. Adspice enim sis (1) iterationes uerborum in uu. 7–8, 27–28, 31–33 obuias, quae etiamsi singulae ueniam inpetrare possint in carmine tam breui ter usurpatae Sulmonensem non redolent, (2) hyperbata duo molestissima (14, 18), qualia, quamquam Ouidium hanc figuram frequentasse nemo est quin sciat, tamen intra spatium v uersuum frustra alibi quaeres, (3) alia ab usu Ouidiano prorsus aliena, uelut u. 18 *pasto* passiue adhibitum, 35 *mobilibus foliis* ex Hor. *C.* I xxiii 5–6 inepte translatum, 40 *ingenium mouere* de sollicitando et corrumpendo usurpatum. Huc accedit quod *Somnium* non in ξ fuisse ex eo elucet quod cum nullam in libris certam sedem habet tum a nonnullis omnino omittitur. Si igitur, *Somnio* amoto uel potius uncinis incluso, *Am.* II ix et III xi auctore Luciano Müller diuiserimus, *Amorum* editionem habebimus in tres libros diuisam carmina xv, xx, xv continentes; quod casu factum uix crediderim.[2]

In *Medicaminibus Faciei Femineae* recensendis cum Kunzii uestigia plerumque presserim non est cur multa disseram. De titulo tantum moneo me solitam formam,

---

[1] Excerpta e *Remediis* edidit non satis accurate H. Schenkl, *Στρωματεῖς* (Festgabe Graz, 1909), pp. 105 sqq. Tota (continet enim *Amores* quoque et *Artem*) spero me mox editurum.

[2] Cf. W. Port, *Philol.* lxxxi (1926), 450–6.

id est *De Medicamine F. F.*, ideo repudiauisse quod *medica-men* sensu uerbali a scriptoribus Latinis usurpari non inuenio.

Vt apparatum uere criticum reddam, lectiones eas quae, quamquam ad loci ubi occurrunt textum constituendum nihil adferunt, tamen librarii indolem utiliter declarent aut alioqui mentione dignae sint, in Appendicem relegaui.

In rebus orthographicis monendum est me, meris quis-quiliis silentio praetermissis, auctoritatem codicum anti-quissimorum, praecipue PRO, plerumque secutum esse. Quod ad nomina propria attinet, dum uerae eruditioni obtempero, non sum oblitus Ouidium doctum et elegan-tem et linguae Graecae peritissimum fuisse poetam.[1]

RESTAT ut gratias agam omnibus qui me consilio aut pecunia aut alia quauis ope adiuuerunt. Duo sunt amici quos hic nominare praestat, R. A. B. Mynors et W. V. Clausen, quorum ille studiorum meorum Ouidianorum auctor idem constans fautor fuit, hic et scidas typo-graphicas perlegit et hanc Praefationem castigauit. In codicibus conferendis humanitatem complurium biblio-thecariorum expertus sum, quos hic nominare longum erat; iidem in imaginibus phototypicis comparandis operam amice nauauerunt, Concilium Ordinis Classicorum Canta-brigiensis subsidia pecuniaria praestitit. Quid dicam de alma matre mea, Hospitio Christi? cuius praesules me haec studia incohantem praemio a Societate Pittiana fundato liberalissime donauerunt, ut codices multos in bibliothecis longinquis adseruatos ipsi inspicere contigerit.

De praecedentibus editoribus excepto uno hic silere constitui. Si cui haec editio laude digna uidebitur, propter

---

[1] Vide quae de *Laodamia* et sim. optime praecepit G. P. Goold, *The Phoenix* xij (1958), 113.

hoc placituram esse spero, quod in his carminibus edendis imaginem et exemplum ob oculos semper habui poetarum Latinorum sospitatoris, NICOLAI HEINSII; cuius memoriae, si per leges huius Bibliothecae mihi liceret, hoc opus anno post eius Ouidi editionem trecentesimo in lucem emissum dedicaturus fui.

E. J. K.

ADDENDVM

P. 114 adde: 31–34 = *Tr.* ii 247–50, *nisi quod pro* nos uenerem tutam *illic habent* nil nisi legitimum *codd. plerique*

AMORES

SIGLA

(b) *in Somnio* (= [*Am.*] III v) *tantum*

π = Parisinus Latinus 9344, saec. xi
B_b = Bernensis 505, saec. xiii
B_d = Bernensis 519, saec. xi
P_q = Parisinus Latinus 8207, saec. xiii
U = Riccardianus 489, saec. xiii
X_b = Lipsiensis Rep. I. 4. 74, saec. xii
X_c = Dresdensis A. 167a, saec. xii

ω = codices praeter *RrPpS* omnes uel plures
ς = eorundem aliquot uel pauci

Florilegia et excerpta

e = Escorialensis Q. I. 14, saec. xiv in.
p_1 = Parisinus Latinus 7647, saec. xii ex.
p_3 = Parisinus Latinus 17903, saec. xiii
ϕ = horum consensus

p_6 = Parisinus Latinus 8069, saec. x/xi
exc. Put. = excerpta Puteani ⎫
exc. Scal. = excerpta Scaligeri ⎭ ab Heinsio laudata

P. OVIDI NASONIS AMORVM

LIBER PRIMVS

EPIGRAMMA IPSIVS

Qvi modo Nasonis fueramus quinque libelli,
  tres sumus: hoc illi praetulit auctor opus.
ut iam nulla tibi nos sit legisse uoluptas,
  at leuior demptis poena duobus erit.

I

Arma graui numero uiolentaque bella parabam
  edere, materia conueniente modis.
par erat inferior uersus; risisse Cupido
  dicitur atque unum surripuisse pedem.
'quis tibi, saeue puer, dedit hoc in carmina iuris?   5
  Pieridum uates, non tua, turba sumus.
quid, si praeripiat flauae Venus arma Mineruae,
  uentilet accensas flaua Minerua faces?
quis probet in siluis Cererem regnare iugosis,
  lege pharetratae uirginis arua coli?   10
crinibus insignem quis acuta cuspide Phoebum
  instruat, Aoniam Marte mouente lyram?
sunt tibi magna, puer, nimiumque potentia regna:
  cur opus adfectas ambitiose nouum?
an, quod ubique, tuum est? tua sunt Heliconia tempe?   15
  uix etiam Phoebo iam lyra tuta sua est?

P. OVIDI NASONIS LIBER PRIMVS REMEDIORVM / EXPLICIT. INCIPIT EIVSDEM
ANIMORVM [*sic*] / LIBER PRIMVS EPIGAMMA [*sic*] IPSIVS *R*
  Epigramma 3 nos *RSD*: non ω
  I *epigrammati continuant codd., seiunxerunt Politianus, Marius*   1–2
om. R   5 carmina *R*: carmine *Sω*   15 est *Rω*: om. *Ss*   tempe
non Tempe *edendum*   16 lyra ... sua *Rω*: sua ... lyra *Ss*

cum bene surrexit uersu noua pagina primo,
  attenuat neruos proximus ille meos.
nec mihi materia est numeris leuioribus apta,
  aut puer aut longas compta puella comas.'   20
questus eram, pharetra cum protinus ille soluta
  legit in exitium spicula facta meum
lunauitque genu sinuosum fortiter arcum
  'quod'que 'canas, uates, accipe' dixit 'opus.'
me miserum! certas habuit puer ille sagittas: 25
  uror, et in uacuo pectore regnat Amor.
sex mihi surgat opus numeris, in quinque residat;
  ferrea cum uestris bella ualete modis.
cingere litorea flauentia tempora myrto,
  Musa per undenos emodulanda pedes.   30

II

Esse quid hoc dicam, quod tam mihi dura uidentur
  strata, neque in lecto pallia nostra sedent,
et uacuus somno noctem, quam longa, peregi,
  lassaque uersati corporis ossa dolent?
nam, puto, sentirem, si quo temptarer amore—   5
  an subit et tecta callidus arte nocet?
sic erit: haeserunt tenues in corde sagittae,
  et possessa ferus pectora uersat Amor.
cedimus, an subitum luctando accendimus ignem?
  cedamus: leue fit, quod bene fertur, onus.   10
uidi ego iactatas mota face crescere flammas
  et uidi nullo concutiente mori;

18 neruos *RSω*: numeros *ς*   proximus *R* (-os) *Sς*: protinus *ω*
  II *separant ς, continuant RSω*   6 tecta *ω*: secta *R*: tacita *Sς*
7 erit *RSς*: erat *ω. cf.* III xii 8   10 cedamus leue fit *Rω*: cedimus
ut leue sit *Sς*   12 uidi *RSωφ*: rursus *Porcius Latro ap. Senecam*
(*Contr.* II ii 8)

uerbera plura ferunt quam quos iuuat usus aratri,
  detractant prensi dum iuga prima, boues;
asper equus duris contunditur ora lupatis: 15
  frena minus sentit, quisquis ad arma facit.
acrius inuitos multoque ferocius urget,
  quam qui seruitium ferre fatentur, Amor.
en ego, confiteor, tua sum noua praeda, Cupido;
  porrigimus uictas ad tua iura manus.   20
nil opus est bello: ueniam pacemque rogamus;
  nec tibi laus armis uictus inermis ero.
necte comam myrto, maternas iunge columbas;
  qui deceat, currum uitricus ipse dabit;
inque dato curru, populo clamante triumphum,   25
  stabis et adiunctas arte mouebis aues.
ducentur capti iuuenes captaeque puellae:
  haec tibi magnificus pompa triumphus erit.
ipse ego, praeda recens, factum modo uulnus habebo
  et noua captiua uincula mente feram.   30
Mens Bona ducetur manibus post terga retortis
  et Pudor et castris quidquid Amoris obest.
omnia te metuent, ad te sua bracchia tendens
  uolgus 'io' magna uoce 'triumphe' canet.
Blanditiae comites tibi erunt Errorque Furorque,   35
  adsidue partes turba secuta tuas.
his tu militibus superas hominesque deosque;
  haec tibi si demas commoda, nudus eris.
laeta triumphanti de summo mater Olympo
  plaudet et adpositas sparget in ora rosas.   40
tu pinnas gemma, gemma uariante capillos,

14 prensi *Markland*, *Bφ*, *prob. Bentleius*: pressi *RSω. cf. Rem.* 235
20–24 *desunt in R ima folii parte abscissa*   27 capti iuuenes *Rω*:
iuuenes capti *Sς*   33 tendens *R* (*a prima manu scriptum, sed ex* -ent
mutatum, ut uid.): tendent *Sω*   35 errorque *ed. Rom.* 1471: terrorque
codd.   40 ora *RSς*: ore *ω*

ibis in auratis aureus ipse rotis.
tunc quoque non paucos, si te bene nouimus, ures;
   tunc quoque praeteriens uulnera multa dabis.
non possunt, licet ipse uelis, cessare sagittae;   45
   feruida uicino flamma uapore nocet.
talis erat domita Bacchus Gangetide terra:
   tu grauis alitibus, tigribus ille fuit.
ergo cum possim sacri pars esse triumphi,
   parce tuas in me perdere uictor opes.   50
aspice cognati felicia Caesaris arma:
   qua uicit, uictos protegit ille manu.

III

IVSTA precor: quae me nuper praedata puella est
   aut amet aut faciat cur ego semper amem.
a, nimium uolui: tantum patiatur amari;
   audierit nostras tot Cytherea preces.
accipe, per longos tibi qui deseruiat annos;   5
   accipe, qui pura norit amare fide.
si me non ueterum commendant magna parentum
   nomina, si nostri sanguinis auctor eques,
nec meus innumeris renouatur campus aratris,
   temperat et sumptus parcus uterque parens: 10
at Phoebus comitesque nouem uitisque repertor
   hac faciunt et me qui tibi donat Amor
et nulli cessura fides, sine crimine mores,
   nudaque simplicitas purpureusque pudor.
non mihi mille placent, non sum desultor amoris: 15
   tu mihi, si qua fides, cura perennis eris;

post 50 *desinit R*   51 *incipit P*
  III *separant Pω, continuant Sϛ*   DE AMICA VOTVM *P*: uotum de amica *S*
12 hac *Palmer*: haec *PSω*: hoc ϛ: hinc *Merkel*   13 nulli cessura
fides *Sϛφ*: nulli censura et dis *P*: non cessuri nisi diis *ω*   15 desultor
PSB¹D: desertor *ω*: delusor, simulator, seductor ϛ

tecum, quos dederint annos mihi fila sororum,
  uiuere contingat teque dolente mori;
te mihi materiem felicem in carmina praebe:
  prouenient causa carmina digna sua.   20
carmine nomen habent exterrita cornibus Io
  et quam fluminea lusit adulter aue
quaeque super pontum simulato uecta iuuenco
  uirginea tenuit cornua uara manu.
nos quoque per totum pariter cantabimur orbem   25
  iunctaque semper erunt nomina nostra tuis.

IV

VIR tuus est epulas nobis aditurus easdem:
  ultima cena tuo sit precor illa uiro.
ergo ego dilectam tantum conuiua puellam
  aspiciam? tangi quem iuuet, alter erit,
alteriusque sinus apte subiecta fouebis?   5
  iniciet collo, cum uolet, ille manum?
desine mirari, posito quod candida uino
  Atracis ambiguos traxit in arma uiros;
nec mihi silua domus nec equo mea membra cohaerent:
  uix a te uideor posse tenere manus.   10
quae tibi sint facienda tamen cognosce, nec Euris
  da mea nec tepidis uerba ferenda Notis.
ante ueni quam uir; nec quid, si ueneris ante,
  possit agi uideo, sed tamen ante ueni.
cum premet ille torum, uultu comes ipsa modesto   15
  ibis ut accumbas, clam mihi tange pedem;
me specta nutusque meos uultumque loquacem:

20 causa . . . sua *Ps*: causae . . . suae *Sç*   21 habent *Ps*: habet
Sω   24 uara *PHN*: falsa *Sω*
  IV mandata ad amicam *P (litt. grand.) D*   1 nobis *PP$_b$Q*: no-
biscum *Sω*   15 premet *ω*: premit *PSç*

excipe furtiuas et refer ipsa notas.
uerba superciliis sine uoce loquentia dicam;
   uerba leges digitis, uerba notata mero.   20
cum tibi succurret Veneris lasciuia nostrae,
   purpureas tenero pollice tange genas;
si quid erit, de me tacita quod mente queraris,
   pendeat extrema mollis ab aure manus;
cum tibi, quae faciam, mea lux, dicamue, placebunt,   25
   uersetur digitis anulus usque tuis;
tange manu mensam, tangunt quo more precantes,
   optabis merito cum mala multa uiro.
quod tibi miscuerit, sapias, bibat ipse iubeto;
   tu puerum leuiter posce, quod ipsa uoles: 30
quae tu reddideris, ego primus pocula sumam,
   et, qua tu biberis, hac ego parte bibam.
si tibi forte dabit quod praegustauerit ipse,
   reice libatos illius ore cibos;
nec premat inpositis sinito tua colla lacertis,   35
   mite nec in rigido pectore pone caput,
nec sinus admittat digitos habilesue papillae;
   oscula praecipue nulla dedisse uelis.
oscula si dederis, fiam manifestus amator
   et dicam 'mea sunt' iniciamque manum.   40
haec tamen aspíciam, sed quae bene pallia celant,
   illa mihi caeci causa timoris erunt.
nec femori committe femur nec crure cohaere
   nec tenerum duro cum pede iunge pedem.
multa miser timeo, quia feci multa proterue,   45
   exemplique metu torqueor ipse mei:

---

21 succurret ω: succurrit *PSO*ᵦ   23 queraris ς, *exc. Put. et*
Scal.: loquaris *PS*ω. *cf. Append. ad Rem.* 647   33 quod *P*ς: quos *S*ω
35 inpositis *P*ς: oppositis *T*: indignis *S*ς: ille suis ω   37 habilesue
*P*ς: habilesque *S*ω

saepe mihi dominaeque meae properata uoluptas
  ueste sub iniecta dulce peregit opus.
hoc tu non facies; sed ne fecisse puteris,
  conscia de tergo pallia deme tuo.   50
uir bibat usque roga (precibus tamen oscula desint),
  dumque bibit, furtim, si potes, adde merum.
si bene conpositus somno uinoque iacebit,
  consilium nobis resque locusque dabunt.
cum surges abitura domum, surgemus et omnes,   55
  in medium turbae fac memor agmen eas:
agmine me inuenies aut inuenieris in illo;
  quidquid ibi poteris tangere, tange, mei.
me miserum! monui, paucas quod prosit in horas;
  separor a domina nocte iubente mea.   60
nocte uir includet; lacrimis ego maestus obortis,
  qua licet, ad saeuas prosequar usque fores.
oscula iam sumet, iam non tantum oscula sumet:
  quod mihi das furtim, iure coacta dabis.
uerum inuita dato (potes hoc) similisque coactae: 65
  blanditiae taceant sitque maligna Venus.
si mea uota ualent, illum quoque ne iuuet opto;
  si minus, at certe te iuuet inde nihil.
sed quaecumque tamen noctem fortuna sequetur,
  cras mihi constanti uoce dedisse nega.   70

V

AESTVS erat, mediamque dies exegerat horam;
  adposui medio membra leuanda toro.

---

52 bibit *Pω*: bibet *ς*: bibat *SO_bP_f*   59 paucas ... horas *PSς*: paucis
... horis *ω*   61 obortis *Sς*: abortis *Pς*   68 at *ω*: aut *PSς*
69 sequetur *Pς*: sequatur *Sς*
  V COMPOSITVS EST AD CORINAM *P*   1 mediamque *codd.*: sextam-
que *Bentleius*   2 medio *codd.*: uacuo *uel* uiduo *dubitanter Burmannus*

pars adaperta fuit, pars altera clausa fenestrae,
    quale fere siluae lumen habere solent,
qualia sublucent fugiente crepuscula Phoebo   5
    aut ubi nox abiit nec tamen orta dies.
illa uerecundis lux est praebenda puellis,
    qua timidus latebras speret habere pudor.
ecce, Corinna uenit tunica uelata recincta,
    candida diuidua colla tegente coma,   10
qualiter in thalamos formosa Sameramis isse
    dicitur et multis Lais amata uiris.
deripui tunicam; nec multum rara nocebat,
    pugnabat tunica sed tamen illa tegi;
quae, cum ita pugnaret tamquam quae uincere nollet,   15
    uicta est non aegre proditione sua.
ut stetit ante oculos posito uelamine nostros,
    in toto nusquam corpore menda fuit:
quos umeros, quales uidi tetigique lacertos!
    forma papillarum quam fuit apta premi!   20
quam castigato planus sub pectore uenter!
    quantum et quale latus! quam iuuenale femur!
singula quid referam? nil non laudabile uidi,
    et nudam pressi corpus ad usque meum.
cetera quis nescit? lassi requieuimus ambo.   25
    proueniant medii sic mihi saepe dies.

VI

IANITOR (indignum) dura religate catena,
    difficilem moto cardine pande forem.

---

11 Sameramis *Knoche, cf. Housmannum ad Iuu.* ii 108: samiramis *P*:
semiramis *Sω*   13 deripui *PSς*: diripui *ω*   14 sed *Pς*: se *Sω*
22 iuuenale *P*: iuuenile *Sω*   25 lassi *PSω*: fessi *ς*
  VI ad ianitorem *DFH*   1 indignum *PSHO_b*: indigne *ω*

quod precor exiguum est: aditu fac ianua paruo
  obliquum capiat semiadaperta latus.
longus amor tales corpus tenuauit in usus   5
  aptaque subducto corpore membra dedit;
ille per excubias custodum leniter ire
  monstrat, inoffensos derigit ille pedes.
at quondam noctem simulacraque uana timebam;
  mirabar, tenebris quisquis iturus erat: 10
risit, ut audirem, tenera cum matre Cupido
  et leuiter 'fies tu quoque fortis' ait.
nec mora, uenit amor: non umbras nocte uolantis,
  non timeo strictas in mea fata manus;
te nimium lentum timeo, tibi blandior uni: 15
  tu, me quo possis perdere, fulmen habes.
aspice (uti uideas, inmitia claustra relaxa)
  uda sit ut lacrimis ianua facta meis.
certe ego, cum posita stares ad uerbera ueste,
  ad dominam pro te uerba tremente tuli.   20
ergo, quae ualuit pro te quoque gratia quondam,
  heu facinus! pro me nunc ualet illa parum?
redde uicem meritis: grato licet esse, quod optas.
  tempora noctis eunt; excute poste seram.
excute: sic umquam longa releuere catena,   25
  nec tibi perpetuo serua bibatur aqua.
ferreus orantem nequiquam, ianitor, audis:
  roboribus duris ianua fulta riget.
urbibus obsessis clausae munimina portae

----

8 derigit *Housman*, P_a (*ut uid.*): dirigit *codd.*   11 audirem *PSϛ*:
audiuit *ω*   17 uti uideas *Ehwald*: ut uideas *PHW*: ut inuideas *Sω*: et
ut uideas *ϛ*   20 tremente *Pϛ*: tremenda *Sω*   23 '*habes occasionem
gratiae referendae, id quod optas*'; *contra Munarii interpretationem repugnat
quod poeta seruo libertatem precatur, non promittit* (*uu.* 25 *sq.*). *alii alia*
25 umquam *pSω*: numquam *Pϛ*: *uarie sed frustra temptauerunt edd.*
longa *de tempore recte interpretatus est Heinsius*

prosunt: in media pace quid arma times?　　　　30
quid facies hosti, qui sic excludis amantem?
　　tempora noctis eunt; excute poste seram.
non ego militibus uenio comitatus et armis:
　　solus eram, si non saeuus adesset Amor;
hunc ego, si cupiam, nusquam dimittere possum:　　35
　　ante uel a membris diuidar ipse meis.
ergo Amor et modicum circa mea tempora uinum
　　mecum est et madidis lapsa corona comis.
arma quis haec timeat? quis non eat obuius illis?
　　tempora noctis eunt; excute poste seram.　　40
lentus es, an somnus, qui te male perdat, amantis
　　uerba dat in uentos aure repulsa tua?
at, memini, primo, cum te celare uolebam,
　　peruigil in mediae sidera noctis eras.
forsitan et tecum tua nunc requiescit amica:　　45
　　heu, melior quanto sors tua sorte mea!
dummodo sic, in me durae transite catenae.
　　tempora noctis eunt; excute poste seram.
fallimur, an uerso sonuerunt cardine postes
　　raucaque concussae signa dedere fores?　　50
fallimur: inpulsa est animoso ianua uento.
　　ei mihi, quam longe spem tulit aura meam!
si satis es raptae, Borea, memor Orithyiae,
　　huc ades et surdas flamine tunde foris.
urbe silent tota, uitreoque madentia rore　　55
　　tempora noctis eunt; excute poste seram,
aut ego iam ferroque ignique paratior ipse,

---

35 nusquam *PSϛ*: numquam ω　　37 circa *Pϛ*: circum *Sω*　　41 per-
dat, amantis *dubitanter Heinsius, qui et* prodat, amantis *coni.*: perdat amanti
P: perdit amanti *F*: prodit amanti *V*ₐ, *exc. Put. et Scal.*: praebet amanti
Sω: perdidit amens ϛ　　46–viii 74 *desunt in S*　　46 mea *Pϛ*: mea
est ω　　57 ipse *Pω*: omni ϛ

quem face sustineo, tecta superba petam.
nox et Amor uinumque nihil moderabile suadent:
    illa pudore uacat, Liber Amorque metu.   60
omnia consumpsi, nec te precibusque minisque
    mouimus, o foribus durior ipse tuis.
non te formosae decuit seruare puellae
    limina: sollicito carcere dignus eras.
iamque pruinosos molitur Lucifer axes,   65
    inque suum miseros excitat ales opus.
at tu, non laetis detracta corona capillis,
    dura super tota limina nocte iace;
tu dominae, cum te proiectam mane uidebit,
    temporis absumpti tam male testis eris.   70
qualiscumque uale sentique abeuntis honorem,
    lente nec admisso turpis amante, uale.
uos quoque, crudeles rigido cum limine postes
    duraque conseruae ligna, ualete, fores.

VII

ADDE manus in uincla meas (meruere catenas),
    dum furor omnis abit, si quis amicus ades:
nam furor in dominam temeraria bracchia mouit;
    flet mea uesana laesa puella manu.
tunc ego uel caros potui uiolare parentes   5
    saeua uel in sanctos uerbera ferre deos.
quid? non et clipei dominus septemplicis Aiax
    strauit deprensos lata per arua greges,
et uindex in matre patris, malus ultor, Orestes

58 quem *pB*[1], *Heinsii Arondelianus*: quam *Pω*. 57–58 *distichon Heinsio suspectum: nimirum uerborum structura uix probabilis*   70 absumpti *pς*: assumpti *P* (ads-) *ς*   71 honorem *Pς*: odorem *X*: amorem *ς* 74 conseruae *Pς*: consertae *ς*
VII OVERITVR DE MANIBVS AMICA PVLSA / (T *eras.*) *P*   2 ades *Pω*: adest *ς*

ausus in arcanas poscere tela deas?   10
ergo ego digestos potui laniare capillos?
    nec dominam motae dedecuere comae:
sic formosa fuit; talem Schoeneida dicam
    Maenalias arcu sollicitasse feras;
talis periuri promissaque uelaque Thesei   15
    fleuit praecipites Cressa tulisse Notos;
sic, nisi uittatis quod erat, Cassandra, capillis,
    procubuit templo, casta Minerua, tuo.
quis mihi non 'demens', quis non mihi 'barbare' dixit?
    ipsa nihil: pauido est lingua retenta metu.   20
sed taciti fecere tamen conuicia uultus;
    egit me lacrimis ore silente reum.
ante meos umeris uellem cecidisse lacertos;
    utiliter potui parte carere mei:
in mea uesanas habui dispendia uires   25
    et ualui poenam fortis in ipse meam.
quid mihi uobiscum, caedis scelerumque ministrae?
    debita sacrilegae uincla subite manus.
an, si pulsassem minimum de plebe Quiritem,
    plecterer, in dominam ius mihi maius erit?   30
pessima Tydides scelerum monimenta reliquit:
    ille deam primus perculit; alter ego.
et minus ille nocens: mihi quam profitebar amare
    laesa est; Tydides saeuus in hoste fuit.
i nunc, magnificos uictor molire triumphos,   35
    cinge comam lauro uotaque redde Ioui,
quaeque tuos currus comitantum turba sequetur,

16 cressa ω: maesta PV_b (cressa *sscr. m.*[1])   19 quis *sc. lectorum,* **ne**
dixit *mireris*   24 utiliter Pϛ: utilius ω   26 in ipse PE_a: inisse
ϛ: inesse ϛ: inire ϛ   33 mihi PO_b: me ω: ego ϛ: *om. X*   34 laesa est
X: laesa sit P: laesi ω   35 i nunc ϛ: nunc P: nunc nunc pF: nunc
iam ϛ: i iam DT 37 comitantum ϛ: comitatus P: comitantur, comi-
tatur, comitetur, comitatum, comitantia, comitando ϛ

clamet 'io, forti uicta puella uiro est!'
ante eat effuso tristis captiua capillo,
   si sinerent laesae, candida tota, genae.   40
aptius inpressis fuerat liuere labellis
   et collum blandi dentis habere notam.
denique si tumidi ritu torrentis agebar
   caecaque me praedam fecerat ira suam,
nonne satis fuerat timidae inclamasse puellae   45
   nec nimium rigidas intonuisse minas
aut tunicam ⟨a⟩ summa diducere turpiter ora
   ad mediam (mediae zona tulisset opem)?
at nunc sustinui raptis a fronte capillis
   ferreus ingenuas ungue notare genas.   50
astitit illa amens albo et sine sanguine uultu,
   caeduntur Pariis qualia saxa iugis;
exanimis artus et membra trementia uidi,
   ut cum populeas uentilat aura comas,
ut leni Zephyro gracilis uibratur harundo   55
   summaue cum tepido stringitur unda Noto;
suspensaeque diu lacrimae fluxere per ora,
   qualiter abiecta de niue manat aqua.
tunc ego me primum coepi sentire nocentem;
   sanguis erat lacrimae, quas dabat illa, meus.   60
ter tamen ante pedes uolui procumbere supplex;
   ter formidatas reppulit illa manus.
at tu ne dubita (minuet uindicta dolorem)
   protinus in uoltus unguibus ire meos;
nec nostris oculis nec nostris parce capillis: 65
   quamlibet infirmas adiuuat ira manus.

42 collum ω: collo *Pς*   47 ⟨a⟩ *add. ego*, *D*   diducere *ego*: deducere
codd.   48 ad *PH*: ut ω: aut *ς*   55 ut leni *Pς*: utque leui ω
58 abiecta *codd.*: adfecta *Madvig, Housman*   60 erat *PE*$_a$*N*: erant ω
61 tamen *nondum satis explicatum*   62 reppulit *ς*: repulit *ς*: retu-
lit *PDO*$_b$ 66 adiuuat *P* (-bat) ωφ: adiuuet *ς*

17

neue mei sceleris tam tristia signa supersint,
   pone recompositas in statione comas.

VIII

Est quaedam (quicumque uolet cognoscere lenam,
   audiat), est quaedam nomine Dipsas anus.
ex re nomen habet: nigri non illa parentem
   Memnonis in roseis sobria uidit equis.
illa magas artes Aeaeaque carmina nouit,   5
   inque caput liquidas arte recuruat aquas;
scit bene quid gramen, quid torto concita rhombo
   licia, quid ualeat uirus amantis equae.
cum uoluit, toto glomerantur nubila caelo;
   cum uoluit, puro fulget in orbe dies.   10
sanguine, si qua fides, stillantia sidera uidi;
   purpureus Lunae sanguine uultus erat.
hanc ego nocturnas uersam uolitare per umbras
   suspicor et pluma corpus anile tegi;
suspicor, et fama est; oculis quoque pupula duplex   15
   fulminat et gemino lumen ab orbe uenit.
euocat antiquis proauos atauosque sepulcris
   et solidam longo carmine findit humum.
haec sibi proposuit thalamos temerare pudicos;
   nec tamen eloquio lingua nocente caret.   20
fors me sermoni testem dedit; illa monebat
   talia (me duplices occuluere fores):

VIII de lena *P* (*litt. grand.*) *V*$_a$ 5 Aeaeaque *Itali*: eaque *P*:
eoaque ω: circeaque ς   7 rhombo *ed. Ald.* 1502: bombo *P*ς:
plumbo ω   13 uersam *p* (*ex* uets- *P*) ς: uisam ω: uetulam *NP*$_a$ (*u.l.*)
16 gemino *P*ς: geminum ς   uenit *P*ω: MICAT *P in margine, quod rece-*
perunt nonnulli, sed glossam potius in fulminat *fuisse suspicor: cf.* I xv 12
19 temerare *P*ς: uiolare ω   21 fors me ς: formę *P*: sors me ς

'scis here te, mea lux, iuueni placuisse beato?
　　haesit et in uoltu constitit usque tuo.
et cur non placeas? nulli tua forma secunda est;　　　25
　　me miseram, dignus corpore cultus abest.
tam felix esses quam formosissima uellem:
　　non ego te facta diuite pauper ero.
stella tibi oppositi nocuit contraria Martis;
　　Mars abiit; signo nunc Venus apta suo.　　　　30
prosit ut adueniens, en aspice: diues amator
　　te cupiit: curae, quid tibi desit, habet.
est etiam facies, qua se tibi conparet, illi:
　　si te non emptam uellet, emendus erat.
erubuit! decet alba quidem pudor ora, sed iste,　　35
　　si simules, prodest; uerus obesse solet.
cum bene deiectis gremium spectabis ocellis,
　　quantum quisque ferat, respiciendus erit.
forsitan inmundae Tatio regnante Sabinae
　　noluerint habiles pluribus esse uiris;　　　　40
nunc Mars externis animos exercet in armis,
　　at Venus Aeneae regnat in urbe sui.
ludunt formosae: casta est quam nemo rogauit;
　　aut, si rusticitas non uetat, ipsa rogat.
has quoque, quae frontis rugas in uertice portant,　45
　　excute, de rugis crimina multa cadent.
Penelope iuuenum uires temptabat in arcu;
　　qui latus argueret corneus arcus erat.
labitur occulte fallitque uolatilis aetas,

23 here *P*: hera ω 　　　30 suo est ς, *interpretatus est Housman*: tuo
est ω: tuo (*i.e.* est *om.*) *P*ς 　　　31 *distinxit Naugerius* 　　　32 cupiit
P: cupit et ω 　　　33 qua *Francius*: quae *codd.* 　　　35 erubuit
sunt qui κατὰ παρένθεσιν *a poeta dici putauerint, recte negauit Magnus*
39 inmundae *P*ς: incultae ς 　　40 noluerint *P*ς: noluerant ς 　　42 at
*P*ς: et ς 　　45 quae . . . portant *Burmannus*: quas . . . portas *codd.*
47 iuuenum uires *P*ς: uires iuuenum ς

et celer admissis labitur annus equis.   50
aera nitent usu, uestis bona quaerit haberi,
    canescunt turpi tecta relicta situ:
forma, nisi admittas, nullo exercente senescit;
    nec satis effectus unus et alter habent.
certior e multis nec tam inuidiosa rapina est;   55
    plena uenit canis de grege praeda lupis.
ecce, quid iste tuus praeter noua carmina uates
    donat? amatoris milia multa leges.
ipse deus uatum palla spectabilis aurea
    tractat inauratae consona fila lyrae.   60
qui dabit, ille tibi magno sit maior Homero;
    crede mihi, res est ingeniosa dare.
nec tu, si quis erit capitis mercede redemptus,
    despice: gypsati crimen inane pedis.
nec te decipiant ueteres circum atria cerae: 65
    tolle tuos tecum, pauper amator, auos.
quin, quia pulcher erit, poscet sine munere noctem;
    quod det, amatorem flagitet ante suum.
parcius exigito pretium, dum retia tendis,
    ne fugiant; captos legibus ure tuis.   70
nec nocuit simulatus amor: sine credat amari
    et caue, ne gratis hic tibi constet amor.
saepe nega noctes: capitis modo finge dolorem;
    et modo, quae causas praebeat, Isis erit.
mox recipe, ut nullum patiendi colligat usum   75
    neue relentescat saepe repulsus amor.

<hr>

50 et (ut P_h) . . . annus equis $P\omega\phi$: ut . . . amnis aquis P_c^1, *prob. Hein-*
sius   55 *om. e*   tam $\omega p_1 p_3$: iam *PFN*   58 'milia *sc. nummorum,*
leges *simul* "leges" *et* "colliges" *significat' Munari. an* lege *scribendum?*
65 ueteres *P*: ueteris ω circum atria *Heinsius, prob. Bentleius*:
circa atria *Scriuerius, prob. Madvig (sed cf. Quint., Inst. Or.* IX iv 33):
quinquatria *codd.: alii alia*   67 quin *P*: qui ω 75 *denuo*
incipit S

surda sit oranti tua ianua, laxa ferenti;
    audiat exclusi uerba receptus amans;
et quasi laesa prior nonnumquam irascere laeso:
    uanescit culpa culpa repensa tua.   80
sed numquam dederis spatiosum tempus in iram:
    saepe simultates ira morata facit.
quin etiam discant oculi lacrimare coacti,
    et faciant udas ille uel ille genas;
nec, si quem falles, tu periurare timeto: 85
    commodat in lusus numina surda Venus.
seruus et ad partes sollers ancilla parentur,
    qui doceant apte quid tibi possit emi,
et sibi pauca rogent: multos si pauca rogabunt,
    postmodo de stipula grandis aceruus erit;   90
et soror et mater, nutrix quoque carpat amantem:
    fit cito per multas praeda petita manus.
cum te deficient poscendi munera causae,
    natalem libo testificare tuum.
ne ṣecurus amet nullo riuale caueto: 95
    non bene, si tollas proelia, durat amor.
ille uiri uideat toto uestigia lecto
    factaque lasciuis liuida colla notis;
munera praecipue uideat quae miserit alter:
    si dederit nemo, Sacra roganda Via est.   100
cum multa abstuleris, ut non tamen omnia donet,
    quod numquam reddas, commodet ipsa roga.
lingua iuuet mentemque tegat: blandire noceque;

77–78 *in pariete Pompeiano scripti* (*C.L.E.* 1785)   79 prior *PS*ς:
prius ω   80 uanescit *PS*ς: uanescat ω: uanescet *P*ᶠ repensa
PSFH: repressa *DZ*: repulsá ω   84 ille uel ille *PS*ω: illa uel illa ς,
prob. Heinsius   86 in lusus *PS* (*in marg. m*¹) ς: illusus *S*: in ludos *N*:
illusis ω   89 multos *PS*ς: multi ς   100 ɴᴇᴍᴏ *P in marg. ad u.*
101: si dederit nil *P*: si dederit sibi nil *S*: si dederit tibi nil ς: si tibi nil de-
derit ς

impia sub dulci melle uenena latent.
haec si praestiteris usu mihi cognita lóngo   105
    nec tulerint uoces uentus et aura meas,
saepe mihi dices uiuae bene, saepe rogabis
    ut mea defunctae molliter ossa cubent—'
uox erat in cursu, cum me mea prodidit umbra;
    at nostrae uix se continuere manus   110
quin albam raramque comam lacrimosaque uino
    lumina rugosas distraherentque genas.
di tibi dent nullosque lares inopemque senectam
    et longas hiemes perpetuamque sitim.

IX

MILITAT omnis amans, et habet sua castra Cupido;
    Attice, crede mihi, militat omnis amans.
quae bello est habilis, Veneri quoque conuenit aetas:
    turpe senex miles, turpe senilis amor.
quos petiere duces annos in milite forti,   5
    hos petit in socio bella puella uiro:
peruigilant ambo, terra requiescit uterque;
    ille fores dominae seruat, at ille ducis.
militis officium longa est uia: mitte puellam,
    strenuus exempto fine sequetur amans;   10
ibit in aduersos montes duplicataque nimbo
    flumina, congestas exteret ille niues,
nec freta pressurus tumidos causabitur Euros
    aptaque uerrendis sidera quaeret aquis.
quis nisi uel miles uel amans et frigora noctis   15

107 uiuae $PP_c{}^1$ (ut uid.): uiues S: uiuas ω   112 distraherentque
$PSFP_a$: distraheremque ω
    IX COMPARATIO MILITIS AD AMANTEM P: comparatio militis S
5 annos PSϛ: animos Rautenberg, BV_b, fortasse recte   6 uiro PSϛ:
toro ϛ   14 uerrendis ϛ: uertendis PSω

et denso mixtas perferet imbre niues?
mittitur infestos alter speculator in hostes,
    in riuale oculos alter, ut hoste, tenet.
ille graues urbes, hic durae limen amicae
    obsidet; hic portas frangit, at ille fores.   20
saepe soporatos inuadere profuit hostes
    caedere et armata uulgus inerme manu;
sic fera Threicii ceciderunt agmina Rhesi,
    et dominum capti deseruistis equi:
nempe maritorum somnis utuntur amantes   25
    et sua sopitis hostibus arma mouent.
custodum transire manus uigilumque cateruas
    militis et miseri semper amantis opus.
Mars dubius, nec certa Venus: uictique resurgunt,
    quosque neges umquam posse iacere, cadunt.   30
ergo desidiam quicumque uocabat amorem,
    desinat: ingenii est experientis Amor.
ardet in abducta Briseide maestus Achilles
    (dum licet, Argeas frangite, Troes, opes);
Hector ab Andromaches conplexibus ibat ad arma,   35
    et galeam capiti quae daret, uxor erat;
summa ducum, Atrides uisa Priameide fertur
    Maenadis effusis obstipuisse comis;
Mars quoque deprensus fabrilia uincula sensit:
    notior in caelo fabula nulla fuit.   40
ipse ego segnis eram discinctaque in otia natus;
    mollierant animos lectus et umbra meos;
inpulit ignauum formosae cura puellae,
    iussit et in castris aera merere suis.

25 nempe *PSω*: saepe *ς, edd. plerique*   31 uocabat *Pς*: uocabit
Sω   34 Argeas *Riese*: argoas *Pς*: argiuas *Sω*: argolicas *ς. cf.* III vi 46
35 andromaches *Pς*: andromache (*i.e.* -ae) *Sς*   ad arma *PSς*: in arma
ς   44 suis *sc. Amoris, non puellae*

inde uides agilem nocturnaque bella gerentem: 45
   qui nolet fieri desidiosus, amet.

X

QVALIS ab Eurota Phrygiis auecta carinis
   coniugibus belli causa duobus erat,
qualis erat Lede, quam plumis abditus albis
   callidus in falsa lusit adulter aue,
qualis Amymone siccis errauit in Argis,   5
   cum premeret summi uerticis urna comas,
talis eras: aquilamque in te taurumque timebam
   et quicquid magno de Ioue fecit amor.
nunc timor omnis abest animique resanuit error,
   nec facies oculos iam capit ista meos.   10
cur sim mutatus quaeris? quia munera poscis:
   haec te non patitur causa placere mihi.
donec eras simplex, animum cum corpore amaui;
   nunc mentis uitio laesa figura tua est.
et puer est et nudus Amor, sine sordibus annos   15
   et nullas uestes, ut sit apertus, habet.
quid puerum Veneris pretio prostare iubetis?
   quo pretium condat, non habet ille sinum.
nec Venus apta feris Veneris nec filius armis:
   non decet inbelles aera merere deos.   20
stat meretrix certo cuiuis mercabilis aere
   et miseras iusso corpore quaerit opes;

45 agilem *Pς*: uigilem *Sω*   46 nolet *PD*: nolit *Sω*: non uult *ς*
X queritur de amica quod (que *S*) pretium poscit (poscat *F*) *P* (*litt. grand.*) *SF*   1 eurota *PSς*: europa *ω*   auecta *Pς*: aduecta *ω*: deuecta *S*: euecta *P*ₕ: abducta *T*: adducta *W*   5 Argis *Burmannus*: agris *PSω*: aruis *ς*   9 resanuit *P, Heinsii Arondelianus*: reuanuit *Sς*: euanuit *ς*   error *PSς*: ardor *ς*   16 apertus *PSω*: opertus *ς*
21 cuiuis *ς*: quouis *PSω*

deuouet imperium tamen haec lenonis auari
   et, quod uos facitis sponte, coacta facit.
sumite in exemplum pecudes ratione carentes: 25
   turpe erit, ingenium mitius esse feris.
non equa munus equum, non taurum uacca poposcit,
   non aries placitam munere captat ouem.
sola uiro mulier spoliis exultat ademptis,
   sola locat noctes, sola locanda uenit   30
et uendit, quod utrumque iuuat, quod uterque petebat,
   et pretium, quanti gaudeat ipsa, facit.
quae Venus ex aequo uentura est grata duobus,
   altera cur illam uendit et alter emit?
cur mihi sit damno, tibi sit lucrosa uoluptas,   35
   quam socio motu femina uirque ferunt?
nec bene conducti uendunt periuria testes
   nec bene selecti iudicis arca patet;
turpe reos empta miseros defendere lingua,
   quod faciat magnas, turpe tribunal, opes;   40
turpe tori reditu census augere paternos
   et faciem lucro prostituisse suam.
gratia pro rebus merito debetur inemptis;
   pro male conducto gratia nulla toro:
omnia conductor soluit mercede soluta;   45
   non manet officio debitor ille tuo.
parcite, formosae, pretium pro nocte pacisci:
   non habet euentus sordida praeda bonos.
non fuit armillas tanti pepigisse Sabinas
   ut premerent sacrae uirginis arma caput;   50
e quibus exierat, traiecit uiscera ferro
   filius, et poenae causa monile fuit.

---

27 equum . . . taurum *ς*: equo . . . tauro *PSω*   28 placitam *PSς*:
placidam *ω*   37–38 nec . . . nec *PSς*: non . . . non *ωφ*   49 pepi-
gisse *ς*: tetigisse *P (ut uid.:* etigisse *tantum legitur) Sς*

nec tamen indignum est a diuite praemia posci:
  munera poscenti quod dare possit habet;
carpite de plenis pendentis uitibus uuas,   55
  praebeat Alcinoi poma benignus ager.
officium pauper numerat studiumque fidemque;
  quod quis habet, dominae conferat omne suae.
est quoque carminibus meritas celebrare puellas
  dos mea: quam uolui, nota fit arte mea.   60
scindentur uestes, gemmae frangentur et aurum;
  carmina quam tribuent, fama perennis erit.
nec dare, sed pretium posci dedignor et odi;
  quod nego poscenti, desine uelle, dabo.

XI

COLLIGERE incertos et in ordine ponere crines
  docta neque ancillas inter habenda Nape
inque ministeriis furtiuae cognita noctis
  utilis et dandis ingeniosa notis,
saepe uenire ad me dubitantem hortata Corinnam,   5
  saepe laboranti fida reperta mihi,
accipe et ad dominam peraratas mane tabellas
  perfer et obstantes sedula pelle moras.
nec silicum uenae nec durum in pectore ferrum
  nec tibi simplicitas ordine maior adest;   10
credibile est et te sensisse Cupidinis arcus:
  in me militiae signa tuere tuae.
si quaeret quid agam, spe noctis uiuere dices;
  cetera fert blanda cera notata manu.

---

53 praemia *PSꝗ*: munera *ꝗ*   54 quod *Pꝗ*: quae *Sω*   57 numerat
PSF: numera *D*: numeret *ω, fortasse recte*   60 fit *P (ut uid.) ꝗ*:
sit *Sω*

  XI ad ancillam de epistola *P (litt. grand.) SV*_a   6 saepe . . . fida
PSω: fida . . . saepe *ꝗ*   10 nec *PSω*: et *P*_a *(sscr. m.¹) P*_h¹ *(corr. m.²)*:
est *ꝗ*: sed *uett. edd.*   adest *PB*: inest *Sω*

dum loquor, hora fugit: uacuae bene redde tabellas,   15
   uerum continuo fac tamen illa legat.
aspicias oculos mando frontemque legentis:
   et tacito uultu scire futura licet.
nec mora, perlectis rescribat multa iubeto:
   odi, cum late splendida cera uacat.   20
comprimat ordinibus uersus, oculosque moretur
   margine in extremo littera rasa meos.
quid digitos opus est graphio lassare tenendo?
   hoc habeat scriptum tota tabella 'ueni.'
non ego uictrices lauro redimire tabellas   25
   nec Veneris media ponere in aede morer.
subscribam VENERI FIDAS SIBI NASO MINISTRAS
DEDICAT. AT NVPER VILE FVISTIS ACER.

XII

FLETE meos casus: tristes rediere tabellae;
   infelix hodie littera posse negat.
omina sunt aliquid: modo cum discedere uellet,
   ad limen digitos restitit icta Nape.
missa foras iterum limen transire memento   5
   cautius atque alte sobria ferre pedem.
ite hinc, difficiles, funebria ligna, tabellae,
   tuque, negaturis cera referta notis,
quam, puto, de longae collectam flore cicutae
   melle sub infami Corsica misit apis.   10
at tamquam minio penitus medicata rubebas:
   ille color uere sanguinulentus erat.
proiectae triuiis iaceatis, inutile lignum,

16 illa PS^2 (ex -e) ꝯ: ipsa ꝯ   18 et codd.: ex Itali: e Heinsius, edd.
plerique   23 graphio PSD: graphium ω   tenendo Pω: retento Sꝯ
28 at Sω: an P
   XII ad tabulas P (litt. grand.) SF   13 triuiis PSꝯ: in triuiis ꝯ:
triuio DP_a

27

uosque rotae frangat praetereuntis onus.
illum etiam, qui uos ex arbore uertit in usum,   15
  conuincam puras non habuisse manus;
praebuit illa arbor misero suspendia collo,
  carnifici diras praebuit illa cruces;
illa dedit turpes raucis bubonibus umbras,
  uolturis in ramis et strigis oua tulit.   20
his ego commisi nostros insanus amores
  molliaque ad dominam uerba ferenda dedi?
aptius hae capiant uadimonia garrula cerae,
  quas aliquis duro cognitor ore legat;
inter ephemeridas melius tabulasque iacerent,   25
  in quibus absumptas fleret auarus opes.
ergo ego uos rebus duplices pro nomine sensi:
  auspicii numerus non erat ipse boni.
quid precer iratus, nisi uos cariosa senectus
  rodat, et inmundo cera sit alba situ?   30

XIII

IAM super oceanum uenit a seniore marito
  flaua pruinoso quae uehit axe diem.
quo properas, Aurora? mane: sic Memnonis umbris
  annua sollemni caede parentet auis.
nunc iuuat in teneris dominae iacuisse lacertis;   5
  si quando, lateri nunc bene iuncta meo est.
nunc etiam somni pingues et frigidus aer,
  et liquidum tenui gutture cantat auis.
quo properas ingrata uiris, ingrata puellis?

18 diras *Heinsius*: duras *codd.*   19 raucis ω: rasis *PS*: rauis *Heinsius*:
miseris *DP*ƒ   24 cognitor *PS*ς: creditor ς   28 ipse *PA*ᵦ*F*: ille *S*ω
XIII ad diem properantem *P* (*litt. grand.*) *S*   1 a ω: *om. PSD*
3 umbris *Micyllus*: umbris *uel* umbrae *Heinsius*: umbras *P*ς: umbram ς:
umbra *SBV*ᵦ   4 parentet ω: parente (laues) *P*: parenter *S*¹: paretur *S*²:
perennet *T*: frequentet ς   7 et *PS*ω: nunc ς

roscida purpurea supprime lora manu.   10
ante tuos ortus melius sua sidera seruat
   nauita nec media nescius errat aqua;
te surgit quamuis lassus ueniente uiator
   et miles saeuas aptat ad arma manus;
prima bidente uides oneratos arua colentes,   15
   prima uocas tardos sub iuga panda boues;
tu pueros somno fraudas tradisque magistris,
   ut subeant tenerae uerbera saeua manus,
atque eadem sponsum †cultos† ante Atria mittis,
   unius ut uerbi grandia damna ferant;   20
nec tu consulto nec tu iucunda diserto:
   cogitur ad lites surgere uterque nouas;
tu, cum feminei possint cessare labores,
   lanificam reuocas ad sua pensa manum.
omnia perpeterer; sed surgere mane puellas   25
   quis, nisi cui non est ulla puella, ferat?
optaui quotiens ne nox tibi cedere uellet,
   ne fugerent uultus sidera mota tuos!
optaui quotiens aut uentus frangeret axem
   aut caderet spissa nube retentus equus!   30
inuida, quo properas? quod erat tibi filius ater,
   materni fuerat pectoris ille color.   32

11–14 *om. PS, add. in marg. post* 18 *P*³. *edd. alii hic, alii post* 18 *recepe-runt, alii secludunt; sed uersus sine dubio Ouidii sunt: cf. quae ad* II ii 18–27 *adnotaui*   12 nescius errat *P*³: nescit an erret *ω*   14 et miles *saeuas P*³: miles et armiferas *ω*   15 colentes *PS*¹ (*ex corr.*) *ω*: colonos *S*¹ς   19 sponsum *PS*ς: sponsos *ps*   cultos *P*: consulti *Sω*: incultos *Clausen*: multos *Withof*: stultos *Ehwald*: incautos *Madvig*: *alii alia* Atria, *sc. Licinia, id est ad tribunal praetoris; sed locus obscurior est* 20 ferant *P*ς: ferat *S*ς   23 tu *ω*: tunc *PS*ς   cum *PS*ς: ne ς   possint *PS*ς: possent ς: possunt ς   labores *PE*ₐ: lacerti *Sω*   33–34 quid si non cephali quondam flagrasset amore / an putat ignotam nequitiam esse suam *ω*: q. s. cephalio numquam flagraret a. *eqs. P*³: *om. PS, post* 30 *ponit P*³, *iure secl. edd.*

29

Tithono uellem de te narrare liceret: 35
    femina non caelo turpior ulla foret.
illum dum refugis, longo quia grandior aeuo,
    surgis ad inuisas a sene mane rotas;
at si quem manibus Cephalum complexa teneres,
    clamares 'lente currite, noctis equi.'   40
cur ego plectar amans, si uir tibi marcet ab annis?
    num me nupsisti conciliante seni?
aspice quot somnos iuueni donarit amato
    Luna, neque illius forma secunda tuae.
ipse deum genitor, ne te tam saepe uideret,   45
    commisit noctes in sua uota duas.
iurgia finieram. scires audisse: rubebat,
    nec tamen adsueto tardius orta dies.

XIV

DICEBAM 'medicare tuos desiste capillos';
    tingere quam possis, iam tibi nulla coma est.
at si passa fores, quid erat spatiosius illis?
    contigerant imum, qua patet, usque latus.
quid, quod erant tenues et quos ornare timeres,   5
    uela colorati qualia Seres habent,
uel pede quod gracili deducit aranea filum,
    cum leue deserta sub trabe nectit opus?
nec tamen ater erat neque erat tamen aureus ille
    sed, quamuis neuter, mixtus uterque color,   10
qualem cliuosae madidis in uallibus Idae

---

42 num *PSD*: non *ω*   43 quot *ω*: quod *PSꜱ*: quos *ꜱ*   44 tuae *PSꜱ*: tuae est *ω*: tua est *ꜱ*   48 adsueto *PSω*: est solito *ꜱ*

    XIV ad amicam de capillis *P* (*litt. grand.*) *Z*: de capillis ad amicam *S*   1 medicare . . . desiste *PSꜱ*: desiste . . . medicare *ꜱ*   3 spatiosius *PSDX*: speciosius *ω*: pretiosius *H*: formosius *QV*♭   9 ille *PSω*: illis *ꜱ*

ardua derepto cortice cedrus habet.
adde quod et dociles et centum flexibus apti
  et tibi nullius causa doloris erant:
non acus abrupit, non uallum pectinis illos;   15
  ornatrix tuto corpore semper erat;
ante meos saepe est oculos ornata nec umquam
  bracchia derepta saucia fecit acu.
saepe etiam nondum digestis mane capillis
  purpureo iacuit semisupina toro;   20
tum quoque erat neclecta decens, ut Thracia Bacche,
  cum temere in uiridi gramine lassa iacet.
cum graciles essent tamen et lanuginis instar,
  heu, mala uexatae quanta tulere comae!
quam se praebuerant ferro patienter et igni,   25
  ut fieret torto nexilis orbe sinus!
clamabam 'scelus est istos, scelus, urere crines.
  sponte decent: capiti, ferrea, parce tuo.
uim procul hinc remoue: non est, qui debeat uri;
  erudit admotas ipse capillus acus.'   30
formosae periere comae, quas uellet Apollo,
  quas uellet capiti Bacchus inesse suo;
illis contulerim, quas quondam nuda Dione
  pingitur umenti sustinuisse manu.
quid male dispositos quereris periisse capillos?   35
  quid speculum maesta ponis inepta manu?
non bene consuetis a te spectaris ocellis:
  ut placeas, debes immemor esse tui.

---

12 derepto *P*: direpto *Sω*: directo *ς*: deiecto *A_cV_a*   17 saepe est
oculos *Pς*: oculos saepe est *Sς*   18 derepta *P*: direpta *Sω*: directa *ς*
21 tracia *ω*: threcia *PS, edd.*: tetrica *V_a*   24 mala *ς*: male *PSς*
25 praebuerant *codd.*: praebuerunt *Heinsius, quod si suadere uidetur* 24
tulere, *at repugnat* 27 clamabam   26 torto *Pω*: toto *Sς*   nexilis
P (re-) *ς*: textilis *S*: flexilis *ς*: tortilis *E_aP_c*   35 dispositos *PSω*: com-
positos *ς*

non te cantatae laeserunt paelicis herbae,
    non anus Haemonia perfida lauit aqua,   40
nec tibi uis morbi nocuit (procul omen abesto),
    nec minuit densas inuida lingua comas:
facta manu culpaque tua dispendia sentis;
    ipsa dabas capiti mixta uenena tuo.
nunc tibi captiuos mittet Germania crines;   45
    tuta triumphatae munere gentis eris.
o quam saepe comas aliquo mirante rubebis
    et dices 'empta nunc ego merce probor:
nescioquam pro me laudat nunc iste Sygambram;
    fama tamen memini cum fuit ista mea.'   50
me miserum, lacrumas male continet oraque dextra
    protegit ingenuas picta rubore genas;
sustinet antiquos gremio spectatque capillos,
    ei mihi, non illo munera digna loco.
collige cum uultu mentem: reparabile damnum est: 55
    postmodo natiua conspiciere coma.

XV

Qvid mihi, Liuor edax, ignauos obicis annos
    ingeniique uocas carmen inertis opus,
non me more patrum, dum strenua sustinet aetas,
    praemia militiae puluerulenta sequi
nec me uerbosas leges ediscere nec me   5
    ingrato uocem prostituisse foro?
mortale est, quod quaeris, opus; mihi fama perennis
    quaeritur, in toto semper ut orbe canar.

---

40 lauit *P* (-bit) *Sω*: laesit *ς*, *unde* laesit acu *Heinsius; sed de ueneno intel-*
legendum   49 sygambram *P* (*ut uid.*): sicambram *Sω*   53 spectat-
que *pSω*: (gremios) peccataque *P*: spectare *ς*
    XV contra inuidos *SF*   5 nec me uerbosas *Pω*: non me u. *Sς*
6 uocem *ς*: uoce/ *P*: uoces *Sς*   8 in . . . ut *PSω*: ut . . . in *ς*: et
. . . in *ς*

uiuet Maeonides, Tenedos dum stabit et Ide,
    dum rapidas Simois in mare uoluet aquas;   10
uiuet et Ascraeus, dum mustis uua tumebit,
    dum cadet incurua falce resecta Ceres;
Battiades semper toto cantabitur orbe:
    quamuis ingenio non ualet, arte ualet;
nulla Sophocleo ueniet iactura cothurno;   15
    cum sole et luna semper Aratus erit;
dum fallax seruus, durus pater, improba lena
    uiuent et meretrix blanda, Menandros erit;
Ennius arte carens animosique Accius oris
    casurum nullo tempore nomen habent;   20
Varronem primamque ratem quae nesciet aetas
    aureaque Aesonio terga petita duci?
carmina sublimis tunc sunt peritura Lucreti,
    exitio terras cum dabit una dies;
Tityrus et fruges Aeneiaque arma legentur,   25
    Roma triumphati dum caput orbis erit;
donec erunt ignes arcusque Cupidinis arma,
    discentur numeri, culte Tibulle, tui;
Gallus et Hesperiis et Gallus notus Eois,
    et sua cum Gallo nota Lycoris erit.   30
ergo cum silices, cum dens patientis aratri
    depereant aeuo, carmina morte carent:
cedant carminibus reges regumque triumphi,
    cedat et auriferi ripa benigna Tagi.
uilia miretur uulgus; mihi flauus Apollo   35
    pocula Castalia plena ministret aqua,
sustineamque coma metuentem frigora myrtum

12 ceres *PSᵴ*: seges *P (litt. grand. in marg.: cf.* I viii 16) ᵴ   13 sem-
per toto *PSᵴ*: toto semper *ω*   18 uiuent et ᵴ: uiuet et *P*: uixerit
et *Sω*: *an* et uiuet *scribendum?*   19 accius *Sω*: actius *Pᵴ*
21 nesciet *pᵴ*: nesciat *PSω*   25 fruges *codd.*: segetes *Naugerius (ex
Verg. G.* i 1), *quod receperunt nonnulli*   28 discentur *PSω*: dicentur ᵴ

atque a sollicito multus amante legar.
pascitur in uiuis Liuor; post fata quiescit,
　　cum suus ex merito quemque tuetur honos:　　　　　40
ergo etiam cum me supremus adederit ignis,
　　uiuam, parsque mei multa superstes erit.

LIBER SECVNDVS

I

Hoc quoque composui Paelignis natus aquosis
　　ille ego nequitiae Naso poeta meae;
hoc quoque iussit Amor; procul hinc, procul este, seueri:
　　non estis teneris apta theatra modis.
me legat in sponsi facie non frigida uirgo　　　　　5
　　et rudis ignoto tactus amore puer;
atque aliquis iuuenum, quo nunc ego, saucius arcu
　　agnoscat flammae conscia signa suae
miratusque diu 'quo' dicat 'ab indice doctus
　　conposuit casus iste poeta meos?'　　　　　10
ausus eram, memini, caelestia dicere bella
　　centimanumque Gyen (et satis oris erat),
cum male se Tellus ulta est ingestaque Olympo
　　ardua deuexum Pelion Ossa tulit:
in manibus nimbos et cum Ioue fulmen habebam,　　　　　15
　　quod bene pro caelo mitteret ille suo.

38 atque a *Heinsius ex codd. suis*, P_a: atque ita *PS*ω: aque ita *L. Müller.*
cf. II xiv 30　　　40 cum *PS*ϛ: tum ϛφ: tunc ω　　　41 adederit *PS*:
adusserit ω　　　42 multa *PS*ϛ: magna ϛ　　EXPLIC̄ LIBER I *P*
　　INCIPIT LIBER SECVND̄ (.II. *S*) *PS*　　I 3 seueri *PS*ω: seuerae *FP*ſ　　5 in
sponsi facie *PS*ϛ: in facie sponsi ϛ. *i.e. coram sponso*　　12 Gyen *Scaliger*:
gygen (gi- ω) *PS*ω: gigem ϛ: gigan *HP_a*: gigam ϛ: giam *Heinsii Palatinus*,
unde Gyan *J. C. Jahn*　　15 in manibus nimbos et ϛ: in manibus et *P*:
iuppiter in manibus et *S*ω: in manibusque iouem *B*

clausit amica fores: ego cum Ioue fulmen omisi;
  excidit ingenio Iuppiter ipse meo.
Iuppiter, ignoscas: nil me tua tela iuuabant;
  clausa tuo maius ianua fulmen habet.   20
blanditias elegosque leuis, mea tela, resumpsi:
  mollierunt duras lenia uerba fores.
carmina sanguineae deducunt cornua lunae
  et reuocant niueos solis euntis equos;
carmine dissiliunt abruptis faucibus angues   25
  inque suos fontes uersa recurrit aqua;
carminibus cessere fores, insertaque posti,
  quamuis robur erat, carmine uicta sera est.
quid mihi profuerit uelox cantatus Achilles?
  quid pro me Atrides alter et alter agent,   .30
quique tot errando quot bello perdidit annos,
  raptus et Haemoniis flebilis Hector equis?
at facie tenerae laudata saepe puellae
  ad uatem, pretium carminis, ipsa uenit.
magna datur merces: heroum clara ualete   35
  nomina: non apta est gratia uestra mihi;
ad mea formosos uultus adhibete puellae
  carmina, purpureus quae mihi dictat Amor.

II

QVEM penes est dominam seruandi cura, Bagoa,
  dum perago tecum pauca, sed apta, uaca.

17 ego *PSω*: et *ς*   fulmen omisi *ς*: fulmen amisi *PDN²* (*ex* -mina misit):
fulmina misi *pSω*: fulmen abiuit *E_a*   19 tela *Itali*, *T*: uerba *PSς*:
bella *ς*   22 mollierunt *P*: mollierant *pSω*   30 quid pro me
atrides *ς*: quid uero atrides *ς*: quidue romethides *P*: et quid tytides *S*: quid
pro me aiaces *ς*: quid uero aiaces, quidque (-ue) mihi aiaces *ς*   33 facie
Heinsius: facies *codd.*   laudata *PS¹* (-a *eras.*): laudate *ς*: ut laudata est
ς: laudata est *ς*: laudataque *ς*

   II SVASORIVM AD SE *P*   1 dominam seruandi *PSω*: dominae ser-
uandae *ς*   Bagoa *ego*: bagoe *PSω*: bagoge *ς*

hesterna uidi spatiantem luce puellam
  illa quae Danai porticus agmen habet.
protinus, ut placuit, misi scriptoque rogaui;   5
  rescripsit trepida 'non licet' illa manu,
et, cur non liceat, quaerenti reddita causa est,
  quod nimium dominae cura molesta tua est.
si sapis, o custos, odium, mihi crede, mereri
  desine: quem metuit quisque, perisse cupit.   10
uir quoque non sapiens: quid enim seruare laboret
  unde nihil, quamuis non tueare, perit?
sed gerat ille suo morem furiosus amori
  et castum, multis quod placet, esse putet;
huic furtiua tuo libertas munere detur,   15
  quam dederis illi, reddat ut illa tibi.
conscius esse uelis? domina est obnoxia seruo;
  conscius esse times? dissimulare licet.
scripta leget secum: matrem misisse putato;
  uenerit ignotus: postmodo notus erit;   20
ibit ad affectam, quae non languebit, amicam:
  uisat, iudiciis aegra sit illa tuis.
[si faciet tarde, ne te mora longa fatiget,
  imposita gremio stertere fronte potes.]
nec tu linigeram fieri quid possit ad Isin   25
  quaesieris, nec tu curua theatra time.

5 misi *PS⟨*: misso ⟨   10 perisse *PS⟨*: perire ⟨   11 laboret
PS⟨: laborat ⟨: labores ⟨: laboras *TZ*   18–27 *om. PS, add. in marg.*
P³, iniuria (nisi quod ad uu. 23–24 *attinet) secludunt edd. nonnulli: uide*
quae ad 31 *adnotaui. cf.* I xiii 11–14   18 times ω: uelis *P³* (*corr.*
eadem manus) *T*   19 misisse *P³TZ*: scripsisse ω   20 erit *P³⟨*:
eat ω   21 affectam ω: afflictam *P³⟨*: effetam *NV_b* (-ectam)
22 uisat iudiciis ⟨: uisaque iudiciis *P_aP_c*: uisa et iudiciis *X*: uisat et indi-
ciis *P³*ω: . . . amicam uisere; iudiciis *Heinsius*   23–24 *seclusi Lenzium*
secutus, qui tamen et 18–22, 25–27 *iniuria damnauit*   24 potes ⟨:
putes *P³⟨*   25 linigeram *ed. Ald.* 1502, *exc. Put., Heinsii unus*
Moreti: lanigeram *P³*ω: niligenam *Q*   Isin *Heinsius*: isim *codd.*

conscius assiduos commissi tollet honores:
  quis minor est autem quam tacuisse labor?
ille placet uersatque domum neque uerbera sentit,
  ille potens; alii, sordida turba, iacent. 30
huic, uerae ut lateant, causae finguntur inanes;
  atque ambo domini, quod probat una, probant.
cum bene uir traxit uultum rugasque coegit,
  quod uoluit fieri blanda puella, facit.
sed tamen interdum tecum quoque iurgia nectat 35
  et simulet lacrimas carnificemque uocet;
tu contra obicies quae tuto diluat illa,
  et ueris falso crimine deme fidem.
sic tibi semper honos, sic alta peculia crescent;
  haec fac, in exiguo tempore liber eris. 40
aspicis indicibus nexas per colla catenas?
  squalidus orba fide pectora carcer habet.
quaerit aquas in aquis et poma fugacia captat
  Tantalus: hoc illi garrula lingua dedit;
dum nimium seruat custos Iunonius Ion, 45
  ante suos annos occidit; illa dea est.
uidi ego compedibus liuentia crura gerentem
  unde uir incestum scire coactus erat;
poena minor merito: nocuit mala lingua duobus;
  uir doluit, famae damna puella tulit. 50

---

30 potens alii $P\varsigma$: potens dominae $S\omega$: placet dominae ς sordida turba
iacent $PS\varsigma$: sordida turba iacet ς: cetera turba iacet ω 31 finguntur
$P\varsigma$: fingentur SA_cT: fingantur ς inanes $pS\omega$: honores PD, *ex u.* 27
oriundum, ut non dubium sit quin ille uersus in codice aliquo, de quo P origi-
nem ducit, exstiterit: uide C.R. s.n. v (1955), 13–14   38 et ueris falso
Ehwald: et ueri falso P_c: et ueri in falso T: in ueri falso $A_c{}^1B$: in uerum
falso $P\varsigma$: in uero falso $pS\omega$: in falso uero ς: in falso ueri E_aV_b: in falso
uerum W: i ueris falso *Heinsius: an* tu ueris falso *legendum?*   39 peculia
$P\varsigma$: pecunia $S\omega$: potentia P_bP_f crescent $PSDF$: crescet ω: crescit ς
40 fac in P: face in V_a: facis $S\varsigma$: face, fac, face et, fac et ω 45 ion
$PS\varsigma$: io ω. *cf.* II xix 29

crede mihi, nulli sunt crimina grata marito,
 nec quemquam, quamuis audiat, illa iuuant:
seu tepet, indicium securas perdis ad aures;
 siue amat, officio fit miser ille tuo.
culpa nec ex facili quamuis manifesta probatur: 55
 iudicis illa sui tuta fauore uenit.
uiderit ipse licet, credet tamen ille neganti
 damnabitque oculos et sibi uerba dabit;
aspiciat dominae lacrimas, plorabit et ipse
 et dicet 'poenas garrulus iste dabit.'   60
quid dispar certamen inis? tibi uerbera uicto
 adsunt, in gremio iudicis illa sedet.
non scelus adgredimur, non ad miscenda coimus
 toxica, non stricto fulminat ense manus;
quaerimus ut tuto per te possimus amare: 65
 quid precibus nostris mollius esse potest?

III

Ei mihi, quod dominam nec uir nec femina seruas,
 mutua nec Veneris gaudia nosse potes.
qui primus pueris genitalia membra recidit,
 uulnera quae fecit debuit ipse pati.
mollis in obsequium facilisque rogantibus esses,   5
 si tuus in quauis praetepuisset amor.
non tu natus equo, non fortibus utilis armis,
 bellica non dextrae conuenit hasta tuae.
ista mares tractent; tu spes depone uiriles:
 sunt tibi cum domina signa ferenda tua.   10

---

54 officio *PS𝇋*: indicio *𝇋*   59 aspiciat *PS*: aspiciet *pω*
 III *cum praecedenti coniungendam censuerunt Scaliger, Bentleius* ad eunuchum custodem dominae *P (litt. grand.) S𝇋*   4 ipse *Pω*: ille *S𝇋*   6 quauis *P𝇋*: quamuis *S𝇋*   7 natus *poetae, non librarii, incuria dictum: cf. Prop.* I vi 29   9 tractent *PS𝇋*: tractant *𝇋*

hanc imple meritis, huius tibi gratia prosit;
   si careas illa, quis tuus usus erit?
est etiam facies, sunt apti lusibus anni:
   indigna est pigro forma perire situ.
fallere te potuit, quamuis habeare molestus: 15
   non caret effectu quod uoluere duo.
aptius at fuerit precibus temptasse: rogamus,
   dum bene ponendi munera tempus habes.

IV

Non ego mendosos ausim defendere mores
   falsaque pro uitiis arma mouere meis.
confiteor, si quid prodest delicta fateri;
   in mea nunc demens crimina fassus eo.
odi, nec possum cupiens non esse, quod odi: 5
   heu quam, quae studeas ponere, ferre graue est!
nam desunt uires ad me mihi iusque regendum;
   auferor, ut rapida concita puppis aqua.
non est certa meos quae forma inuitet amores:
   centum sunt causae cur ego semper amem.   10
siue aliqua est oculos in se deiecta modestos,
   uror, et insidiae sunt pudor ille meae;
siue procax aliqua est, capior quia rustica non est
   spemque dat in molli mobilis esse toro;
aspera si uisa est rigidasque imitata Sabinas,   15
   uelle sed ex alto dissimulare puto;
siue es docta, places raras dotata per artes;

17 at *Heinsius*: ut *codd.*
IV ad se quod multas amet *P* (*litt. grand.*) V_aF (de se) *Z* (ad se *om.*):
ad se quod multas amicas ⟨habeat⟩ *S*   5 non esse *ς*φ: non nosse *PSς*:
odisse *ς*: non odisse A_cV_a 11 in se *ς*: in me *PSω*: in humum *Tim-*
panaro   17 es . . . places *P* (-ges, *corr. p*) *Sς*: est . . . placet *ω*

siue rudis, placita es simplicitate tua.
est quae Callimachi prae nostris rustica dicat
    carmina: cui placeo, protinus ipsa placet;   20
est etiam quae me uatem et mea carmina culpet:
    culpantis cupiam sustinuisse femur.
molliter incedit: motu capit; altera dura est:
    at poterit tacto mollior esse uiro.
haec quia dulce canit flectitque facillima uocem,   25
    oscula cantanti rapta dedisse uelim;
haec querulas habili percurrit pollice chordas:
    tam doctas quis non possit amare manus?
illa placet gestu numerosaque bracchia ducit
    et tenerum molli torquet ab arte latus: 30
ut taceam de me, qui causa tangor ab omni,
    illic Hippolytum pone, Priapus erit.
tu, quia tam longa es, ueteres heroidas aequas
    et potes in toto multa iacere toro;
haec habilis breuitate sua est: corrumpor utraque;   35
    conueniunt uoto longa breuisque meo.
non est culta: subit quid cultae accedere possit;
    ornata est: dotes exhibet ipsa suas.
candida me capiet, capiet me flaua puella;
    est etiam in fusco grata colore uenus.   40
seu pendent niuea pulli ceruice capilli,
    Leda fuit nigra conspicienda coma;
seu flauent, placuit croceis Aurora capillis:
    omnibus historiis se meus aptat amor.
me noua sollicitat, me tangit serior aetas: 45

---

18 placita (-da *H*) es *A_bH*: placita est *P_aV_b*: placeas *p* (-ces *P*) *SP_h*¹ (*ut uid.*): placeat *X*: capior ω   tua *PSʒ*: sua ω: mea *D*   23 incedit ω: incessit *PSʒ*   24 at *P*ω: ac *N*: sed *SO_bX*: et *BH*   23–24 dura est...esse *codd.*: dure...isse *Heinsius*: dure...ire *Bentleius*   25 haec *codd.*: huic *Heinsius*

40

haec melior specie, moribus illa placet.
denique quas tota quisquam probat Vrbe puellas,
    noster in has omnis ambitiosus amor.

V

NVLLVS amor tanti est (abeas, pharetrate Cupido),
    ut mihi sint totiens maxima uota mori.
uota mori mea sunt, cum te peccasse recordor,
    ei mihi, perpetuum nata puella malum.
non mihi deceptae nudant tua facta tabellae   5
    nec data furtiue munera crimen habent.
o utinam arguerem sic, ut non uincere possem!
    me miserum, quare tam bona causa mea est?
felix, qui quod amat defendere fortiter audet,
    cui sua 'non feci' dicere amica potest.   10
ferreus est nimiumque suo fauet ille dolori,
    cui petitur uicta palma cruenta rea.
ipse miser uidi, cum me dormire putares,
    sobrius apposito crimina uestra mero:
multa supercilio uidi uibrante loquentes;   15
    nutibus in uestris pars bona uocis erat.
non oculi tacuere tui conscriptaque uino
    mensa, nec in digitis littera nulla fuit.
sermonem agnoui, quod non uideatur, agentem
    uerbaque pro certis iussa ualere notis.   20
iamque frequens ierat mensa conuiua relicta;
    compositi iuuenes unus et alter erant:
inproba tum uero iungentes oscula uidi
    (illa mihi lingua nexa fuisse liquet),
qualia non fratri tulerit germana seuero,   25

46 moribus V_bW: corporis $PS\omega$, *fortasse ex glossa oriundum*   placet
$PS\omega$: sapit ς 47 probat $PS\omega$: probet ς
  V ad amicam corruptam S   5 deceptae, *i.e. furtim redditae: interpretatus est Housman*

sed tulerit cupido mollis amica uiro;
qualia credibile est non Phoebo ferre Dianam,
   sed Venerem Marti saepe tulisse suo.
'quid facis?' exclamo 'quo nunc mea gaudia defers?
   iniciam dominas in mea iura manus.   30
haec tibi sunt mecum, mihi sunt communia tecum:
   in bona cur quisquam tertius ista uenit?'
haec ego, quaeque dolor linguae dictauit; at illi
   conscia purpureus uenit in ora pudor.
quale coloratum Tithoni coniuge caelum   35
   subrubet, aut sponso uisa puella nouo;
quale rosae fulgent inter sua lilia mixtae
   aut, ubi cantatis, Luna, laborat equis;
aut quod, ne longis flauescere possit ab annis,
   Maeonis Assyrium femina tinxit ebur: 40
his erat aut alicui color ille simillimus horum,
   et numquam casu pulchrior illa fuit.
spectabat terram: terram spectare decebat;
   maesta erat in uultu: maesta decenter erat.
sicut erant (et erant culti) laniare capillos   45
   et fuit in teneras impetus ire genas;
ut faciem uidi, fortes cecidere lacerti:
   defensa est armis nostra puella suis.
qui modo saeuus eram, supplex ultroque rogaui
   oscula ne nobis deteriora daret.   50
risit et ex animo dedit optima, qualia possent
   excutere irato tela trisulca Ioui:
torqueor infelix, ne tam bona senserit alter,
   et uolo non ex hac illa fuisse nota.

27 Phoebo . . . Dianam *Bentleius*: phoebum . . . dianae *codd.*
29 defers ς, *exc. Scal.*: differs *PSω*   34 pudor *PSω*: rubor ς: color
DP_f   38 *distinxi: sc. quale Luna fulget, ubi* . . .   41 his *PSω*:
is ς: hic ς   alicui *FP_bP_c²* (*in ras.*): aliqui *PA_c*: aliquis *Sω*   42 casu
codd.: uisu *Housman*   51 optima *Pς*: oscula *Sω*

haec quoque, quam docui, multo meliora fuerunt,   55
    et quiddam uisa est addidicisse noui.
quod nimium placuere, malum est, quod tota labellis
    lingua tua est nostris, nostra recepta tuis.
nec tamen hoc unum doleo, non oscula tantum
    iuncta queror, quamuis haec quoque iuncta queror: 60
illa nisi in lecto nusquam potuere doceri;
    nescioquis pretium grande magister habet.

VI

PSITTACVS, Eois imitatrix ales ab Indis,
    occidit: exsequias ite frequenter, aues;
ite, piae uolucres, et plangite pectora pinnis
    et rigido teneras ungue notate genas;
horrida pro maestis lanietur pluma capillis,   5
    pro longa resonent carmina uestra tuba.
quod scelus Ismarii quereris, Philomela, tyranni,
    expleta est annis ista querela suis;
alitis in rarae miserum deuertere funus:
    magna sed antiqua est causa doloris Itys.   10
omnes, quae liquido libratis in aere cursus,
    tu tamen ante alios, turtur amice, dole.
plena fuit uobis omni concordia uita
    et stetit ad finem longa tenaxque fides.
quod fuit Argolico iuuenis Phoceus Orestae,   15
    hoc tibi, dum licuit, psittace, turtur erat.
quid tamen ista fides, quid rari forma coloris,

61 nusquam *PSꝫ*: numquam *ω*

VI psitaci alitis epitaphium *P* (*ut uid.; litt. grand.*) *SD* (e. p.a.)   1 imi-
tatrix ales *PSꝫ*: ales mihi missus *ω*: ales transmissus *ꝫ*   ab indis *PSꝫ*: ab
undis *N²* (*ex* oris) *Oᵦ*: ab oris *ꝫ*   2 ite *PSꝫ*: ferte *ω*   7 quod
PSNW¹ (*ut uid.*): quid *ω*   philomela *PS*: philomena *ω*   8 annis *ω*:
animis.*PSꝫ*   suis *ꝫ*: tuis *PSꝫ*   9 deuertere *Heinsius*: deuertite *Pꝫ*:
diuertite *Sꝫ*   11 libratis *P* (*ut uid.*) *Sꝫ*: uibratis *ꝫ*   cursus *PSω*:
pennas *ꝫ*   12 alios *PSꝫ*: alias *ꝫ*   15 orestae *PN*: oresti *Sω*

quid uox mutandis ingeniosa sonis,
quid iuuat, ut datus es, nostrae placuisse puellae?
   infelix auium gloria nempe iaces.   20
tu poteras fragiles pinnis hebetare zmaragdos
   tincta gerens rubro Punica rostra croco.
non fuit in terris uocum simulantior ales:
   reddebas blaeso tam bene uerba sono.
raptus es inuidia: non tu fera bella mouebas;   25
   garrulus et placidae pacis amator eras.
ecce, coturnices inter sua proelia uiuunt,
   forsitan et fiant inde frequenter anus.
plenus eras minimo, nec prae sermonis amore
   in multos poteras ora uacare cibos: 30
nux erat esca tibi causaeque papauera somni,
   pellebatque sitim simplicis umor aquae.
uiuit edax uultur ducensque per aera gyros
   miluus et pluuiae graculus auctor aquae;
uiuit et armiferae cornix inuisa Mineruae,   35
   illa quidem saeclis uix moritura nouem.
occidit ille loquax humanae uocis imago
   psittacus, extremo munus ab orbe datum.
optima prima fere manibus rapiuntur auaris;
   implentur numeris deteriora suis: 40
tristia Phylacidae Thersites funera uidit
   iamque cinis uiuis fratribus Hector erat.
quid referam timidae pro te pia uota puellae,
   uota procelloso per mare rapta Noto?
septima lux uenit non exhibitura sequentem,   45

25–32 *uersuum ordo uarie temptatus: sed frustra, cum in* 27–28 *psittaci lenitati coturnicum saeuitia, in* 33–34 *illius temperantiae uulturis edacitas opponatur*   27 sua *PSω*: fera *ς*   28 fiant *P*: fient *Sς*: fiunt *ω* 30 poteras *Pς*: poterant *Sς*   33 ducensque *DF*: ducitque *PSω* 34 miluus et *Pς*: miluius et *ς*: miluus et est *SNV_a*: miluus et in H graculus *P* (grag-) *ς*: garrulus *Sς*   37 ille *ς*: illa *PSω*

et stabat uacuo iam tibi Parca colo;
nec tamen ignauo stupuerunt uerba palato:
  clamauit moriens lingua 'Corinna, uale.'
colle sub Elysio nigra nemus ilice frondet
  udaque perpetuo gramine terra uiret.   50
si qua fides dubiis, uolucrum locus ille piarum
  dicitur, obscenae quo prohibentur aues:
illic innocui late pascuntur olores
  et uiuax phoenix, unica semper auis;
explicat ipsa suas ales Iunonia pinnas,   55
  oscula dat cupido blanda columba mari.
psittacus has inter nemorali sede receptus
  conuertit uolucres in sua uerba pias.
ossa tegit tumulus, tumulus pro corpore magnus,
  quo lapis exiguus par sibi carmen habet: 60
COLLIGOR EX IPSO DOMINAE PLACVISSE SEPVLCRO.

ORA FVERE MIHI PLVS AVE DOCTA LOQVI.

VII

ERGO sufficiam reus in noua crimina semper?
  ut uincam, totiens dimicuisse piget.
siue ego marmorei respexi summa theatri,
  elegis e multis unde dolere uelis;
candida seu tacito uidit me femina uultu,   5
  in uultu tacitas arguis esse notas;
si quam laudaui, miseros petis ungue capillos,
  si culpo, crimen dissimulare putas;

46 uacuo *PSς*: uacua *ω*   55 ipsa *PSς*: atque *ς*
VII AD AMOREM ANCILLE PELICES *P*: ad amorem ancille pelicis uel
excusatio ancille ad dominam *S*: excusacio amoris ancille *D*: excusacio
amoris ancille ad dominam *F*: excusacio ancille *Z*   1 ergo *PSς*: ergo
ego *ω*   2 piget *PSς*: pudet *ω*   7 miseros *ω*: misero *PS*
8 culpo *ω*: cui do *Sς*: cui pro *P*

45

siue bonus color est, in te quoque frigidus esse,
    seu malus, alterius dicor amore mori.   10
atque ego peccati uellem mihi conscius essem:
    aequo animo poenam, qui meruere, ferunt.
nunc temere insimulas credendoque omnia frustra
    ipsa uetas iram pondus habere tuam:
aspice, ut auritus miserandae sortis asellus   15
    adsiduo domitus uerbere lentus eat.
ecce, nouum crimen: sollers ornare Cypassis
    obicitur dominae contemerasse torum.
di melius, quam me, si sit peccasse libido,
    sordida contemptae sortis amica iuuet!   20
quis Veneris famulae conubia liber inire
    tergaque conplecti uerbere secta uelit?
adde quod ornandis illa est operosa capillis
    et tibi per doctas grata ministra manus:
scilicet ancillam, quod erat tibi fida, rogarem?   25
    quid, nisi ut indicio iuncta repulsa foret?
per Venerem iuro puerique uolatilis arcus
    me non admissi criminis esse reum.

VIII

PONENDIS in mille modos perfecta capillis,
    comere sed solas digna Cypassi deas,
et mihi iucundo non rustica cognita furto,
    apta quidem dominae sed magis apta mihi,

11 essem *PSς*: esse *ω*   17 nouum crimen sollers ornare *PSς*: tuum sollers caput exornare *ς*   19 si sit *Itali, Naugerius*: sic sit *PSω* peccasse *PSω*: peccare *ς*   20 sortis *ω*: sordis *PSς*   23 ornandis *ω*: ornatis *PSς*   operosa *ω*: operata *PSN*: operanda *F*   24 per doctas *ω*: perdocta est *PS, unde* perdocta . . . manu *Heinsius, alii alia* 25 quod erat *ego*: quia erat *Palmer*: quierat *P*: quae erat *Sς*: quae sit *BE_a*: quae tam *ω*
VIII ad ancillam cuius stuprum sensit amica *P (litt. grand.)* $P_h V_a$ (domina *pro* amica)   1 modos *PSP_cZ*: modis *ω*

quis fuit inter nos sociati corporis index?   5
  sensit concubitus unde Corinna tuos?
num tamen erubui? num uerbo lapsus in ullo
  furtiuae Veneris conscia signa dedi?
quid quod, in ancilla si quis delinquere possit,
  illum ego contendi mente carere bona?   10
(Thessalus ancillae facie Briseidos arsit,
  serua Mycenaeo Phoebas amata duci:
nec sum ego Tantalide maior nec maior Achille;
  quod decuit reges, cur mihi turpe putem?)
ut tamen iratos in te defixit ocellos,   15
  uidi te totis erubuisse genis.
at quanto, si forte refers, praesentior ipse
  per Veneris feci numina magna fidem!
(tu, dea, tu iubeas animi periuria puri
  Carpathium tepidos per mare ferre Notos.)   20
pro quibus officiis pretium mihi dulce repende
  concubitus hodie, fusca Cypassi, tuos.
quid renuis fingisque nouos, ingrata, timores?
  unum est e dominis emeruisse satis.
quod si stulta negas, index ante acta fatebor   25
  et ueniam culpae proditor ipse meae,
quoque loco tecum fuerim quotiensque, Cypassi,
  narrabo dominae quotque quibusque modis.

7 num *S*: nam *P_f*: nunc *P*: nec *D*: non ω   num *PS*: nec ω: non *ς*:
num(ero collapsus in ullo) *H*   ullo *PS*ω: uno *ς*   9 ancilla *PS*ς: ancil-
lam ω   13 nec sum ego *PS*ς: non sum ego *ς*: non sum ω: non ego *ς*
maior nec maior *PS*ς: nec forti maior *ς*   16 uidi *ς*: uidit *PS*ς
19 puri *P*, *Heinsii Arondelianus*: nostri *S*ω   24 unum est *PS*ς: est
unum ω   emeruisse *PS*ς: promeruisse *ς*: demeruisse *W*

IX

O NVMQVAM pro me satis indignate Cupido,
    o in corde meo desidiose puer,
quid me, qui miles numquam tua signa reliqui,
    laedis, et in castris uulneror ipse meis?
cur tua fax urit, figit tuus arcus amicos?   5
    gloria pugnantes uincere maior erat.
quid? non Haemonius, quem cuspide perculit, heros
    confossum medica postmodo iuuit ope?
uenator sequitur fugientia, capta relinquit,
    semper et inuentis ulteriora petit.   10
nos tua sentimus, populus tibi deditus, arma;
    pigra reluctanti cessat in hoste manus.
quid iuuat in nudis hamata retundere tela
    ossibus? ossa mihi nuda reliquit Amor.
tot sine amore uiri, tot sunt sine amore puellae: 15
    hinc tibi cum magna laude triumphus eat.
(Roma, nisi inmensum uires promosset in orbem,
    stramineis esset nunc quoque tecta casis.)
fessus in acceptos miles deducitur agros,
    mittitur in saltus carcere liber equus,   20
longaque subductam celant naualia pinum,
    tutaque deposito poscitur ense rudis:
me quoque, qui totiens merui sub amore puellae,
    defunctum placide uiuere tempus erat.

IX ad amorem *P* (*litt. grand.*) *SZ*   1 pro me *PSω*: per me ς.
uersus uarie temptatus   4 meis *PSς*: tuis *ω*   8 confossum *P*
(conp-) *Sς*: confessum ς: confusum *F*: cum petiit ς   13 retundere
PSς: recondere *ω*: recumbere (*uel* -tum-) *N*   14 reliquit *ω*: relin-
quit *PSV*ᵦ   17 promosset ςφ: promouisset *PB*: mouisset *Sω*: misis-
set *Q*   21 pinum *PSςp₁p₃*: puppim ςe   22 *cum* 20 *commutant*
ςφ; *sed bene comparauerunt Marius et Burmannus Prop.* II xxv 5–8

IX b (X)

'VIVE' deus 'posito' si quis mihi dicat 'amore',   25
 deprecer: usque adeo dulce puella malum est.
cum bene pertaesum est, animoque relanguit ardor,
 nescioquo miserae turbine mentis agor.
ut rapit in praeceps dominum spumantia frustra   (5)
 frena retentantem durior oris equus,   30
ut subitus prope iam prensa tellure carinam
 tangentem portus uentus in alta rapit,
sic me saepe refert incerta Cupidinis aura
 notaque purpureus tela resumit Amor.   (10)
fige, puer: positis nudus tibi praebeor armis;   35
 hic tibi sunt uires, hic tua dextra facit,
huc tamquam iussae ueniunt iam sponte sagittae;
 uix illis prae me nota pharetra sua est.
infelix, tota quicumque quiescere nocte   (15)
 sustinet et somnos praemia magna uocat.   40
stulte, quid est somnus gelidae nisi mortis imago?
 longa quiescendi tempora fata dabunt.
me modo decipiant uoces fallacis amicae
 (sperando certe gaudia magna feram),   (20)
et modo blanditias dicat, modo iurgia nectat;   45
 saepe fruar domina, saepe repulsus eam.
quod dubius Mars est, per te, priuigne Cupido, est,
 et mouet exemplo uitricus arma tuo;
tu leuis es multoque tuis uentosior alis   (25)
 gaudiaque ambigua dasque negasque fide.   50

25 *nouam elegiam incipere censuit L. Müller, quem secuti sunt edd. plerique;
cf. quae ad* III v *et* III xi 33 *adnotaui* 27 animoque PSV_b: ani-
mique ω relanguit *Heinsius ex* P (*ut illi uisum est*) *et Arondeliano*: re-
san/uit P: reuanuit Sω: euanuit � 31 prensa PSω: pressa ⸚
36 facit PSⸯ: ualet ⸚ 37 huc ω: hic PSA_b (N-) E_a 38 sua
PSⸯ: tua ⸚ 44 *parenthesi inclusit Francius* 45 nectat PSω:
quaerat p (*u.l.*) ⸚ 47 cupido est pSⸯ: cupido Pⸯ

si tamen exaudis, pulchra cum matre, rogantem,
    indeserta meo pectore regna gere:
accedant regno, nimium uaga turba, puellae;
    ambobus populis sic uenerandus eris. (30)

X (XI)

Tv mihi, tu certe, memini, Graecine, negabas
    uno posse aliquem tempore amare duas.
per te ego decipior, per te deprensus inermis
    ecce duas uno tempore turpis amo.
utraque formosa est, operosae cultibus ambae, 5
    artibus in dubio est haec sit an illa prior;
pulchrior hac illa est, haec est quoque pulchrior illa,
    et magis haec nobis et magis illa placet.
erro, uelut uentis discordibus acta phaselos,
    diuiduumque tenent alter et alter amor. 10
quid geminas, Erycina, meos sine fine dolores?
    non erat in curas una puella satis?
quid folia arboribus, quid pleno sidera caelo,
    in freta collectas alta quid addis aquas?
sed tamen hoc melius, quam si sine amore iacerem: 15
    hostibus eueniat uita seuera meis;
hostibus eueniat uiduo dormire cubili
    et medio laxe ponere membra toro.
at mihi saeuus Amor somnos abrumpat inertes
    simque mei lecti non ego solus onus; 20
me mea disperdat nullo prohibente puella,

---

51 rogantem *p* (*u.l.*): cupido *PSω*. cf. I vi 11   52 gere *Pω*: geret
S: geras *T*: geris *FV_b*: gerem *O_b*: rege *p* (*u.l.*) *P_c* (*u.l.*) *Q*
    X quod duae (dñe *S*) simul amentur *P* (*litt. grand.*) *SZ*   3 ego
Pω: *om. Sϛ*   4 turpis *PSϛ*: solus *ω*   7 hac . . . haec *ϛ*: haec . . .
haec *PSω*: haec . . . hac *ϛ*   9 erro uelut *Camps*: errant ut *PSϛ*:
errat et ut *ϛ*: errat ut a *P_b*: errat ut in *Z*   17 uiduo *P* (b-) *ϛ*: uacuo
pSω   18 laxe *PS* (-xo) *ϛ*: late *pω*

si satis una potest, si minus una, duae.
sufficiam: graciles, non sunt sine uiribus artus;
    pondere, non neruis, corpora nostra carent.
et lateri dabit in uires alimenta uoluptas: 25
    decepta est opera nulla puella mea;
saepe ego lasciue consumpsi tempora noctis,
    utilis et forti corpore mane fui.
felix, quem Veneris certamina mutua perdunt;
    di faciant, leti causa sit ista mei!   30
induat aduersis contraria pectora telis
    miles et aeternum sanguine nomen emat;
quaerat auarus opes et, quae lassarit arando,
    aequora periuro naufragus ore bibat;
at mihi contingat Veneris languescere motu,   35
    cum moriar, medium soluar et inter opus;
atque aliquis nostro lacrimans in funere dicat
    'conueniens uitae mors fuit ista tuae.'

XI (XII)

PRIMA malas docuit mirantibus aequoris undis
    Peliaco pinus uertice caesa uias,
quae concurrentis inter temeraria cautes
    conspicuam fuluo uellere uexit ouem.
o utinam, ne quis remo freta longa moueret,   5
    Argo funestas pressa bibisset aquas!
ecce fugit notumque torum sociosque Penates
    fallacisque uias ire Corinna parat.

23 sufficiam *P*: sufficiant *Sω*: sufficiunt *ϛ*: sufficient *H*   sunt *ἀπὸ κοινοῦ intellegendum: cf. Met.* xiii 360   27 lasciue *Pω*: lasciuae *SP$_c$Z, uett. edd.*   consumpsi tempora *PSϛ*: consumpto tempore *ϛ*   28 forti *PSϛ*: fortis *ω*   29 perdunt *Pω*: rumpunt *pSϛ*   33 lassarit *Pω*: lassarat *Sϛ*: lassauit *pHφ*   arando *Heinsius ex* arundo *P*: eundo *pSωφ*
    XI ad amicam nauigantem *P (litt. grand.) Sϛ*   1 undis *Sϛ*: undas *Pϛ*

quid tibi, me miserum, Zephyros Eurosque timebo
    et gelidum Borean egelidumque Notum?   10
non illic urbes, non tu mirabere siluas:
    una est iniusti caerula forma maris;
nec medius tenuis conchas pictosque lapillos
    pontus habet: bibuli litoris illa mora est.
litora marmoreis pedibus signate, puellae   15
    (hactenus est tutum, cetera caeca uia est),
et uobis alii uentorum proelia narrent,
    quas Scylla infestet quasue Charybdis aquas,
et quibus emineant uiolenta Ceraunia saxis,
    quo lateant Syrtes magna minorque sinu.   20
haec alii referant; at uos, quod quisque loquetur,
    credite: credenti nulla procella nocet.
sero respicitur tellus, ubi fune soluto
    currit in inmensum panda carina salum,
nauita sollicitus cum uentos horret iniquos   25
    et prope tam letum quam prope cernit aquam.
quod si concussas Triton exasperet undas,
    quam tibi sit toto nullus in ore color!
tum generosa uoces fecundae sidera Ledae
    et 'felix' dicas 'quem sua terra tenet!'   30
tutius est fouisse torum, legisse libellos,
    Threiciam digitis increpuisse lyram.

9 quid *codd.*: quam *Markland, Némethy. an* quid? tibi ... *scribendum?*
10 egelidumque *Seneca* (*Contr.* II ii 12): et gelidumque *PS*: non gelidumque
ς: praecipitemque *ω*: praetepidumque *ς*   13 pictosque *Pς*: pictosue
H: uiridesque *Sς*: uariosque *F*   15 signate *Naugerius, F*: signata *PSς*:
signanda *ω*   18 quasue *Pς*: quasque *Sς*   21 at *ω*: ad *PS, edd. non-
nulli distinctione mutata* (*sed cf. Append. ad* 33)   loquetur *Pς*: loquatur
Sω   22 credenti *Sω*: quaerenti *P, edd. nonnulli*   25 cum *ς*: tum *T*: quia
Pς: qui *A_b*: iam *Sς*: quoque *ς*   27 quod *PSς*: quid *ς*   exasperet
P (et a-) *ς*: exasperat *Sς*   28 quam tibi *PSς*: quam si *O_b*: qui tibi *ς*:
quid tibi *P_f*: et tibi *T*: tunc tibi *P_c*   sit *PSω*: si *P_f*: nunc *ς*   30 quem
PSς: quam *ς*

at si uana ferunt uolucres mea dicta procellae,
   aequa tamen puppi sit Galatea tuae:
uestrum crimen erit talis iactura puellae,   35
   Nereidesque deae Nereidumque pater.
uade memor nostri, uento reditura secundo;
   impleat illa tuos fortior aura sinus.
tum mare in haec magnus proclinet litora Nereus,
   huc uenti spectent, huc agat aestus aquas.   40
ipsa roges, Zephyri ueniant in lintea soli,
   ipsa tua moueas turgida uela manu.
primus ego aspiciam notam de litore puppim
   et dicam 'nostros aduehit illa deos!'
excipiamque umeris et multa sine ordine carpam   45
   oscula; pro reditu uictima uota cadet,
inque tori formam molles sternentur harenae
   et cumulus mensae quilibet esse potest.
illic adposito narrabis multa Lyaeo,
   paene sit ut mediis obruta nauis aquis,   50
dumque ad me properas, neque iniquae tempora noctis
   nec te praecipites extimuisse Notos.
omnia pro ueris credam, sint ficta licebit:
   cur ego non uotis blandiar ipse meis?
haec mihi quam primum caelo nitidissimus alto   55
   Lucifer admisso tempora portet equo.

---

40 huc *PS²ω*: haec *S¹*: hac *DF*   uenti (uentis *PW*) spectent *Pç*:
uentus spectet *Sç*. spectent *uix satis explicatum;* spirent *Heinsius ex exc.*
Dousae   aestus *ω*: eurus *PSç*   41 soli *Pç*: pleni *Sω*   45 umeris
PSç: ulnis *ç, exc. Put.*   carpam *PSω*: sumam *ç*: iungam *A_cW¹*   48 et
cumulus mensae *PSç*: et cumulus mensa *ç*: pro mensa cumulus *ç*: et
tumulus mensae *P_c*: et tumulus mensa *P_bP_f*: pro mensa tumulus *D*
(*ut uid.*)   esse potest *PSω*: instar erit *ç, edd. plerique*

XII (XIII)

Ite triumphales circum mea tempora laurus:
  uicimus; in nostro est ecce Corinna sinu,
quam uir, quam custos, quam ianua firma (tot hostes!)
  seruabant, ne qua posset ab arte capi.
haec est praecipuo uictoria digna triumpho   5
  in qua, quaecumque est, sanguine praeda caret.
non humiles muri, non paruis oppida fossis
  cincta, sed est ductu capta puella meo.
Pergama cum caderent bello superata bilustri,
  ex tot in Atridis pars quota laudis erat?   10
at mea seposita est et ab omni milite dissors
  gloria, nec titulum muneris alter habet:
me duce ad hanc uoti finem, me milite ueni;
  ipse eques, ipse pedes, signifer ipse fui.
nec casum fortuna meis inmiscuit actis: 15
  huc ades, o cura parte triumphe mea.
nec belli est noua causa mei: nisi rapta fuisset
  Tyndaris, Europae pax Asiaeque foret;
femina siluestris Lapithas populumque biformem
  turpiter adposito uertit in arma mero;   20
femina Troianos iterum noua bella mouere
  impulit in regno, iuste Latine, tuo;
femina Romanis etiamnunc Vrbe recenti
  inmisit soceros armaque saeua dedit.
uidi ego pro niuea pugnantes coniuge tauros: 25
  spectatrix animos ipsa iuuenca dabat.

XII ad custoditam et (aet P) a se stupratam P (*litt. grand.*) S (*ut uid.*)
P_h (*add.* amicam) V_a 1 laurus PDT: lauri $S\omega$ 3 firma tot
hostes ω: firmat ut hostis PS: firmus ut hostis ς: firmaque sera H: *cetera*
nil moror   10 atridis $P\omega$: atrida DN: atride P_aP_f: atridas $S\varsigma$:
atrides H 11 dissors P: discors $S\omega$ 13 hanc PSO_b: hunc ω
17 est $PS\varsigma$: *om.* ς causa ς: cura $PS\varsigma$ 21 noua $PS\omega$: fera ς

me quoque, qui multos, sed me sine caede, Cupido
   iussit militiae signa mouere suae.

XIII (XIV)

Dvm labefactat onus grauidi temeraria uentris,
   in dubio uitae lassa Corinna iacet.
illa quidem clam me tantum molita pericli
   ira digna mea, sed cadit ira metu.
sed tamen aut ex me conceperat, aut ego credo: 5
   est mihi pro facto saepe, quod esse potest.
Isi, Paraetonium genialiaque arua Canopi
   quae colis et Memphin palmiferamque Pharon,
quaque celer Nilus lato delapsus in alueo
   per septem portus in maris exit aquas,   10
per tua sistra precor, per Anubidis ora uerendi
   (sic tua sacra pius semper Osiris amet
pigraque labatur circa donaria serpens
   et comes in pompa corniger Apis eat),
huc adhibe uultus et in una parce duobus: 15
   nam uitam dominae tu dabis, illa mihi.
saepe tibi sedit certis operata diebus,
   qua tingit laurus Gallica turma tuas.
tuque, laborantes utero miserata puellas
   quarum tarda latens corpora tendit onus,   20

27 qui multos *PS*ς: cum multis ς   sed me *P*ω: sed nunc *SHV*ₐ
XIII *praecedenti continuat S. titulus in PS nullus*: ad amicam graui-
dam *DFZ*   3 clam me ς: clamat *PS*ω   4 mea *PS*ς: mea est ς
7 genialiaque ς: gentiliaque *PS*ς: genitaliaque ς   9 delapsus *PS*ω:
dilapsus ς   in alueo *PS*ω: ab alueo *A_c*: ab aruo *P_f*. dilapsus ab alueo
Burmannus, sensu optimo   10 portus *PS*ω: portas *Bentleius, FP*ₐ.
cf. Her. xiv 107   11 sistra *PS*ω: sacra ς   13 circa *PS*ς: cir-
cum ω   17 sedit *Heinsius, Z*: dedit *PP_f*[1]: meruit *S*ω: seruit *O_bP_h*
(*u.l.*)   18 qua *PS*ω: quis ς: quam *D*: quas *P_f*   tingit *PF*[1]*V_b*:
tangit *SF*[2] (*ut uid.*): cingit ω   turma *PS*ς: turba ς. *locus obscurissimus*

lenis ades precibusque meis faue, Ilithyia:
    digna est quam iubeas muneris esse tui.
ipse ego tura dabo fumosis candidus aris,
    ipse feram ante tuos munera uota pedes;
adiciam titulum SERVATA NASO CORINNA: 25
    tu modo fac titulo muneribusque locum.
si tamen in tanto fas est monuisse timore,
    hac tibi sit pugna dimicuisse satis.

XIV (XV)

QVID iuuat inmunes belli cessare puellas
    nec fera peltatas agmina uelle sequi,
si sine Marte suis patiuntur uulnera telis
    et caecas armant in sua fata manus?
quae prima instituit teneros conuellere fetus,   5
    militia fuerat digna perire sua.
scilicet ut careat rugarum crimine uenter,
    sternetur pugnae tristis harena tuae?
si mos antiquis placuisset matribus idem,
    gens hominum uitio deperitura fuit,   10
quique iterum iaceret generis primordia nostri
    in uacuo lapides orbe, parandus erat.
quis Priami fregisset opes, si numen aquarum
    iusta recusasset pondera ferre Thetis?
Ilia si tumido geminos in uentre necasset,   15
    casurus dominae conditor Vrbis erat;
si Venus Aenean grauida temerasset in aluo,
    Caesaribus tellus orba futura fuit.
tu quoque, cum posses nasci formosa, perisses,

21 meis faue ilithyia *PS*: faue lucina puellae *ω*: meis lucina faueto *P$_c$X*
XIV ad amicam quae fecit abortum (abortiuum *V$_a$²*: abruptum *II*) *P*
(*litt. grand.*) *SHV$_a$²*   10 fuit *Psφ*: foret *Sω*   18 fuit *PSs*:
foret *ω*

temptasset, quod tu, si tua mater opus;   20
ipse ego, cum fuerim melius periturus amando,
   uidissem nullos matre necante dies.
quid plenam fraudas uitem crescentibus uuis
   pomaque crudeli uellis acerba manu?
sponte fluant matura sua; sine crescere nata: 25
   est pretium paruae non leue uita morae.
uestra quid effoditis subiectis uiscera telis
   et nondum natis dira uenena datis?
Colchida respersam puerorum sanguine culpant,
   aque sua caesum matre queruntur Ityn: 30
utraque saeua parens, sed tristibus utraque causis
   iactura socii sanguinis ulta uirum.
dicite, quis Tereus, quis uos inritet Iaso
   figere sollicita corpora uestra manu?
hoc neque in Armeniis tigres fecere latebris,   35
   perdere nec fetus ausa leaena suos.
at tenerae faciunt, sed non impune, puellae:
   saepe, suos utero quae necat, ipsa perit;
ipsa perit ferturque rogo resoluta capillos,
   et clamant 'merito' qui modo cumque uident.   40
ista sed aetherias uanescant dicta per auras,
   et sint ominibus pondera nulla meis.
di, faciles peccasse semel concedite tuto;
   et satis est: poenam culpa secunda ferat.

25 fluant *PSs̄*: fluent *s̄φ*: fluunt *s̄*   s. f. m. s. *PSω*: s. s. m. f. *s̄φ*
29 puerorum *PSω*: natorum *s̄*   culpant *Pω*: matrem *SFH*   30 aque
Heinsius (ex uno Moreti, i.e. Q), QX: atque *PSω. cf.* I xv 38
32 uirum *PSs̄*: uirum est *s̄*   33 iaso *P*: iason *Sω*   35 hoc *PSω*:
haec *s̄*

XV (XVI)

Anvle, formosae digitum uincture puellae,
   in quo censendum nil nisi dantis amor,
munus eas gratum; te laeta mente receptum
   protinus articulis induat illa suis;
tam bene conuenias quam mecum conuenit illi,   5
   et digitum iusto commodus orbe teras.
felix a domina tractaberis, anule, nostra:
   inuideo donis iam miser ipse meis.
o utinam fieri subito mea munera possem
   artibus Aeaeae Carpathiiue senis!   10
tunc ego te cupiam, domina, et tetigisse papillas
   et laeuam tunicis inseruisse manum:
elabar digito quamuis angustus et haerens
   inque sinum mira laxus ab arte cadam.
idem ego, ut arcanas possim signare tabellas   15
   neue tenax ceram siccaque gemma trahat,
umida formosae tangam prius ora puellae;
   tantum ne signem scripta dolenda mihi.
†si dabor ut condar† loculis, exire negabo
   adstringens digitos orbe minore tuos.   20
non ego dedecori tibi sim, mea uita, futurus,
   quodue tener digitus ferre recuset, onus.
me gere, cum calidis perfundes imbribus artus,

XV *praeter codd. p. 3 nominatos separatim tradit* B_b (*u. p.* 4) ad anulum
quem miserat (misit S) amicae P (*litt. grand.*) S: ad anulum ç   1 uinc-
ture ç: iuncture ç (*sed sunt nonnulli diiudicatu difficiles*): uinc&ire P:
uincire SH   5 illi PSç: illa ç   9 fieri subito PSç: subito fieri ç
10 aeaeae PSç: eoe ç: ethee FQ: eolie P_f: aonii D: emoniis B: et circes X:
aut circes A_cV_b carpathiiue PO_bP_h: carpathiique Sω   11 tunc ego te
cupiam domina et *Madvig*: tunc ego te cupiam dominae PSω: tunc ego
si cupiam dominae F: tunc (nunc P_h) ego me (met B_b) cupiam dominae
$A_bB_bP_h$: tunc per te cupiam dominae P_c (*u.l.*) T   14 sinum PSω:
sinus ç: sinu ç   laxus PS: lapsus ω   19 si dabor *codd.*: sit labor
Ehwald: si trahar *Némethy*   21 sim PSO_b: sum ω

damnaque sub gemma perfer euntis aquae.
sed, puto, te nuda mea membra libidine surgent,   25
   et peragam partes anulus ille uiri.
inrita quid uoueo? paruum proficiscere munus:
   illa datam tecum sentiat esse fidem.

XVI (XVII)

Pars me Sulmo tenet Paeligni tertia ruris,
   parua, sed inriguis ora salubris aquis.
sol licet admoto tellurem sidere findat
   et micet Icarii stella proterua canis,
arua pererrantur Paeligna liquentibus undis,   5
   et uiret in tenero fertilis herba solo.
terra ferax Cereris multoque feracior uuis,
   dat quoque baciferam Pallada rarus ager,
perque resurgentes riuis labentibus herbas
   gramineus madidam caespes obumbrat humum.   10
at meus ignis abest—uerbo peccauimus uno:
   quae mouet ardores, est procul; ardor adest.
non ego, si medius Polluce et Castore ponar,
   in caeli sine te parte fuisse uelim.
solliciti iaceant terraque premantur iniqua,   15
   in longas orbem qui secuere uias;
aut iuuenum comites iussissent ire puellas,
   si fuit in longas terra secanda uias.
tum mihi, si premerem uentosas horridus Alpes,

25 nuda *PSDP_f*: uisa ω   26 peragam *PSꝟ*: peraget ω   ille *PSꝟ*:
ipse ꝟ: iste *T*
   XVI ᴀᴅ ʀᴠs sᴠᴠᴍ ᴇᴛ ᴀᴍɪᴄᴀᴍ *P*   1 pars me *PSω*: me pars ꝟ
7 cereris *Pω*: ciceris *S*   uuis *codd.*: uuae *Heinsius in textu*, multaeque
. . . uuae *in notis*   11–12, 23–26 *totos*, 13, 16–18, 21–22 *partim
restituit P³ sine mutatione, ut uid., cum P paene euanuisset*   17 aut
P³ꝟ: at ω   19 premerem *Sω*: premerent *P*: premerer ꝟ   uentosas
horridus alpes *Pω*: uentoso (-os *S*) turbine ponti *Sꝟ*

　　dummodo cum domina, molle fuisset iter;　　　　　20
cum domina Libycas ausim perrumpere Syrtes
　　et dare non aequis uela ferenda Notis;
non quae uirgineo portenta sub inguine latrant
　　nec timeam uestros, curua Malea, sinus
nec quae submersis ratibus saturata Charybdis　　25
　　fundit et effusas ore receptat aquas.
quod si Neptuni uentosa potentia uincat
　　et subuenturos auferat unda deos,
tu nostris niueos umeris inpone lacertos:
　　corpore nos facili dulce feremus onus.　　　　　30
(saepe petens Heron iuuenis transnauerat undas;
　　tum quoque transnasset, sed uia caeca fuit.)
at sine te, quamuis operosi uitibus agri
　　me teneant, quamuis amnibus arua natent
et uocet in riuos currentem rusticus undam,　　　35
　　frigidaque arboreas mulceat aura comas,
non ego Paelignos uideor celebrare salubres,
　　non ego natalem, rura paterna, locum;
sed Scythiam Cilicasque feros uiridesque Britannos
　　quaeque Prometheo saxa cruore rubent.　　　　40
ulmus amat uitem, uitis non deserit ulmum:
　　separor a domina cur ego saepe mea?
at mihi te comitem iuraras usque futuram
　　per me perque oculos, sidera nostra, tuos:
uerba puellarum, foliis leuiora caducis,　　　　　45

---

　　23 non *P³ꝶ*: nec *Sꝶ*　　24 uestros, *i.q. tuos: expl. Housman. cf.* III i 40
25 nec *Sω*: non *P³ꝶ*　　quae *P³Sꝶ*: quas *ω*　　26 receptat *P³ω*: re-
potat *T*: reportat *SV_b* (-et) *X*　　27 uincat *ꝶ*: uincet *ω*: uincit *PSꝶ*
28 auferat *ꝶ*: auferet *PSꝶ*　　32 tum *Itali*: tu *PB* (transnasses): tunc
ω: nunc *SO_b*　　35 currentem *codd.*: parentem *Heinsius ex exc. Put.*
et Scal.　　39 uirides, *sc. uitro pictos*　　40 saxa cruore *PSω*: sanguine
saxa *ꝶ*　　rubent *PSꝶ*: madent *ω*　　41 uitem *Pω*: uites *Sꝶ*　　43 iuraras
PS: iurabas *ω*　　44 sidera nostra tuos *PSω*: qui rapuere meos *ꝶ, ex*
III xi 48

inrita, qua uisum est, uentus et unda ferunt.
si qua mei tamen est in te pia cura relicti,
   incipe pollicitis addere facta tuis
paruaque quam primum rapientibus esseda mannis
   ipsa per admissas concute lora iubas.   50
at uos, qua ueniet, tumidi subsidite montes,
   et faciles curuis uallibus este uiae.

XVII (XVIII)

Sɪ ǫvɪs erit, qui turpe putet seruire puellae,
   illo conuincar iudice turpis ego.
sim licet infamis, dum me moderatius urat
   quae Paphon et fluctu pulsa Cythera tenet
atque utinam dominae miti quoque praeda fuissem,   5
   formosae quoniam praeda futurus eram.
dat facies animos: facie uiolenta Corinna est;
   me miserum, cur est tam bene nota sibi?
scilicet a speculi sumuntur imagine fastus,
   nec nisi conpositam se prius illa uidet.   10
non, tibi si facies nimium dat in omnia regni
   (o facies oculos nata tenere meos!),
collatum idcirco tibi me contemnere debes:
   aptari magnis inferiora licet.
traditur et nymphe mortalis amore Calypso   15
   capta recusantem detinuisse uirum;

46 inrita qua P: irritaque ut Sω   unda PSꞩ: aura ω   51 qua
P (ut uid.) ꞩ: cum Sꞩ
   XVII ad corinnam P (ut uid.; litt. grand.) S   1–14 in P uix legi
possunt   4 et fluctu S² (corr. ex -ū) ω: ex fluctu X: in fluctu Z: et
fluctus Pꞩ   pulsa PSꞩ: nata ꞩ: culta ꞩ   5 miti Sꞩ: mitis ω: om. P
7 facie S²ꞩ: facies PS¹ω   corinna Sω: corinnae Pꞩ   est PSω: om. ꞩ
11 nimium dat in omnia ω: animum dat in omnia NV_a: animum dat
nomina P (ut uid.) SO_bZ regni PSV_aZ: regnum ω   15 traditur
P (tard-) Ɛꞩ: creditur ω   16 recusantem PSꞩ: reluctantem ꞩ

creditur aequoream Pthio Nereida regi,
　　Egeriam iusto concubuisse Numae;
Volcani Venus est, quamuis incude relicta
　　turpiter obliquo claudicet ille pede;　　　　　　　　　20
carminis hoc ipsum genus impar, sed tamen apte
　　iungitur herous cum breuiore modo.
tu quoque me, mea lux, in quaslibet accipe leges;
　　te deceat medio iura dedisse foro.
non tibi crimen ero nec quo laetere remoto;　　　　　　25
　　non erit hic nobis infitiandus amor.
sunt mihi pro magno felicia carmina censu,
　　et multae per me nomen habere uolunt:
noui aliquam, quae se circumferat esse Corinnam;
　　ut fiat, quid non illa dedisse uelit?　　　　　　　　30
sed neque diuersi ripa labuntur eadem
　　frigidus Eurotas populiferque Padus,
nec nisi tu nostris cantabitur ulla libellis:
　　ingenio causas tu dabis una meo.

XVIII (XIX)

Carmen ad iratum dum tu perducis Achillem
　　primaque iuratis induis arma uiris,
nos, Macer, ignaua Veneris cessamus in umbra,
　　et tener ausuros grandia frangit Amor.
saepe meae 'tandem' dixi 'discede' puellae:　　　　　5
　　in gremio sedit protinus illa meo;

17 creditur *PS*ϛ: credimus ω　　　　Phthio *Itali, orthogr. corr. Knoche*:
phtio *P*c: pithio *S*ϛ: phitio *uel* phicio *uel sim.* ω: io *P*: peleo *H*²*P*ₕ²
19 uolcani uenus est *PSP*c (*u.l.*) *X*: uulcano uenerem ω　　　　24 deceat
*PS*ϛ: decet e *DF*: decet in ω　　　foro *P*ϛ: toro ϛ: modo *S*　　　25 nec
*S*ω: ne *PP*ₕ: non ϛ　　　27 sunt *P*ω: sint *S*ϛ　　　mihi *PS*ω: tibi ϛ
32 eurotas *P*ω: eurotes *S*ϛ: europas *V*ᵦ: euphrates ϛ: orontes *H*

XVIII ad macrum poetam *DZ*: ad macrum *A*c*F*　　　3 ignaua *Itali*,
T: ignaue *P* (*ut uid.*) *S*ωφ　　　5–6 *om. P, add. in marg. P an p incert.*
5 tandem dixi *P*ϛ: dixi tandem *S*ϛ

62

saepe 'pudet' dixi: lacrimis uix illa retentis
  'me miseram, iam te' dixit 'amare pudet?'
·implicuitque suos circum mea colla lacertos
  et, quae me perdunt, oscula mille dedit.   10
uincor, et ingenium sumptis reuocatur ab armis,
  resque domi gestas et mea bella cano.
sceptra tamen sumpsi curaque tragoedia nostra
  creuit, et huic operi quamlibet aptus eram:
risit Amor pallamque meam pictosque cothurnos   15
  sceptraque priuata tam cito sumpta manu;
hinc quoque me dominae numen deduxit iniquae,
  deque cothurnato uate triumphat Amor.
quod licet, aut artes teneri profitemur Amoris
  (ei mihi, praeceptis urgeor ipse meis),   20
aut quod Penelopes uerbis reddatur Vlixi
  scribimus et lacrimas, Phylli relicta, tuas,
quod Paris et Macareus et quod male gratus Iason
  Hippolytique parens Hippolytusque legant,
quodque tenens strictum Dido miserabilis ensem   25
  dicat et †Aoniae Lesbis amata lyrae†.
quam cito de toto rediit meus orbe Sabinus
  scriptaque diuersis rettulit ipse locis!
candida Penelope signum cognouit Vlixis,
  legit ab Hippolyto scripta nouerca suo;   30
iam pius Aeneas miserae rescripsit Elissae,

13 curaque . . . nostra *Pꜱ*: uersuque . . . nostro *Sꜱ*   16 cito *PSω*:
bene *ꜱ*   19 aut artes *Pꜱ*: aut partes *SFN²*: ad partes *ω*: et partes
VₐV_b: in partes *A_c*   profitemur *PSω*: proficiscor *ꜱ*   20 urgeor
PSꜱ: torqueor *ꜱ*, *ex* II xix 34   21 penelopes *PSꜱ*: penelope (*i.e.* -ae) *ω*
uerbis reddatur *Pꜱ*: uerboso reddat *Sꜱ*   22 scribimus *PSꜱ*: scripsimus
ꜱ   23 iason *Sω*: iaso *P*   26 dicat·*pꜱ*: dictat *PSꜱ*   aoniae . . .
amata lyrae *PS* (*sed u. Appendicem*) *O_bT*: aoniae . . . amica lyrae *ꜱ*: aonio
. . . amata uiro *ω*: aonio . . . amica uiro *ꜱ*. *corruptelam a u.* 34 *irre-
psisse suspicor, ita ut uera lectio prorsus perierit*   27 meus *Pꜱ*: celer *Sꜱ*
28 ipse *pꜱ*: ille *PSω*   31 iam pius *Pꜱ*: impius *ꜱ*: si pius *S*

quodque legat Phyllis, si modo uiuit, adest.
tristis ad Hypsipylen ab Iasone littera uenit,
    dat uotam Phoebo Lesbis amata lyram.
nec tibi, qua tutum uati, Macer, arma canenti,   35
    aureus in medio Marte tacetur Amor:
et Paris est illic et adultera, nobile crimen,
    et comes extincto Laodamia uiro.
si bene te noui, non bella libentius istis
    dicis, et a uestris in mea castra uenis.   40

XIX (XX)

Si tibi non opus est seruata, stulte, puella,
    at mihi fac serues, quo magis ipse uelim.
quod licet, ingratum est; quod non licet, acrius urit:
    ferreus est, si quis, quod sinit alter, amat.
speremus pariter, pariter metuamus amantes,   5
    et faciat uoto rara repulsa locum.
quo mihi fortunam, quae numquam fallere curet?
    nil ego, quod nullo tempore laedat, amo.
uiderat hoc in me uitium uersuta Corinna,
    quaque capi possem, callida norat opem.   10
a, quotiens sani capitis mentita dolores
    cunctantem tardo iussit abire pede!
a, quotiens finxit culpam, quantumque licebat
    insonti, speciem praebuit esse nocens!

32 uiuit $P\varsigma$: uiuat $S\varsigma$ adest P: habet $pS\omega$ 34 uotam ω: uotum ς: uoto S: notam $p\varsigma$: notum P: nomen N amata $PS\varsigma$: amica ς lyram $P\omega$: lyrae $S\varsigma$ 35 qua PS: quam ω tutum $pS\omega$: tuto $P\varsigma$ 38 laodamia P: laodomia ω: lauodamia S: lauodomia H: laudomia V_aX 40 uenis $PS\varsigma$: redis ς

    XIX *praecedenti continuant PS*   7 quo PS: quid ω mihi $P\omega$: modo S: cum ς fortunam p (-no P, *quod in* -na *mutauit* m^1, *ut uid.*, a *sscr.*) SWX^1: fortuna ω: formosam *Lee, coll.* III iv 41   curet P: curat ς: possit $pS\omega$ 8 laedat $P\omega$: laedit ς: laesit $pS\varsigma$ 11 dolores $PS\varsigma$: dolorem ω 14 insonti P: insontis $S\omega$ esse $PS\varsigma$: illa ς: ipsa ω

sic ubi uexarat tepidosque refouerat ignis,   15
   rursus erat uotis comis et apta meis.
quas mihi blanditias, quam dulcia uerba parabat!
   oscula, di magni, qualia quotque dabat!
tu quoque, quae nostros rapuisti nuper ocellos,
   saepe time insidias, saepe rogata nega,   20
et sine me ante tuos proiectum in limine postis
   longa pruinosa frigora nocte pati.
sic mihi durat amor longosque adolescit in annos:
   hoc iuuat, haec animi sunt alimenta mei;
pinguis amor nimiumque patens in taedia nobis   25
   uertitur et, stomacho dulcis ut esca, nocet.
si numquam Danaen habuisset aenea turris,
   non esset Danae de Ioue facta parens;
dum seruat Iuno mutatam cornibus Io,
   facta est quam fuerat gratior illa Ioui.   30
quod licet et facile est quisquis cupit, arbore frondes
   carpat et e magno flumine potet aquam;
si qua uolet regnare diu, deludat amantem.
   (ei mihi, ne monitis torquear ipse meis!)
quidlibet eueniat, nocet indulgentia nobis: 35
   quod sequitur, fugio; quod fugit, ipse sequor.
at tu, formosae nimium secure puellae,
   incipe iam prima claudere nocte forem;
incipe, quis totiens furtim tua limina pulset,
   quaerere, quid latrent nocte silente canes,   40

15 refouerat *PSQ* (*u.l.*): remouerat *ω*: resoluerat *ϛ*   20 time *PSϛ*:
fac *W* (*u.l.*) *X*: face *ω*. time *a Lachmanno ob synaloephen improbatum;
uarie temptauerunt edd. cf. Her.* xvii 97   25 patens *p* (*ex* lat- *P*) *Sϛ*:
potens *ω*   29 io *PSω*: ion *Ehwald, X*   32 magno *PSϛ*: medio
ϛφ   potet *PSϛφ*: portet *O_bV_a*: sumat *ϛ*   aquam *PSϛφ*: aquas *ϛ*
34 ne *PSω*: quod *E_aH*: nunc *NP_f*   torquear *pSω*: torqueor *Pϛ*: ur-
geor *H*   35 quidlibet *PSϛ*: quodlibet *ϛ*: quod licet *ϛ*   37 *nouam
elegiam inc. Sϛ*   ad amicam *S*   38 forem *PSϛ*: fores *ϛ·* domum *ϛ*

quas ferat et referat sollers ancilla tabellas,
  cur totiens uacuo secubet ipsa toro:
mordeat ista tuas aliquando cura medullas,
  daque locum nostris materiamque dolis.
ille potest uacuo furari litore harenas,   45
  uxorem stulti si quis amare potest.
iamque ego praemoneo: nisi tu seruare puellam
  incipis, incipiet desinere esse mea.
multa diuque tuli; speraui saepe futurum,
  cum bene seruasses, ut bene uerba darem.   50
lentus es et pateris nulli patienda marito;
  at mihi concessi finis amoris erit.
scilicet infelix numquam prohibebor adire?
  nox mihi sub nullo uindice semper erit?
nil metuam? per nulla traham suspiria somnos?   55
  nil facies, cur te iure perisse uelim?
quid mihi cum facili, quid cum lenone marito?
  corrumpit uitio gaudia nostra suo.
quin alium, quem tanta iuuet patientia, quaeris?
  me tibi riualem si iuuat esse, ueta.   60

LIBER TERTIVS

I

Stat uetus et multos incaedua silua per annos;
  credibile est illi numen inesse loco.
fons sacer in medio speluncaque pumice pendens,

41 quas $P\omega$: quo $S\varsigma$: quid ς 42 ipsa $PS\varsigma$: illa ω 44 daque
$P\varsigma$: datque SV_b: detque S (*ex corr.* m^1) ς 52 concessi $S\omega$: concessa
PH, edd. nonnulli   58 corrumpit ... suo $PS\varsigma$: corrumpis ... tuo ω
59 quaeris P: quaeres pSV_b (*ut uid.*): quaeras ω: quaere ς EXPLICIT
LIBER SECVNDVS P incipit liber tertius P (*litt. grand.*) S I 1 incedua
PS: incidua ω

et latere ex omni dulce queruntur aues.

hic ego dum spatior tectus nemoralibus umbris, 5
    quod mea, quaerebam, Musa moueret, opus;

uenit odoratos Elegia nexa capillos,
    et, puto, pes illi longior alter erat.

forma decens, uestis tenuissima, uultus amantis,
    et pedibus uitium causa decoris erat. 10

uenit et ingenti uiolenta Tragoedia passu:
    fronte comae torua, palla iacebat humi;

laeua manus sceptrum late regale mouebat,
    Lydius alta pedum uincla cothurnus erat;

et prior 'ecquis erit' dixit 'tibi finis amandi, 15
    o argumenti lente poeta tui?

nequitiam uinosa tuam conuiuia narrant,
    narrant in multas compita secta uias.

saepe aliquis digito uatem designat euntem
    atque ait "hic, hic est, quem ferus urit Amor." 20

fabula, nec sentis, tota iactaris in Vrbe,
    dum tua praeterito facta pudore refers.

tempus erat thyrso pulsum grauiore moueri;
    cessatum satis est: incipe maius opus.

materia premis ingenium; cane facta uirorum: 25
    "haec animo" dices "area digna meo est."

quod tenerae cantent lusit tua Musa puellae,
    primaque per numeros acta iuuenta suos.

nunc habeam per te Romana Tragoedia nomen:
    implebit leges spiritus iste meas.' 30

hactenus, et mouit pictis innixa cothurnis

---

7 odoratos *Sς*: adoratos *Pς*: adornatos *ς*: inornatos *T* elegia *ω*: ele-
geia *PSFP*_c_ 10 et *PTV*_a_: in *Sω* 14 alta *PSς*: apta *ς*
15 ecquis erit dixit *Itali, p*: et quis erit dixit *P*: haec quis erit dixit *Sς*:
haec dixit quis erit *ς*: (haec prior) et quis erit dixit *ς* 22 facta *codd.*:
furta *Heinsius, Bentleius* 26 digna *ω*: facta *PS, edd. nonnulli*
27 cantent *Pω*: cantant *Sς* 30 iste *Sω*: ille *T*: ipse *PQV*_a_

densum caesarie terque quaterque caput.
altera, si memini, limis subrisit ocellis;
　　fallor, an in dextra myrtea uirga fuit?
'quid grauibus uerbis, animosa Tragoedia,' dixit　　　　35
　　'me premis? an numquam non grauis esse potes?
inparibus tamen es numeris dignata moueri;
　　in me pugnasti uersibus usa meis.
non ego contulerim sublimia carmina nostris:
　　obruit exiguas regia uestra fores.　　　　　　　　40
sum leuis, et mecum leuis est, mea cura, Cupido:
　　non sum materia fortior ipsa mea.
rustica sit sine me lasciui mater Amoris:
　　huic ego proueni lena comesque deae.
quam tu non poteris duro reserare cothurno,　　　　　45
　　haec est blanditiis ianua laxa meis.
et tamen emerui plus quam tu posse ferendo
　　multa supercilio non patienda tuo:
per me decepto didicit custode Corinna
　　liminis adstricti sollicitare fidem　　　　　　　　50
delabique toro tunica uelata soluta
　　atque impercussos nocte mouere pedes.
uel quotiens foribus duris incisa pependi
　　non uerita a populo praetereunte legi!
quin ego me memini, dum custos saeuus abiret,　　　　55
　　ancillae missam delituisse sinu.
quid, cum me munus natali mittis, at illa
　　rumpit et adposita barbara mergit aqua?

40 obruit *Pω*: obruet *Sς*　　uestra, *i.q. tua: expl. Housman. cf.* II xvi 24
43 sit *PSς*: fit *ω*　　44 proueni *PSω*: praeueni *ς*: perueni *ς*　　47–48 *post*
42 *posuerunt Drenckhahn, Gilbert; equidem post* 52 *malim, sed res ualde incerta*
50 fidem *PSς*: forem *ω*　　51 soluta *PSς*: recincta *ς*　　53 uel *PSA*$_b$[1]
(*ut uid.*) *H*: a (ha, ah) *ω*: o *P*$_c$[1]*Z*: et *T*　　incisa *Pς*: illisa *Sς*: concisa *ς*:
conscissa *D*: infixa *V*$_b$　　57 mittis *PS*: misit *ω*　　58 rumpit *PA*$_c$[2]
(*ut uid.*): rupit *Sω*　　mergit *Housman, N*: mersit *PSω*: misit *ς*

prima tuae moui felicia semina mentis;
 munus habes, quod te iam petit ista, meum.'   60
desierat; coepi 'per uos utramque rogamus,
 in uacuas aures uerba timentis eant.
altera me sceptro decoras altoque cothurno:
 iam nunc contacto magnus in ore sonus.
altera das nostro uicturum nomen amori: 65
 ergo ades et longis uersibus adde breuis.
exiguum uati concede, Tragoedia, tempus:
 tu labor aeternus; quod petit illa, breue est.'
mota dedit ueniam. teneri properentur Amores,
 dum uacat: a tergo grandius urguet opus.   70

II

'Non ego nobilium sedeo studiosus equorum;
 cui tamen ipsa faues, uincat ut ille, precor.
ut loquerer tecum, ueni, tecumque sederem,
 ne tibi non notus, quem facis, esset amor.
tu cursus spectas, ego te: spectemus uterque   5
 quod iuuat atque oculos pascat uterque suos.
o, cuicumque faues, felix agitator equorum!
 ergo illi curae contigit esse tuae?
hoc mihi contingat, sacro de carcere missis
 insistam forti mente uehendus equis   10
et modo lora dabo, modo uerbere terga notabo,
 nunc stringam metas interiore rota;
si mihi currenti fueris conspecta, morabor,

60 habes ω: habet PSϛ 62 aures PSϛ: auras ω 64 contacto
PSϛ: contracto ϛ: contractor ϛ: at toto V_b: iam toto T: in toto (gratior
orbe canor) Z ore PSϛ: orbe ω 65 nostro Sω: nostrum Pϛ
 II ad amicam in ludis P (litt. grand.) H   1 sedeo PSω: ueni
V_b: uenio ϛ studiosus PSϛ: spectator ω 5 cursus P: cursum Sω:
currus Bentleius 7 faues ω: fauet PS 13 conspecta Pϛ:
suspecta S: spectata ϛ

deque meis manibus lora remissa fluent.

a, quam paene Pelops Pisaea concidit hasta,　　　　　　15
　　dum spectat uultus, Hippodamia, tuos!

nempe fauore suae uicit tamen ille puellae:
　　uincamus dominae quisque fauore suae.

quid frustra refugis? cogit nos linea iungi;
　　haec in lege loci commoda Circus habet.　　　　　20

tu tamen, a dextra quicumque es, parce puellae:
　　contactu lateris laeditur illa tui;

tu quoque, qui spectas post nos, tua contrahe crura,
　　si pudor est, rigido nec preme terga genu.

sed nimium demissa iacent tibi pallia terra:　　　　　25
　　collige, uel digitis en ego tollo meis.

inuida uestis eras, quae tam bona crura tegebas;
　　quoque magis spectes—inuida uestis eras.

talia Milanion Atalantes crura fugacis
　　optauit manibus sustinuisse suis;　　　　　　　30

talia pinguntur succinctae crura Dianae,
　　cum sequitur fortes fortior ipsa feras.

his ego non uisis arsi; quid fiet ab ipsis?
　　in flammam flammas, in mare fundis aquas.

suspicor ex istis et cetera posse placere,　　　　　35
　　quae bene sub tenui condita ueste latent.

uis tamen interea faciles arcessere uentos,
　　quos faciet nostra mota tabella manu?

an magis hic meus est animi, non aeris, aestus,
　　captaque femineus pectora torret amor?　　　　40

14 fluent *Pω*: ruent *SZ*: cadent *ς*　　15 a (ha, ah) *ω*: at *Pς*: ad *S*:
o *E*ₐ　　　pisaea . . . hasta *PSς*: pisaeo . . . axe *ω*　　22 illa *Sς*: ista
Pω, fortasse recte　　25 demissa *Sς*: dimissa *Pς*　　tibi *Pς*: tua *Sω*
terra *PSς*: terrae *ω*　　29 Milanion *Heinsius*: menalion *PSω*:
mimalion *ς*　　Atalantes *Heinsius*: atalantis *uel sim. PSω*: atalante *ς*
33 ipsis *L. Müller*: istis *codd.*　　37 faciles *PSω*: tenues *ς, ex A.A.* i 161
38 faciet *ω*: faciat *ς*: facies *P*: facias *S*

dum loquor, alba leui sparsa est tibi puluere uestis:
    sordide de niueo corpore puluis abi.
sed iam pompa uenit: linguis animisque fauete;
    tempus adest plausus: aurea pompa uenit.
prima loco fertur passis Victoria pinnis: 45
    huc ades et meus hic fac, dea, uincat amor.
plaudite Neptuno, nimium qui creditis undis:
    nil mihi cum pelago; me mea terra capit.
plaude tuo Marti, miles: nos odimus arma;
    pax iuuat et media pace repertus amor.   50
auguribus Phoebus, Phoebe uenantibus adsit;
    artifices in te uerte, Minerua, manus.
ruricolae Cereri teneroque adsurgite Baccho;
    Pollucem pugiles, Castora placet eques.
nos tibi, blanda Venus, puerisque potentibus arcu   55
    plaudimus: inceptis adnue, diua, meis
daque nouae mentem dominae, patiatur amari;
    adnuit et motu signa secunda dedit.
quod dea promisit, promittas ipsa rogamus:
    pace loquar Veneris, tu dea maior eris.   60
per tibi tot iuro testes pompamque deorum
    te dominam nobis tempus in omne peti.
sed pendent tibi crura: potes, si forte iuuabit,
    cancellis primos inseruisse pedes.
maxima iam uacuo praetor spectacula Circo   65
    quadriiugos aequo carcere misit equos.
cui studeas, uideo; uincet, cuicumque fauebis:
    quid cupias, ipsi scire uidentur equi.
me miserum, metam spatioso circuit orbe;

41 leui *P, exc. Scal.*: breui ς: nigro Sς   45 passis *PSς*: sparsis
ω   55 puerisque potentibus arcu *PS*: puerique potentibus armis ω
57 nouae *PSς*: nouam ω   64 inseruisse *PSς*: imposuisse ς   66 qua-
driiugos *PSς*: quadriiuges ω   68 quid *PSς*: quod ω

quid facis? admoto proxumus axe subit.   70
quid facis, infelix? perdis bona uota puellae;
    tende, precor, ualida lora sinistra manu.
fauimus ignauo. sed enim reuocate, Quirites,
    et date iactatis undique signa togis.
en reuocant; at, ne turbet toga mota capillos,   75
    in nostros abdas te licet usque sinus.
iamque patent iterum reserato carcere postes,
    euolat admissis discolor agmen equis.
nunc saltem supera spatioque insurge patenti:
    sint mea, sint dominae fac rata uota meae.   80
sunt dominae rata uota meae, mea uota supersunt;
    ille tenet palmam, palma petenda mea est.'
risit et argutis quiddam promisit ocellis:
    'hoc satis hic; alio cetera redde loco.'

III

ESSE deos, i, crede: fidem iurata fefellit,
    et facies illi quae fuit ante manet.
quam longos habuit nondum periura capillos,
    tam longos, postquam numina laesit, habet.
candida, candorem roseo suffusa rubore,   5
    ante fuit: niueo lucet in ore rubor.
pes erat exiguus: pedis est artissima forma.
    longa decensque fuit: longa decensque manet.
argutos habuit: radiant ut sidus ocelli,

70 subit *PSω*: subis *E$_a$*: subi *ς*   73 enim *PSς*: eum *ω*: iam *D*
75 at ne *ς*: ac ne *pP$_c$* (*u.l.*): agne *P*: et ne *Sς*: sed ne *V$_b$*   76 abdas
Pς: addas *Sς*   82 mea *Pς*: mihi *Sς*   83 argutis . . . ocellis *codd.*:
arguto . . . ocello *Hieronymus Ep.* cxxiii 4   84 hoc satis hic *Sς*:
hoc satis est *Pω, aeque probabiliter, dummodo* hoc satis est, alio . . . *scribatur,
ut* hoc *cum* loco *coniungatur*

III ad (*om. DZ*) periurium amicae *P* (*litt. grand.*) *SDHZ*   1 i crede
Heinsius: hic crede *PSH*: credamne *ω*   4 laesit *PSω*: lusit *ς, prob.
Heinsius*   7 artissima *PSς*: aptissima *ς*

per quos mentita est perfida saepe mihi.   10
scilicet aeterni falsum iurare puellis
　　di quoque concedunt, formaque numen habet.
perque suos illam nuper iurasse recordor
　　perque meos oculos: et doluere mei.
dicite, di, si uos impune fefellerat illa,   15
　　alterius meriti cur ego damna tuli?
(at non inuidiae uobis Cepheia uirgo est
　　pro male formosa iussa parente mori.)
non satis est, quod uos habui sine pondere testes,
　　et mecum lusos ridet inulta deos?   20
ut sua per nostram redimat periuria poenam,
　　uictima deceptus decipientis ero?
aut sine re nomen deus est frustraque timetur
　　et stulta populos credulitate mouet,
aut, si quis deus est, teneras amat ille puellas: 25
　　nimirum solas omnia posse iubet.
nobis fatifero Mauors accingitur ense,
　　nos petit inuicta Palladis hasta manu,
nobis flexibiles curuantur Apollinis arcus,
　　in nos alta Iouis dextera fulmen habet;   30
formosas superi metuunt offendere laesi
　　atque ultro, quae se non timuere, timent.
et quisquam pia tura focis inponere curat?
　　certe plus animi debet inesse uiris.
Iuppiter igne suo lucos iaculatur et arces   35
　　missaque periuras tela ferire uetat.
tot meruere peti: Semele miserabilis arsit.
　　officio est illi poena reperta suo;

---

11 aeterni $S^2\omega$: aeterno $PS^1\varsigma$: aeternum ς　　　14 et $PS\varsigma$: en ς: sed
W: ter O_b　　　15 fefellerat $PSNP_c{}^1$: fefellerit ω　　　illa $P\omega$: ista S
17 at $S\omega$: ad P: an ς　　20 lusos $PS\omega$: laesos $Bentleius$, X　　26 nimi-
rum $Némethy$: et nimium $codd$.　　　37 peti $PS\varsigma$: pati ς

73

(at si uenturo se subduxisset amanti,
 non pater in Baccho matris haberet opus.)   40
quid queror et toti facio conuicia caelo?
 di quoque habent oculos, di quoque pectus habent.
si deus ipse forem, numen sine fraude liceret
 femina mendaci falleret ore meum;
ipse ego iurarem uerum iurasse puellas   45
 et non de tetricis dicerer esse deus.
tu tamen illorum moderatius utere dono,
 aut oculis certe parce, puella, meis.

IV

Dvre uir, inposito tenerae custode puellae
 nil agis: ingenio est quaeque tuenda suo.
si qua metu dempto casta est, ea denique casta est;
 quae, quia non liceat, non facit, illa facit.
ut iam seruaris bene corpus, adultera mens est   5
 nec custodiri, ne uelit, ulla potest;
nec corpus seruare potes, licet omnia claudas:
 omnibus occlusis intus adulter erit.
cui peccare licet, peccat minus: ipsa potestas
 semina nequitiae languidiora facit.   10
desine, crede mihi, uitia inritare uetando;
 obsequio uinces aptius illa tuo.
uidi ego nuper equum contra sua uincla tenacem

40 opus PV_a^2, *exc. Scal.*: onus $S\omega$ 41 toti *Itali, prob. Heinsius*:
toto *codd.*   45 iurasse $S\omega$: iurare PE_aP_b: dixisse DP_h 46 de
tetricis $P\omega$: de triuiis S: de taetris Z: de duris ς: deterius H deus $PS\varsigma$:
deis ς

IV ad uirum seruantem (-um *P, corr. p*) uxorem *P (litt. grand.)* $S\varsigma$
2 ingenio est . . . suo PV_a: ingenio . . . suo est $S\omega$ 4 liceat (licuit
X) . . . facit . . . facit *codd.*: licuit . . . dedit . . . dedit *Seneca de Ben.*
iv 14 1   6 ne *P*: ni $S\omega\phi$ ulla $PS\varsigma$: illa ςep_1: ipsa Hp_3 7 corpus
$PS\varsigma$: mentem $\omega\phi$ 8 occlusis SA_bV_b: exclusis $P\omega\phi$: inclusis ς
12 illa $P\varsigma$: ipse $S\omega$

ore reluctanti fulminis ire modo;
constitit, ut primum concessas sensit habenas   15
  frenaque in effusa laxa iacere iuba.
nitimur in uetitum semper cupimusque negata:
  sic interdictis imminet aeger aquis.
centum fronte oculos, centum ceruice gerebat
  Argus, et hos unus saepe fefellit Amor;   20
in thalamum Danae ferro saxoque perennem
  quae fuerat uirgo tradita, mater erat:
Penelope mansit, quamuis custode carebat,
  inter tot iuuenis intemerata procos.
quidquid seruatur, cupimus magis, ipsaque furem   25
  cura uocat; pauci, quod sinit alter, amant.
nec facie placet illa sua, sed amore mariti:
  nescioquid, quod te ceperit, esse putant.
non proba fit, quam uir seruat, sed adultera cara:
  ipse timor pretium corpore maius habet.   30
indignere licet, iuuat inconcessa uoluptas:
  sola placet, 'timeo' dicere si qua potest.
nec tamen ingenuam ius est seruare puellam;
  hic metus externae corpora gentis agat.
scilicet ut possit custos 'ego' dicere 'feci',   35
  in laudem serui casta sit illa tui?
rusticus est nimium, quem laedit adultera coniunx,
  et notos mores non satis Vrbis habet,
in qua Martigenae non sunt sine crimine nati
  Romulus Iliades Iliadesque Remus.   40
quo tibi formosam, si non nisi casta placebat?

20 saepe *codd.*: nempe *Bentleius.* saepe, *quod plurimi erant oculi* (*Clausen*)
21 thalamum *PSς*: thalamo *ς*: turrim *Z*   ferro saxoque *POₐPₕ*: saxo
ferroque *Sω*   perennem *PSς*: perenni *ς*   22 tradita *PSω*: credita *ς*
23 carebat *PSω*: careret *ς*   24 tot iuuenis *P, exc. Scal.*: tam multos
Sω   29 fit *ω*: sit *PSς*   cara *PSς*: cara est *ω*   41 quo *PSDH*:
quid *ω*   formosam *P* (-ns-) *ς*: formosa *Sω*

    non possunt ullis ista coire modis.
si sapis, indulge dominae uultusque seueros
    exue nec rigidi iura tuere uiri
et cole quos dederit (multos dabit) uxor amicos: 45
    gratia sic minimo magna labore uenit;
sic poteris iuuenum conuiuia semper inire
    et, quae non dederis, multa uidere domi.

[V]

['Nox erat, et somnus lassos submisit ocellos;
    terruerunt animum talia uisa meum:
colle sub aprico creberrimus ilice lucus
    stabat, et in ramis multa latebat auis.
area gramineo suberat uiridissima prato   5
    umida de guttis lene sonantis aquae.
ipse sub arboreis uitabam frondibus aestum,
    fronde sub arborea sed tamen aestus erat.
ecce petens uariis immixtas floribus herbas
    constitit ante oculos candida uacca meos,   10
candidior niuibus, tum cum cecidere recentes,
    in liquidas nondum quas mora uertit aquas,
candidior, quod adhuc spumis stridentibus albet
    et modo siccatam, lacte, reliquit ouem.
taurus erat comes huic, feliciter ille maritus,   15
    cumque sua teneram coniuge pressit humum.

V *hanc elegiam, quae suspicionem Merkelio L. Müllero aliis mouit, non esse Ouidi satis, ut opinor, constat: u. Praefationem et cf. quae ad* II ix 25 *et* III xi 33 *adnotaui* hic tradunt PSς: post II v D: post III viii V_b: post III ix P_c: post III xiii A_c: separatim ς: om. ς: inuenitur etiam in aliis qui Amores non continent (u. p. 4) ad somnium suum (-am P) P (litt. grand.) S: somnium ouidii (add. nasonis π) π (litt. grand.) DZ: de somnio ouidii uel sim. ς 2 terruerunt P, cf. Paul. Diac. Carm. xiv 4, Theodulf. Carm. xxxiii 3 6: terruerant pSω 3 creberrimus P (creu-, corr. p) SX: celeberrimus ω 14 reliquit Sω: relinquit Pς

dum iacet et lente reuocatas ruminat herbas
   atque iterum pasto pascitur ante cibo,
uisus erat, somno uires adimente ferendi,
   cornigerum terra deposuisse caput.   20
huc leuibus cornix pinnis delapsa per auras
   uenit et in uiridi garrula sedit humo
terque bouis niueae petulanti pectora rostro
   fodit et albentes abstulit ore iubas.
illa locum taurumque diu cunctata reliquit,   25
   sed niger in uaccae pectore liuor erat;
utque procul uidit carpentes pabula tauros
   (carpebant tauri pabula laeta procul),
illuc se rapuit gregibusque inmiscuit illis
   et petiit herbae fertilioris humum.   30
dic age, nocturnae, quicumque es, imaginis augur,
   si quid habent ueri, uisa quid ista ferant.'
sic ego; nocturnae sic dixit imaginis augur,
   expendens animo singula dicta suo:
'quem tu mobilibus foliis uitare uolebas,   35
   sed male uitabas, aestus amoris erat.
uacca puella tua est: aptus color ille puellae;
   tu uir et in uacca conpare taurus eras.
pectora quod rostro cornix fodiebat acuto,
   ingenium dominae lena mouebit anus;   40
quod cunctata diu taurum sua uacca reliquit,
   frigidus in uiduo destituere toro.
liuor et aduerso maculae sub pectore nigrae
   pectus adulterii labe carere negant.'

18 *laudat et Ouidio adtribuit Seruius (auctus) ad Buc.* vi 54   20 terra
PSϛ: terrae ω   21 huc *PSω*: huic ϛ   29–vi 2 *in P uix legi
possunt*   30 humum *P (teste Heinsio) Sϛ*: opem ω   31 augur *PSω*:
auctor ϛ   33 augur *PSω*: auctor ϛ   34 expendens *P (ut uid.)
Sϛ*: expediens ϛ: exponens ϛ: excedens ϛ   40 mouebit *Sϛ*: mouebat *P
(ut uid.)* ϛ   42 uiduo *P (ut uid.)* ω: uacuo *Sϛ*

dixerat interpres: gelido mihi sanguis ab ore   45
    fugit, et ante oculos nox stetit alta meos.]

VI (V)

Amnis harundinibus limosas obsite ripas,
    ad dominam propero: siste parumper aquas.
nec tibi sunt pontes nec quae sine remigis ictu
    concaua traiecto cumba rudente uehat.
paruus eras, memini, nec te transire refugi,   5
    summaque uix talos contigit unda meos;
nunc ruis adposito niuibus de monte solutis
    et turpi crassas gurgite uoluis aquas.
quid properasse iuuat, quid parca dedisse quieti
    tempora, quid nocti conseruisse diem,   10
si tamen hic standum est, si non datur artibus ullis
    ulterior nostro ripa premenda pede?
nunc ego, quas habuit pinnas Danaeius heros,
    terribili densum cum tulit angue caput,
nunc opto currum, de quo Cerealia primum   15
    semina uenerunt in rude missa solum.
prodigiosa loquor, ueterum mendacia uatum:
    nec tulit haec umquam nec feret ulla dies.
tu potius, ripis effuse capacibus amnis,
    (sic aeternus eas) labere fine tuo.   20
non eris inuidiae, torrens, mihi crede, ferendae,
    si dicar per te forte retentus amans.
flumina debebant iuuenes in amore iuuare:

46 stetit *PSω*: fuit πV_b: erat *F*   alta *PSω*: atra $P_q T$
   VI AD AMNEM T⟨VMENT⟩EM *P*   3–30 *initia uersuum ob maculam in P*
uix legi possunt   7 apposito *ς*: adpositos *P*: appositis *Sω*   9 parca
PF: parua *ς*: pauca *Sω*   12 pede *Pω*: pedi *ς, edd. plerique*: die *S*
13 danaeius $PP_c{}^2$: daneius *Sω*   18 haec *Pω*: hoc *Sς*   23 debebant
Sς: deberent *ω*: *de P incert.*

flumina senserunt ipsa, quid esset amor.
Inachus in Melie Bithynide pallidus isse   25
   dicitur et gelidis incaluisse uadis.
nondum Troia fuit lustris obsessa duobus,
   cum rapuit uultus, Xanthe, Neaera tuos.
quid? non Alpheon diuersis currere terris
   uirginis Arcadiae certus adegit amor?   30
te quoque promissam Xutho, Penee, Creusam
   Pthiotum terris occuluisse ferunt.
quid referam Asopon, quem cepit Martia Thebe,
   natarum Thebe quinque futura parens?
cornua si tua nunc ubi sint, Acheloe, requiram,   35
   Herculis irata fracta querere manu:
nec tanti Calydon nec tota Aetolia tanti,
   una tamen tanti Deianira fuit.
ille fluens diues septena per ostia Nilus,
   qui patriam tantae tam bene celat aquae,   40
fertur in Euanthe collectam Asopide flammam
   uincere gurgitibus non potuisse suis.
siccus ut amplecti Salmonida posset, Enipeus
   cedere iussit aquam: iussa recessit aqua.
nec te praetereo, qui per caua saxa uolutans   45
   Tiburis Argei pomifer arua rigas,
Ilia cui placuit, quamuis erat horrida cultu
   ungue notata comas, ungue notata genas.

25 melie *P* (*teste Heinsio: nunc legi non potest*): melię *S*: media ω
27 obsessa *P*ω: oppressa *S*ς   31 Xutho *Heinsius*: xantho *codd.*
32 Phthiotum *Heinsius, orthogr. corr. Knoche*: pithiotum *P, ut uid.*: pithio-
dum ς: pithiadum *S*ς: phiciadum *uel sim.* ω   35 sint *PS*ς: sunt ω
41 Euanthe *Riese*: euante *T*: euantem *H*: ebanthe *P*: ebathe *V*ₐ: ebantę
S: euanne *uel* euagne *uel sim.* ω, *unde* Euadne *edd. ante Riesium, P*𝒸
asopide ς: esopide *P* (aes-) *S* (in es-) ς: asopida *A*𝒸: esopida ς   45 uolu-
tans *P*ς: uolutus *S*ς   46 argei ω: argoi *PA*ᵦ (*ut uid.*) *X*: argiua *S*:
actei *H*   pomifer *PS*ω: pomifera *Itali, Bentleius*: spumifer ς: pinifer
F (*u.l.*) *T*   47 cultu *PS*ς: uultu ς

illa gemens patruique nefas delictaque Martis
    errabat nudo per loca sola pede.   50
hanc Anien rapidis animosus uidit ab undis
    raucaque de mediis sustulit ora uadis
atque ita 'quid nostras' dixit 'teris anxia ripas,
    Ilia ab Idaeo Laomedonte genus?
quo cultus abiere tui? quid sola uagaris,   55
    uitta nec euinctas impedit alba comas?
quid fles et madidos lacrimis corrumpis ocellos
    pectoraque insana plangis aperta manu?
ille habet et silices et uiuum in pectore ferrum,
    qui tenero lacrimas lentus in ore uidet.   60
Ilia, pone metus: tibi regia nostra patebit
    teque colent amnes: Ilia, pone metus.
tu centum aut plures inter dominabere nymphas,
    nam centum aut plures flumina nostra tenent.
ne me sperne, precor, tantum, Troiana propago: 65
    munera promissis uberiora feres.'
dixerat; illa oculos in humum deiecta modestos
    spargebat tepido flebilis imbre sinus;
ter molita fugam ter ad altas restitit undas
    currendi uires eripiente metu;   70
sera tamen scindens inimico pollice crinem
    edidit indignos ore tremente sonos:
'o utinam mea lecta forent patrioque sepulcro
    condita, dum poterant uirginis ossa legi!
cur, modo Vestalis, taedas inuitor ad ullas   75

49 martis ω: marti PSO_b (ut uid.): matris ς   51 anien P: amnis
$S^2ω$: autem S^1 ab Pς: in Sω   58 plangis PE_aT: tundis Sω
aperta Pς: acerba Sς: inepta P_b.   59 uiuum PS, exc. Scal.: durum ω
60 lentus PSV_a: letus ω   65 ne Pς: nec Sς: non ς   troiana ς, exc.
Put. et Scal.: romana PSω   68 tepido Sω: tepidos ς: teneros Pς
71 crinem Pω: crines Sς   73 lecta Heinsius: tecta codd.   74 legi
P: legit/ S^1 (ut uid.): tegi $S^2ω$

turpis et Iliacis infitianda focis?
quid moror et digitis designor adultera uolgi?
  desint famosus quae notet ora pudor.'
hactenus, et uestem tumidis praetendit ocellis
  atque ita se in rapidas perdita misit aquas;   80
supposuisse manus ad pectora lubricus amnis
  dicitur et socii iura dedisse tori.
te quoque credibile est aliqua caluisse puella,
  sed nemora et siluae crimina uestra tegunt.
dum loquor, increuit latas spatiosus in undas,   85
  nec capit admissas alueus altus aquas.
quid mecum, furiose, tibi? quid mutua differs
  gaudia, quid coeptum, rustice, rumpis iter?
quid, si legitimum flueres, si nobile flumen,
  si tibi per terras maxima fama foret?   90
nomen habes nullum, riuis collecte caducis,
  nec tibi sunt fontes nec tibi certa domus:
fontis habes instar pluuiamque niuesque solutas,
  quas tibi diuitias pigra ministrat hiemps;
aut lutulentus agis brumali tempore cursus   95
  aut premis arentem puluerulentus humum.
quis te tum potuit sitiens haurire uiator?
  quis dixit grata uoce 'perennis eas'?
damnosus pecori curris, damnosior agris:
  forsitan haec alios, me mea damna mouent.   100
huic ego uae demens narrabam fluminum amores!
  iactasse indigne nomina tanta pudet.

---

76 infitianda *P𝔰*: inficienda *S𝔰*   78 desint *P*: desit *pSω*   quae *PS*:
qui *ω*   notet *PS* (na-) *𝔰*: notat *𝔰*   79 tumidis *PS𝔰*: timidis
ω   85 latas . . . undas *ego*: latis . . . undis *codd.*   spatiosus in
codd.: spatiosior *Bentleius*   93 pluuiamque *PS𝔰*: pluuiasque *ω*
97 tum *P*: cum *pS*: umquam *ω*, *uix minus probabiliter*   101 uae
Pω: uel *SZ*: ut *X*: quos *Vₐ*: cur *Eₐ*   102 indigne *PSFH*: indigno
ω

nescioquem hunc spectans Acheloon et Inachon amnem
et potui nomen, Nile, referre tuum!
at tibi pro meritis opto, non candide torrens,   105
sint rapidi soles siccaque semper hiemps.

VII (VI)

AT non formosa est, at non bene culta puella,
  at, puto, non uotis saepe petita meis?
hanc tamen in nullos tenui male languidus usus,
  sed iacui pigro crimen onusque toro
nec potui cupiens, pariter cupiente puella,   5
  inguinis effeti parte iuuante frui.
illa quidem nostro subiecit eburnea collo
  bracchia Sithonia candidiora niue
osculaque inseruit cupida luctantia lingua
  lasciuum femori supposuitque femur   10
et mihi blanditias dixit dominumque uocauit
  et quae praeterea publica uerba iuuant.
tacta tamen ueluti gelida mea membra cicuta
  segnia propositum destituere meum.
truncus iners iacui, species et inutile pondus,   15
  et non exactum, corpus an umbra forem.
quae mihi uentura est, siquidem uentura, senectus,
  cum desit numeris ipsa iuuenta suis?
a, pudet annorum: quo me iuuenemque uirumque?
  nec iuuenem nec me sensit amica uirum.   20

103 hunc *PS͛*: *om.* ω   amnem *PS͛*: amnes ͛   106 rapidi *PSω*:
rabidi *FN*

VII 1 at *PSP_c*: aut ω   at *pSP_c*: ad *P*: aut ω   2 at *PS͛*: aut ω
9 cupida . . . lingua ω: cupidis . . . linguis *P_bP_c*: cupide . . . linguis *PS͛*:
cupide . . . lingua *T*: cupide . . . lingue *W*   15 pondus *PS͛*: lignum
͛: corpus *E_a*   16 et non *PSω*: nec satis ͛: non satis *QV_b*   exactum
PS͛: exactum est ω   17 siquidem *PS͛*: si qua est ͛   19 quo
PSHV_a: quod ω: qui *D*. *interrogationis signum posuit Riese*

sic flammas aditura pias aeterna sacerdos
    surgit et a caro fratre uerenda soror.
at nuper bis flaua Chlide, ter candida Pitho,
    ter Libas officio continuata meo est;
exigere a nobis angusta nocte Corinnam,   25
    me memini numeros sustinuisse nouem.
num mea Thessalico languent deuota ueneno
    corpora, num misero carmen et herba nocent,
sagaue poenicea defixit nomina cera
    et· medium tenuis in iecur egit acus?   30
carmine laesa Ceres sterilem uanescit in herbam,
    deficiunt laesi carmine fontis aquae;
ilicibus glandes cantataque uitibus uua
    decidit et nullo poma mouente fluunt.
quid uetat et neruos magicas torpere per artes?   35
    forsitan impatiens sit latus inde meum.
huc pudor accessit facti: pudor ipse nocebat;
    ille fuit uitii causa secunda mei.
at qualem uidi tantum tetigique puellam!
    sic etiam tunica tangitur illa sua.   40
illius ad tactum Pylius iuuenescere possit
    Tithonosque annis fortior esse suis.

post 22 factus ita imbellis doleo dolet ipsa puella / cum non humanis
utimur officiis *add. B*   23 chlide *p*: clide *PV_a*: chie *Sω*: *cetera
nil moror*   ter *PSω*: bis *ς*   pitho *Pς*: phito *uel sim. Sω*: phithe
uel piche *uel sim. ς*   26 me memini *PSς*: et memini *ς*: me
memini et *ς*   27 num *PSς*: nunc *ς*: non *ς*   28 num *PSς*:
nunc *ς*: non *ς*   carmen *PSω*: uirus *ς*, *exc. Put.*   29 sagaue
PSς: sagaque *ς*   poenicea *Heinsius*: phoenicea *Pς*: punicea *ω*: sanguinea
S: uenefica *P_c* (-ia) *V_a*   defixit *PSς*: depinxit *ς*: definxit *ς*   30 me-
dium *PSω*: miserum *ς*   egit *PSς*: urget *ς*   32 laesi *PSς*: laesae *ς*
34 fluunt *PSω*: cadunt *ς*   35 quid *PSς*: quis *ς*   36 sit *PSς*:
fit *ω*   37 *post* facti *dist. Naugerius, J. C. Jahn*: *post* accessit *plerique*
39 tantum *PSς*: quantam *ς*: qualem *ω*: tangam *H*   41 ad tactum
PS: ad tactus *V_a* (*u.l.*): attactu *ς*: a tactu *ω*   possit *PP_h*: posset *Sω*

haec mihi contigerat, sed uir non contigit illi.
    quas nunc concipiam per noua uota preces?
credo etiam magnos, quo sum tam turpiter usus,   45
    muneris oblati paenituisse deos.
optabam certe recipi: sum nempe receptus;
    oscula ferre: tuli; proximus esse: fui.
quo mihi fortunae tantum? quo regna sine usu?
    quid, nisi possedi diues auarus opes?   50
sic aret mediis taciti uulgator in undis
    pomaque, quae nullo tempore tangat, habet.
a tenera quisquam sic surgit mane puella,
    protinus ut sanctos possit adire deos?
sed, puto, non †blanda† non optima perdidit in me   55
    oscula, non omni sollicitauit ope?
illa graues potuit quercus adamantaque durum
    surdaque blanditiis saxa mouere suis:
digna mouere fuit certe uiuosque uirosque,
    sed neque tum uixi nec uir, ut ante, fui.   60
quid iuuet ad surdas si cantet Phemius aures?
    quid miserum Thamyran picta tabella iuuat?
at quae non tacita formaui gaudia mente,
    quos ego non finxi disposuique modos!
nostra tamen iacuere uelut praemortua membra   65
    turpiter hesterna languidiòra rosa,
quae nunc ecce uigent intempestiua ualentque,
    nunc opus exposcunt militiamque suam.

---

45 quo ω: quos P: quis S: quod ς   49 quo PH: quod S: quid ω
quo PSH: quid ω: quae N   55 sed Pω: si S: at V_aV_b   blanda
PSω: blanda est ς: blande *Ehwald*: blanda a L. *Müller*: sed non blanda
puto *edd. saec. xvi nonnulli*. blanda *pro ablatiuo expl. Housman, sc.*
puella (*u.* 53)   59 uiuosque PDX: diuosque Sω   61 iuuet *Hein-
sius ex* iubet P: iuuat Sω   Phemius *ed. Venet.* 1489, *Naugerius*: phenius
D: fennius B: phedius T: phinius QW (*u.l.*): phineius P: phineus Sω:
tracius ς   64 finxi pς: fexi P: feci ω: cepi X: coepi P_c² (*u.l.*): posui S

quin istic pudibunda iaces, pars pessima nostri?
    sic sum pollicitis captus et ante tuis.   70
tu dominum fallis, per te deprensus inermis
    tristia cum magno damna pudore tuli.
hanc etiam non est mea dedignata puella
    molliter admota sollicitare manu;
sed postquam nullas consurgere posse per artes   75
    immemoremque sui procubuisse uidet,
'quid me ludis?' ait 'quis te, male sane, iubebat
    inuitum nostro ponere membra toro?
aut te traiectis Aeaea uenefica lanis
    deuouet, aut alio lassus amore uenis.'   80
nec mora, desiluit tunica uelata soluta
    (et decuit nudos proripuisse pedes),
neue suae possent intactam scire ministrae,
    dedecus hoc sumpta dissimulauit aqua.

VIII (VII)

Eᴛ quisquam ingenuas etiam nunc suspicit artes
    aut tenerum dotes carmen habere putat?
ingenium quondam fuerat pretiosius auro,
    at nunc barbaria est grandis habere nihil.
cum pulchre dominae nostri placuere libelli,   5
    quo licuit libris, non licet ire mihi;
cum bene laudauit, laudato ianua clausa est:
    turpiter huc illuc ingeniosus eo.

---

69 iaces *PSω*: iace ϛ   70 et *Sϛ*: es *P*: ut *ω*   79 te traiectis
ϛ: te tralectis *PSϛ (uel sim.)*: te collectis ϛ: *cetera nil moror*   aeaea *Pϛ*:
eoa ϛ: egea *NV_b*: circea ϛ: racea *S*   lanis *P (litt. grand. in marg.) X*:
ramis *PSω. pro laneis imaginibus accipiunt*   81 soluta *PSϛ*: recincta ϛ
    VIII ad se quia miles ei praelatus est *P (litt. grand.) S*   1 et *PSP_b*
(ut·uid.): an ϛ: en ϛ   suspicit ϛ: suspicat *S*: suspicat *X*: suspiciet *p*:
suscipit *ω*: suscipiet *P*: sustinet *N*   5 pulchre *ω*: pulchrę *(i.e. -ae)*
PSP_cZ   dominae nostri *PSω*: nostri dominae ϛ

ecce recens diues parto per uulnera censu
  praefertur nobis sanguine pastus eques.   10
hunc potes amplecti formosis, uita, lacertis?
  huius in amplexu, uita, iacere potes?
si nescis, caput hoc galeam portare solebat,
  ense latus cinctum, quod tibi seruit, erat;
laeua manus, cui nunc serum male conuenit aurum,   15
  scuta tulit; dextram tange, cruenta fuit.
qua periit aliquis, potes hanc contingere dextram?
  heu, ubi mollities pectoris illa tui?
cerne cicatrices, ueteris uestigia pugnae:
  quaesitum est illi corpore, quicquid habet.   20
forsitan et quotiens hominem iugulauerit ille
  indicet: hoc fassas tangis, auara, manus?
ille ego Musarum purus Phoebique sacerdos
  ad rigidas canto carmen inane fores.
discite, qui sapitis, non quae nos scimus inertes,   25
  sed trepidas acies et fera castra sequi,
proque bono uersu primum deducite pilum:
  nox tibi, si belles, possit, Homere, dari.
Iuppiter, admonitus nihil esse potentius auro,
  corruptae pretium uirginis ipse fuit.   30
dum merces aberat, durus pater, ipsa seuera,
  aerati postes, ferrea turris erat;
sed postquam sapiens in munere uenit adulter,
  praebuit ipsa sinus et dare iussa dedit.

  10 pastus *p*: pastur *P*: partus *SF* (*u.l.*) *H*: factus ω: sparsus ς   11 uita
P: fulta *SH*: stulta ω   12 amplexu ς: amplexus *PS*ς   uita *P*: fulta
SH: stulta ω: sola ς: nuda ς: ulla A_bN iacere *PS*ω: uenire ς   17 qua
periit aliquis *P* (quę perit) *S*: quaque periit aliquis ς: quaque aliquis periit ς
18 heu *PS*ς: heus ω: en *H*   tui *P*ς: tui est *S*ς   25 non quae nos
(non *P*) *PS*ς: non quod nos ς: non haec quae ς: non hoc quod ς
26 castra *PS*ς: bella ω   28 nox *A. Υ. Campbell*: hoc *p*ω: hic *PSP_f*
belles *Madvig*: uelles *codd.*   possit *P*: posset *S*ω   33 in *PS*ω:
ad P_cV_b munere *Francius*: munera *codd.*

at cum regna senex caeli Saturnus haberet,   35
   omne lucrum tenebris alta premebat humus:
aeraque et argentum cumque auro pondera ferri
   Manibus admorat, nullaque massa fuit.
at meliora dabat, curuo sine uomere fruges
   pomaque et in quercu mella reperta caua.   40
nec ualido quisquam terras scindebat aratro,
   signabat nullo limite mensor humum.
non freta demisso uerrebant eruta remo:
   ultima mortali tum uia litus erat.
contra te sollers, hominum natura, fuisti   45
   et nimium damnis ingeniosa tuis.
quo tibi turritis incingere moenibus urbes,
   quo tibi discordes addere in arma manus?
quid tibi cum pelago? terra contenta fuisses.
   cur non et caelum tertia regna facis?   50
[qua licet, adfectas caelum quoque: templa Quirinus,
   Liber et Alcides et modo Caesar habent.]
eruimus terra solidum pro frugibus aurum;
   possidet inuentas sanguine miles opes;
curia pauperibus clausa est, dat census honores: 55
   inde grauis iudex, inde seuerus eques.
omnia possideant: illis Campusque Forumque
   seruiat, hi pacem crudaque bella gerant;
tantum ne nostros auidi liceantur amores
   et (satis est) aliquid pauperis esse sinant.   60
at nunc, exaequet tetricas licet illa Sabinas,

41 terras *Owen*, *ς*: terra *P*: terram *Sω*   scindebat *PSω*: findebat *ς*:
aperibat *D*: uersabat *W*   42 mensor *PSς*: messor *ς*: fossor *ω*   43 de-
misso *ω*: dimisso *SHX*: demissi *ς*: dimissi *Pς*   remo *PSω*: remi *ς*
47–48 quo . . . quo *PSς*: quid . . . quid *ωφ*   50 facis *PSF* (*u.l.*) *H²*,
exc. Scal.: petis *ω*   51–52 *secl. Ehwald*   59 auidi *codd.*: auide *Itali*,
edd. nonnulli   liceantur *marg. ed. Bersmannianae, Heinsius*: liciantur
P: uicientur *S* (*ut uid.*): lucrentur *ω*: lanientur *D*: uenentur *F*: eiciantur *H*

imperat ut captae, qui dare multa potest.
me prohibet custos, in me timet illa maritum;
   si dederim, tota cedet uterque domo.
o si neclecti quisquam deus ultor amantis   65
   tam male quaesitas puluere mutet opes!

IX (VIII)

MEMNONA si mater, mater plorauit Achillem,
   et tangunt magnas tristia fata deas,
flebilis indignos, Elegia, solue capillos:
   a, nimis ex uero nunc tibi nomen erit.
ille tui uates operis, tua fama, Tibullus   5
   ardet in exstructo corpus inane rogo.
ecce puer Veneris fert euersamque pharetram
   et fractos arcus et sine luce facem;
aspice, demissis ut eat miserabilis alis
   pectoraque infesta tundat aperta manu.   10
excipiunt lacrimas sparsi per colla capilli,
   oraque singultu concutiente sonant.
fratris in Aeneae sic illum funere dicunt
   egressum tectis, pulcher Iule, tuis.
nec minus est confusa Venus moriente Tibullo   15
   quam iuueni rupit cum ferus inguen aper.
at sacri uates et diuum cura uocamur,
   sunt etiam qui nos numen habere putent.
scilicet omne sacrum mors inportuna profanat;
   omnibus obscuras inicit illa manus.   20
quid pater Ismario, quid mater, profuit Orpheo,
   carmine quid uictas obstipuisse feras?

65 quisquam deus $P\varsigma$: quisquam est deus $S\varsigma$: deus est quisquam HT
IX laudatio epitaphium (-ii D) P (*litt. grand.*) D 3 elegia ω:
elegeia $PP_cV_a{}^2$: elegegia S 4 erit $PS\omega$: inest ς *post* 10 *desinit S*
16 iuueni P (inu-, *corr. p*) ς: iuuenis $p\omega$ 18 putent $P\varsigma$: putant ω

et Linon in siluis idem pater 'aelinon' altis
    dicitur inuita concinuisse lyra.
adice Maeoniden, a quo ceu fonte perenni   25
    uatum Pieriis ora rigantur aquis:
hunc quoque summa dies nigro submersit Auerno;
    defugiunt auidos carmina sola rogos.
durat opus uatum, Troiani fama laboris
    tardaque nocturno tela retexta dolo: 30
sic Nemesis longum, sic Delia nomen habebunt,
    altera cura recens, altera primus amor.
quid uos sacra iuuant? quid nunc Aegyptia prosunt
    sistra? quid in uacuo secubuisse toro?
cum rapiunt mala fata bonos, (ignoscite fasso)   35
    sollicitor nullos esse putare deos.
uiue pius: moriere pius; cole sacra: colentem
    mors grauis a templis in caua busta trahet.
carminibus confide bonis: iacet ecce Tibullus;
    uix manet e toto, parua quod urna capit.   40
tene, sacer uates, flammae rapuere rogales,
    pectoribus pasci nec timuere tuis?
aurea sanctorum potuissent templa deorum
    urere, quae tantum sustinuere nefas.
auertit uultus, Erycis quae possidet arces;   45
    sunt quoque qui lacrimas continuisse negant.
sed tamen hoc melius, quam si Phaeacia tellus
    ignotum uili supposuisset humo.

23 et linon $P\omega$: aelinon *Scaliger, Heinsius (ex codd.)*, P_f aelinon
Heinsius: eunon *P (ut uid.)*: et linon $p\varsigma$: edidit ω: editum in QV_a
24 *om. P spatio relicto, add.* P^3 inuita ς: inuicta $P^3\omega$ concinuisse ω:
continuisse P^3A_cQ *(ut uid.)*: conticuisse ς 27 submersit $P\varsigma$: demer-
sit V_aV_b: submisit ς 28 defugiunt ς: diffugiunt $P\varsigma$: effugiunt ς
29 uatum *codd.*: uatis *Francius, Heinsius*: uatis *uel* uati *Bentleius. sed* durat
bis intellegendum 30 retexta $P\varsigma$: retecta ς: retenta ς 33 uos
$P\varsigma$: nos ω: nunc ς 35 rapiunt $P\varsigma$: rapiant ς: rapient O_b
37 moriere; pius cole *dist. J. C. Jahn, edd. nonnulli*

hic certe madidos fugientis pressit ocellos
    mater et in cineres ultima dona tulit;   50
hic soror in partem misera cum matre doloris
    uenit inornatas dilaniata comas,
cumque tuis sua iunxerunt Nemesisque priorque
    oscula nec solos destituere rogos.
Delia discedens 'felicius' inquit 'amata   55
    sum tibi: uixisti, dum tuus ignis eram.'
cui Nemesis 'quid' ait 'tibi sunt mea damna dolori?
    me tenuit moriens deficiente manu.'
si tamen e nobis aliquid nisi nomen et umbra
    restat, in Elysia ualle Tibullus erit.   60
obuius huic uenies hedera iuuenalia cinctus
    tempora cum Caluo, docte Catulle, tuo;
tu quoque, si falsum est temerati crimen amici,
    sanguinis atque animae prodige Galle tuae.
his comes umbra tua est, si qua est modo corporis umbra; 65
    auxisti numeros, culte Tibulle, pios.
ossa quieta, precor, tuta requiescite in urna,
    et sit humus cineri non onerosa tuo.

X (IX)

ANNVA uenerunt Cerealis tempora sacri:
    secubat in uacuo sola puella toro.
flaua Ceres, tenues spicis redimita capillos,
    cur inhibes sacris commoda nostra tuis?

49 hic ω: hinc $P\varsigma$: huic D (*ut uid.*) P_b madidos $P\varsigma$: manibus ω
fugientis $P\varsigma$: fugientes ω 50 tulit $P\omega$: dedit ς 51 hic ω: hinc
$P\varsigma$: huic ς: huc ς 52 dilaniata $P\varsigma$: dilacerata ς 55 discedens
ω: descendens PP_h (dis-), *edd. post Merkelium*   57 quid ait $P\varsigma$: quid
ais ς: quid agis $NP_c{}^1$: dixit V_b 61 uenies ω: uenias P iuuenalia
PD: iuuenilia ω 65 *ita fere dist. Crispinus, Weise*   66 pios $P\varsigma$:
tuos ς

X de festo (festiuitate D) cereris DV_aZ

te, dea, munificam gentes, ubi quaeque, loquuntur,   5
  nec minus humanis inuidet ulla bonis.
ante nec hirsuti torrebant farra coloni,
  nec notum terris area nomen erat,
sed glandem quercus, oracula prima, ferebant:
  haec erat et teneri caespitis herba cibus.   10
prima Ceres docuit turgescere semen in agris,
  falce coloratas subsecuitque comas.
prima iugis tauros subponere colla coegit
  et ueterem curuo dente reuellit humum.
hanc quisquam lacrimis laetari credit amantum   15
  et bene tormentis secubituque coli?
nec tamen est, quamuis agros amet illa feraces,
  rustica nec uiduum pectus amoris habet.
Cretes erunt testes; nec fingunt omnia Cretes:
  Crete nutrito terra superba Ioue.   20
illic sideream mundi qui temperat arcem
  exiguus tenero lac bibit ore puer;
magna fides testi: testis laudatur alumno;
  fassuram Cererem crimina nota puto.
uiderat Iasium Cretaea diua sub Ida   25
  figentem certa terga ferina manu;
uidit et, ut tenerae flammam rapuere medullae,
  hinc pudor, ex illa parte trahebat amor.
uictus amore pudor: sulcos arere uideres
  et sata cum minima parte redire sui;   30
cum bene iactati pulsarant arua ligones,
  ruperat et duram uomer aduncus humum

5 munificam $P\omega$: magnificam $p\varsigma$ ubi quaeque pD, *prob. Munari*:
ubiquaque P: ubicumque ω. *cf. A.A.* ii 627   10 haec $P\omega$: hic ς:
hoc NZ erat $P\varsigma$: cibus ς cibus $P\varsigma$: torus ς 14 reuellit $P\varsigma$:
reuulsit ς 15 credit $P\varsigma$: credat ς: credet N 18 uiduum $P\varsigma$:
uacuum ς 20 crete $P\varsigma$: cretes ω 24 nota ω: nostra $P\varsigma$: magna ς
28 illa $P\varsigma$: alia ς 31 pulsarant $P\varsigma$: pulsarent ς

seminaque in latos ierant aequaliter agros,
　　inrita decepti uota colentis erant.
diua potens frugum siluis cessabat in altis;　　　　35
　　deciderant longae spicea serta comae.
sola fuit Crete fecundo fertilis anno:
　　omnia, qua tulerat se dea, messis erat;
ipse locus nemorum canebat frugibus Ide
　　et ferus in silua farra metebat aper.　　　　40
optauit Minos similes sibi legifer annos;
　　optasset, Cereris longus ut esset amor.
qui tibi secubitus tristes, dea flaua, fuissent,
　　hos cogor sacris nunc ego ferre tuis.
cur ego sim tristis, cum sit tibi nata reperta　　　　45
　　regnaque quam Iuno sorte minora regat?
festa dies Veneremque uocat cantusque merumque:
　　haec decet ad dominos munera ferre deos.

XI (X)

MVLTA diuque tuli; uitiis patientia uicta est:
　　cede fatigato pectore, turpis amor.
scilicet adserui iam me fugique catenas,
　　et, quae non puduit ferre, tulisse pudet.
uicimus et domitum pedibus calcamus Amorem:　　　　5
　　uenerunt capiti cornua sera meo.
perfer et obdura: dolor hic tibi proderit olim:
　　saepe tulit lassis sucus amarus opem.

33 ierant *Pς*: steterant *ς*　　　38 erat *Pω*: erant *ς*　　　39 ipse *Pω*:
ille *ς*: ipsa *Némethy*　　ide *ω*: idae *PZ, uett. edd.*　　　42 optasset *PD,
prob. Madvig*: optauit *ω*　　45 sim *Pς*: sum *ω*　　46 quam iuno *codd.*:
Iunonis *Heinsius. sc. quam Iuno sola: cf. Prop.* III v 2, *Mart.* XIV cxliii 2
(*Shackleton Bailey, C.Q.* xli [1947], 91)　　minora *ς*: minore *Pς*　　regat
codd.: *an* gerat *legendum?*
　　XI ad (*add.* prauos *H*: superbos *V*ₐ) mores amicae (-ci *P*) *P* (*litt. grand.*)
*DHV*ₐ　　1 diuque tuli *Pω*: diu tulimus *ς. cf.* II xix 49

ergo ego sustinui, foribus tam saepe repulsus,
   ingenuum dura ponere corpus humo?   10
ergo ego nesciocui, quem tu conplexa tenebas,
   excubui clausam seruus ut ante domum?
uidi, cum foribus lassus prodiret amator
   ꞏ inualidum referens emeritumque latus;
hoc tamen est leuius quam quod sum uisus ab illo: 15
   eueniat nostris hostibus ille pudor.
quando ego non fixus lateri patienter adhaesi,
   ipse tuus custos, ipse uir, ipse comes?
scilicet et populo per me comitata placebas:
   causa fuit multis noster amoris amor.   20
turpia quid referam uanae mendacia linguae
   et periuratos in mea damna deos,
quid iuuenum tacitos inter conuiuia nutus
   uerbaque compositis dissimulata notis?
dicta erat aegra mihi: praeceps amensque cucurri;   25
   ueni, et riuali non erat aegra meo.
his et quae taceo duraui saepe ferendis:
   quaere alium pro me qui uelit ista pati.
iam mea uotiua puppis redimita corona
   lenta tumescentes aequoris audit aquas.   30
desine blanditias et uerba potentia quondam
   perdere: non ego sum stultus, ut ante fui.

XI *b* (XI)

LVCTANTVR pectusque leue in contraria tendunt
   hac amor, hac odium; sed, puto, uincit amor.

17 patienter *Pς*: spatiantis ω   19 comitata *Pω*: cantata *ς*   *initia uersuum* 23–29, 42–50 *desunt in P, scissa pagina*   28 uelit ω: queat *H, edd. plerique*: *om. P*   30 lenta *Itali, Heinsius ex Arondeliano*: leta *Pω*   33 *nouam elegiam incipere post Hampkium censuit L. Müller, quem secuti sunt edd. plerique; cf. quae ad* II ix 25 *et* III v *adnotaui* 34 uincit *Pς*: uincet *ς*

P. OVIDI NASONIS

[odero, si potero; si non, inuitus amabo: 35
  nec iuga taurus amat; quae tamen odit, habet.]
nequitiam fugio, fugientem forma reducit;   (5)
  auersor morum crimina, corpus amo.
sic ego nec sine te nec tecum uiuere possum
  et uideor uoti nescius esse mei.   40
aut formosa fores minus aut minus inproba uellem:
  non facit ad mores tam bona forma malos.   (10)
facta merent odium, facies exorat amorem:
  me miserum, uitiis plus ualet illa suis.
parce per o lecti socialia iura, per omnes   45
  qui dant fallendos se tibi saepe deos,
perque tuam faciem, magni mihi numinis instar,   (15)
  perque tuos oculos, qui rapuere meos.
quicquid eris, mea semper eris; tu selige tantum,
  me quoque uelle uelis anne coactus amem.   50
lintea dem potius uentisque ferentibus utar
  et quam, si nolim, cogar amare, uelim.   (20)

XII

Qvis fuit ille dies, quo tristia semper amanti
  omina non albae concinuistis aues?
quodue putem sidus nostris occurrere fatis,
  quosue deos in me bella mouere querar?

35–36 *habet* p_6, *secl. Heinsius*   35 *in pariete Pompeiano scriptus*
(*C.L.E.* 354. 2): odero. sepotero. sed non *eqs.*   38 auersor *Pς*: aduer-
sor *ω*   49 tu selige *Pς*: tuus elige *N*: ius elige *ω*: me selege *H*:
tuque elige *T*   51–xii 26 *uix legi possunt in P*   52 et *ς*: ut
Pω (*in quibus X*): quam *Rautenberg, ς*   quam si *Madvig* (*qui* ut, quam
si *coni.*), *X*: quamuis *Pω, prob. Rautenberg*: qui si *ς.* si, *i.e. etsi*   uelim
Pς: tamen *ω.* quam, quamuis nolim, cogar amare tamen (*i.e.* quam *pro*
comparatiuo) *uoluisse uidetur Rautenberg, miro errore; sed potest legi* quam,
quamuis nolim, cogar amare, uelim, *ita ut* quam *pro relatiuo accipiatur*
  XII *ad amicam impudicam D*: ad amicam nimis laudatam *Z*

94

quae modo dicta mea est, quam coepi solus amare,   5
  cum multis uereor ne sit habenda mihi.
fallimur, an nostris innotuit illa libellis?
  sic erit: ingenio prostitit illa meo.
et merito: quid enim formae praeconia feci?
  uendibilis culpa facta puella mea est.   10
me lenone placet, duce me perductus amator,
  ianua per nostras est adaperta manus.
an prosint dubium, nocuerunt carmina certe:
  inuidiae nostris illa fuere bonis.
cum Thebae, cum Troia foret, cum Caesaris acta,   15
  ingenium mouit sola Corinna meum.
auersis utinam tetigissem carmina Musis,
  Phoebus et inceptum destituisset opus.
nec tamen ut testes mos est audire poetas:
  malueram uerbis pondus abesse meis.   20
per nos Scylla patri caros furata capillos
  pube premit rabidos inguinibusque canes;
nos pedibus pinnas dedimus, nos crinibus angues;
  uictor Abantiades alite fertur equo.
idem per spatium Tityon porreximus ingens   25
  et tria uipereo fecimus ora cani;
fecimus Enceladon iaculantem mille lacertis,
  ambiguae captos uirginis ore uiros;
Aeolios Ithacis inclusimus utribus Euros;
  proditor in medio Tantalus amne sitit;   30
de Niobe silicem, de uirgine fecimus ursam;

---

8 erit *Pς*: erat *ω*: est *ς*. *cf.* I ii 7   11 perductus *Pς*: productus *ω*:
conductus *ς*   13 dubium *Pς*: dubium est *ω*   certe *ς*: semper *Pω*
15 thebae *P$_c$Z*: thebe *Pω, edd.*   17 auersis *Pς*: aduersis *ς*   a. uti-
nam *Pω*: o utinam a. *ς*   21 caros *Pς*: canos *ω*   *inter* 21 *et* 22
babet O$_b$ A.A. i 331 *a–b* (*q.u.*), *in marg.* B (331 *a solum*) *QW*
22 (= *A.A.* i 332, *q.u.*) rabidos *ς*: rapidos *Pω*   27–xiv 2 *desunt in P*
27 enceladon *ς*: enceladum *ω*

concinit Odrysium Cecropis ales Ityn;
Iuppiter aut in aues aut se transformat in aurum
  aut secat imposita uirgine taurus aquas.
Protea quid referam Thebanaque semina dentes;   35
  qui uomerent flammas ore, fuisse boues,
flere genis electra tuas, auriga, sorores,
  quaeque rates fuerint, nunc maris esse deas,
auersumque diem mensis furialibus Atrei,
  duraque percussam saxa secuta lyram?   40
exit in immensum fecunda licentia uatum
  obligat historica nec sua uerba fide:
et mea debuerat falso laudata uideri
  femina; credulitas nunc mihi uestra nocet.

XIII

Cvm mihi pomiferis coniunx foret orta Faliscis,
  moenia contigimus uicta, Camille, tibi.
casta sacerdotes Iunoni festa parabant
  et celebres ludos indigenamque bouem.
grande morae pretium ritus cognoscere, quamuis   5
  difficilis cliuis huc uia praebet iter.
stat uetus et densa praenubilus arbore lucus;
  aspice: concedes numinis esse locum.
accipit ara preces uotiuaque tura piorum,
  ara per antiquas facta sine arte manus.   10

---

37 electra . . . auriga ς: auriga . . . electra ς. Auriga *edd. plerique*
tuas ω: suis ς   38 fuerint ς: fuerant ω   39 auersumque ς:
aduersumque ς   40 percussam . . . lyram ς: percussa . . . lyra *H*:
percussas . . . lyras ω   secuta ς: mouere ς   41 fecunda *Itali*, P_f
(*sscr.*): facunda ς: iocunda ςφ   44 uestra ω: uera *NT*: nostra ς
  XIII ad sacra Iunonis ς   1 pomiferis ω: piniferis ς   2 uicta
P_cX: uincta ω: iuncta ς (*sed sunt nonnulli diiudicatu difficiles*): culta ς
4 et celebres ω: et celeres ς: per celebres *typotheta ignotus, edd. plerique*:
percelebres *Naugerius*   5 morae ω: uoco ς   8 numinis esse
locum ς: numen inesse loco ς, *exc. Put. et Scal.*

huc, ubi praesonuit sollemni tibia cantu,
   it per uelatas annua pompa uias.
ducuntur niueae populo plaudente iuuencae,
   quas aluit campis herba Falisca suis,
et uituli nondum metuenda fronte minaces   15
   et minor ex humili uictima porcus hara
duxque gregis cornu per tempora dura recuruo;
   inuisa est dominae sola capella deae:
illius indicio siluis inuenta sub altis
   dicitur inceptam destituisse fugam.   20
nunc quoque per pueros iaculis incessitur index
   et pretium auctori uulneris ipsa datur.
qua uentura dea est, iuuenes timidaeque puellae
   praeuerrunt latas ueste iacente uias.
uirginei crines auro gemmaque premuntur,   25
   et tegit auratos palla superba pedes;
more patrum Graio uelatae uestibus albis
   tradita supposito uertice sacra ferunt.
ore fauent populi tum, cum uenit aurea pompa
   ipsa sacerdotes subsequiturque suas.   30
Argiua est pompae facies: Agamemnone caeso
   et scelus et patrias fugit Halaesus opes
iamque pererratis profugus terraque fretoque
   moenia felici condidit alta manu.

---

11 huc *Heinsius*, $A_b{}^2Z$: hic ω: hinc ς: hac F^1 (ac) $P_c{}^1$ praesonuit ς:
personuit ς: praeposuit *H*   21 incessitur ω: arcessitur ς: accersitur
ς: lacescitur *N*   24 praeuerrunt *exc. Put. et Scal., Arondeliani m²*
teste Heinsio: praeuertunt DE_a *(ut uid.)*: praebuerunt ω: strauerunt
V_b: uelarant P_f: praetexunt *Francius*: praesternunt *Heinsius*   ueste
iacente, *i.e. dum ingrediuntur pendente: bene confert Brandt Asium ap.*
Athen. XII 525   27 Graio *Heinsius ex Arondeliano*, P_c *(u.l.)* $V_a{}^2X$:
grato *D*: graium *H*: sacro *Q*: sanctae ω   29 tum *Housman, B, Bodl.*
Auct. F i 17 *(saec. xiv)*: tunc ω   cum uenit ς: conuenit ς   30 sub-
sequiturque ω: consequiturque ς   suas ς: suos ς   34 alta ς: apta
ω: illa *X*

ille suos docuit Iunonia sacra Faliscos: 35
  sint mihi, sint populo semper amica suo.

XIV

Non ego, ne pecces, cum sis formosa, recuso,
  sed ne sit misero scire necesse mihi;
nec te nostra iubet fieri censura pudicam
  sed tamen ut temptes dissimulare rogat.
non peccat, quaecumque potest peccasse negare, 5
  solaque famosam culpa professa facit.
quis furor est, quae nocte latent, in luce fateri
  et, quae clam facias, facta referre palam?
ignoto meretrix corpus iunctura Quiriti
  opposita populum submouet ante sera; 10
tu tua prostitues famae peccata sinistrae
  commissi perages indiciumque tui?
sit tibi mens melior, saltemue imitare pudicas,
  teque probam, quamuis non eris, esse putem.
quae facis, haec facito: tantum fecisse negato 15
  nec pudeat coram uerba modesta loqui.
est qui nequitiam locus exigat: omnibus illum
  deliciis inple, stet procul inde pudor.
hinc simul exieris, lasciuia protinus omnis
  absit, et in lecto crimina pone tuo. 20

---

36 sint . . . sint ω: sint . . . sit H: sit . . . sit V_b
  XIV ad amicam impudicam ς   3 *denuo incipit P, sed* 3–5 *ob macu-*
lam non legi possunt   4 tamen ω: tantum *Heinsius ex D* (ut *om.*) P_f:
de P incert.   rogat ς: rogo ς: *de P incert.*   6 famosam ω: for-
mosam P (-ns-) ς: deformem ς   11 prostitues $Pωep_1$: prostituis
ς: (ne . . .) prostituas p_3 famae . . . sinistrae $Pωφ$: fama . . . sinistra ς
12 perages $Pωφ$: peragis ς   13 saltemue Pς: saltemque ςφ   16 nec
Pω: ne ς   modesta Pω: pudica ς   17 exigat Pω: exigit ς   18 stet
(*uel* scet) P: sit ω   19–20 *post* 26 *legi uoluit Weise*

illic nec tunicam tibi sit posuisse pudori
  nec femori inpositum sustinuisse femur;
illic purpureis condatur lingua labellis,
  inque modos uenerem mille figuret amor;
illic nec uoces nec uerba iuuantia cessent,   25
  spondaque lasciua mobilitate tremat.
indue cum tunicis metuentem crimina uultum,
  et pudor obscenum diffiteatur opus.
da populo, da uerba mihi: sine nescius errem
  et liceat stulta credulitate frui.   30
cur totiens uideo mitti recipique tabellas?
  cur pressus prior est interiorque torus?
cur plus quam somno turbatos esse capillos
  collaque conspicio dentis habere notam?
tantum non oculos crimen deducis ad ipsos;   35
  si dubitas famae parcere, parce mihi.
mens abit et morior, quotiens peccasse fateris,
  perque meos artus frigida gutta fluit.
tunc amo, tunc odi frustra, quod amare necesse est;
  tunc ego, sed tecum, mortuus esse uelim.   40
nil equidem inquiram nec, quae celare parabis,
  insequar: et falli muneris instar erit.
si tamen in media deprensa tenebere culpa
  et fuerint oculis probra uidenda meis,
quae bene uisa mihi fuerint, bene uisa negato: 45
  concedent uerbis lumina nostra tuis.
prona tibi uinci cupientem uincere palma est,
  sit modo 'non feci' dicere lingua memor:
cum tibi contingat uerbis superare duobus,
  etsi non causa, iudice uince tuo.   50

37 abit et *ω*: habet et *P*: hebet et *V_a*: abiit *H*: abiit et *A_b P_f*
42 falli *Madvig*, *V_a*: falsi *P* (-is) *ω*: facti *H*   muneris *Pς*: criminis *ω*

XV

QVAERE nouum uatem, tenerorum mater Amorum:
   raditur haec elegis ultima meta meis;
quos ego conposui, Paeligni ruris alumnus,
   (nec me deliciae dedecuere meae)
si quid id est, usque a proauis uetus ordinis heres,   5
   non modo militiae turbine factus eques.
Mantua Vergilio gaudet, Verona Catullo;
   Paelignae dicar gloria gentis ego,
quam sua libertas ad honesta coegerat arma,
   cum timuit socias anxia Roma manus.   10
atque aliquis spectans hospes Sulmonis aquosi
   moenia, quae campi iugera pauca tenent,
'quae tantum' dicet 'potuistis ferre poetam,
   quantulacumque estis, uos ego magna uoco.'
culte puer puerique parens Amathusia culti,   15
   aurea de campo uellite signa meo;
corniger increpuit thyrso grauiore Lyaeus:
   pulsanda est magnis area maior equis.
inbelles elegi, genialis Musa, ualete,
   post mea mansurum fata superstes opus.   20

XV ad uenerem ⟂   2 raditur *Heinsius*: traditur ω: *de P incert. ob
maculam*   haec ω: hic.P_aT: *de P incert.*   meta *Pω*: carta ⟂: nota *H*:
cura P_b 6 modo *Pω*: ego ⟂   militiae turbine *Pω*: fortunae munere ⟂
post 8 *desinit P*   9 quam E_aQ: quem ω   15 Amathusia culti
Itali, Heinsius: amathontia culta *H*: amat hostia cultum *FX* (-us,
ut uid.): mihi tempore longo ω   *post* 20 explicit ouidius sine titulo *uel
sim.* ⟂

MEDICAMINA
FACIEI FEMINEAE

SIGLA

P. OVIDI NASONIS

MEDICAMINA FACIEI FEMINEAE

Discite quae faciem commendet cura, puellae,
 et quo sit uobis forma tuenda modo.
cultus humum sterilem Cerealia pendere iussit
 munera, mordaces interiere rubi;
cultus et in pomis sucos emendat acerbos,   5
 fissaque adoptiuas accipit arbor opes.
culta placent: auro sublimia tecta linuntur;
 nigra sub imposito marmore terra latet.
uellera saepe eadem Tyrio medicantur aeno;
 sectile deliciis India praebet ebur.   10
forsitan antiquae Tatio sub rege Sabinae
 maluerint quam se rura paterna coli,
cum matrona premens altum rubicunda sedile
 assiduo durum pollice nebat opus
ipsaque claudebat, quos filia pauerat, agnos,   15
 ipsa dabat uirgas caesaque ligna foco;
at uestrae matres teneras peperere puellas:
 uultis inaurata corpora ueste tegi,
uultis odoratos positu uariare capillos,
 conspicuam gemmis uultis habere manum;   20
induitis collo lapides Oriente petitos
 et quantos onus est aure tulisse duos.

EIVSDEM INCIPIT LIBELLVS DH MHDICAMINH FACIHY ΦHMYNHH *M*: incipit
ouidius de medicamine faciei ς: incipit liber ouidii de speculo *N*: *titulum
nullum habent* ς: *titulum ex A.A.* iii 205 *uarie restituerunt edd.*: Medicamina
Faciei *uiri docti aetatis Heinsianae, prob. ego*: Medicamina Formae *Merkel*
2 forma *Itali*: cura *codd.*: causa *Ehwald*   4 munera *Mω*: semina ς
7 culta *Mς*: multa ς: *de Cₑ incert.*   11 tatio *P_b*: statio *N*: ratio *Cₑ*: tanto
Mς: taceo *N_bU*   17 matres teneras *Mς*: t. m. ς   19 positu ς: posito
Lₐ: positos *Mς*   21 oriente ς: stridente *Mς*   petitos *Mς*: paratos ς

nec tamen indignum: sit uobis cura placendi,
   cum comptos habeant saecula uestra uiros:
feminea uestri poliuntur lege mariti   25
   et uix ad cultus nupta quod addat habet.
†pro se quaeque parent et quos uenerentur amores
   refert. munditia crimina nulla meret.†
rure latent finguntque comas; licet arduus illas
   celet Athos, cultas altus habebit Athos.   30
est etiam placuisse sibi quaecumque uoluptas:
   uirginibus cordi grataque forma sua est.
laudatas homini uolucris Iunonia pennas
   explicat et forma muta superbit auis.
sic potius †tuos urget† amor quam fortibus herbis,   35
   quas maga terribili subsecat arte manus:
nec uos graminibus nec mixto credite suco
   nec temptate nocens uirus amantis equae.
(nec mediae Marsis finduntur cantibus angues
   nec redit in fontes unda supina suos;   40
et quamuis aliquis Temesaea remouerit aera,
   numquam Luna suis excutietur equis.)
prima sit in uobis morum tutela, puellae:
   ingenio facies conciliante placet.
certus amor morum est; formam populabitur aetas,   45

23 nec *Mω*: non *NU*   24 uestra *Mς*: nostra *ς*   25 poliuntur
Heinsius: potiuntur *codd.*   27–28 *secl. Kunz*   27 pro se quae-
que paret (-ent *M*: -at *B_e*) et (e *L_a*) quos ueneretur (-entur *MQ*) amores
codd.: cui se quaeque parent et quos uenentur (uenentur *iam Heinsius*)
amores *Postgate*: *alii alia*   28 meret *ω*: merent *Guelf.* 371 (*Helmst.*
336), *saec. xv*: mihi *Q*: *de M incert.*   munditiae . . . merent *Hein-*
sius: munditia (mundicie *iam D. Heinsius*) . . . merent *edd. post J. C. Jahn*
plerique: *alii alia*   29 illas *ς*: illos *ς*: *de M incert.*   30 cultas
Mς: cultus *ς*   altus *ς*: aptos *B_e*: saltus *Mς*   35 sic *ς*: si *Mς*
uos urget *codd.*: nos uret *Heinsius*: consurget *Kunz, Schenkl*: *mihi sensus*
nascetur *uel sim. poscere uidetur*   39 *laudat Charisius G.L.* i 90 *K.*
finduntur *Mς, Charisius*: scinduntur *NU*   44 facies *ς*: facile *Mω*
placet *U*: placent *Mω*

et placitus rugis uultus aratus erit;
tempus erit, quo uos speculum uidisse pigebit
et ueniet rugis altera causa dolor.
sufficit et longum probitas perdurat in aeuum,
    perque suos annos hinc bene pendet amor.   50

DIC AGE, cum teneros somnus dimiserit artus,
    candida quo possint ora nitere modo.
hordea, quae Libyci ratibus misere coloni,
    exue de palea tegminibusque suis;
par erui mensura decem madefiat ab ouis   55
    (sed cumulent libras hordea nuda duas):
haec, ubi uentosas fuerint siccata per auras,
    lenta iube scabra frangat asella mola.
et quae prima cadent uiuaci cornua ceruo
    contere; †in haec solida† sexta fac assis eat.   60
iamque, ubi puluereae fuerint confusa farinae,
    protinus innumeris omnia cerne cauis;
adice narcissi bis sex sine cortice bulbos,
    strenua quos puro marmore dextra terat;
sextantemque trahat cummi cum semine Tusco;   65
    huc nouies tanto plus tibi mellis eat:
quaecumque afficiet tali medicamine uultum,
    fulgebit speculo leuior illa suo.
nec tu pallentes dubita torrere lupinos
    et simul inflantes corpora frige fabas: 70

50 pendet *Mω*: durat *N_bU*   51 dic age *Mω*: discite *B_e(G)N_b*: disce *P_b²* (*u.l.*)   55 erui *Mς*: euri *N*: eris *Q*: herbae *ς*   56 sed *Mω*: et *QU*   59 cadent *Mς*: cadunt *ς*   60 *post* haec *dist. Kunz in notis, Ehwald*   solida *codd.*: solidi *Heinsius*   63 bulbos *ς*: biblos *L_a*: bullos *Mς*   64 quos *N*: quas *M* (*ut uid.*) *ω* 65 cummi *ego*: gummi *ω*: bulli *M*   68 illa *M* (*ut uid.*) *ς*: ipsa *ς* 69 torrere *M*: torquere *B_eN_b*: terrere *U* (*ut uid.*): pallore *ω*   70 inflantes (inflantis *iam Marius*) . . . frige fabas *Heinsius*: instantis *codd.* . . . frigifere *M* (*ut uid.*) *C_eP_b*: frugifere *ς*: saxifrage *B_e*: saxiflagi *N_b*

utraque sex habeant aequo discrimine libras,
　　utraque da pigris comminuenda molis;
nec cerussa tibi nec nitri spuma rubentis
　　desit et Illyrica quae uenit iris humo:
da ualidis iuuenum pariter subigenda lacertis　　　　　75
　　(sed iustum tritis uncia pondus erit).
addita de querulo uolucrum medicamina nido
　　ore fugant maculas: alcyonea uocant.
pondere si quaeris quo sim contentus in illis,
　　quod trahit in partes uncia secta duas.　　・　　80
ut coeant apteque lini per corpora possint,
　　adice de flauis Attica mella fauis.
quamuis tura deos irataque numina placent,
　　non tamen accensis omnia danda focis.
tus ubi miscueris rodenti corpora nitro,　　　　　　85
　　ponderibus iustis fac sit utrimque triens.
parte minus quarta dereptum cortice cummi
　　et modicum e murris pinguibus adde cubum.
haec, ubi contrieris, per densa foramina cerne;
　　puluis ab infuso melle premendus erit.　　　　　90
profuit et marathos bene olentibus addere murris
　　(quinque parent marathi scripula, murra nouem),
arentisque rosae quantum manus una prehendat
　　cumque Ammoniaco mascula tura sale;
hordea quem faciunt, illis affunde cremorem:　　　95
　　aequent expensas cum sale tura rosas.

---

72 pigris *Heinsius*: nigris *codd.*　　　73 nitri *M***ς**: uitri **ς**　　76 tritis
ς: tristis *M***ς**　　77 de L_aN_b: da **ς**: que B_eQ: *de M incert.*　　80 secta
Scaliger: sexta *codd.*　　　85 rodenti *Kunz dubitanter*: radenti *codd.*
corpora *codd.*: tubera *Itali*　　nitro *M***ς**: uitro **ς**　　86 utrimque
Heinsius: utrumque *codd.*　　triens $M(G)N_b$: trahens **ω**　　87 dere-
ptum *Heinsius*: direptum *M***ω**: directum **ς**. *cf. Am.* I xiv 12　　*de* cummi
cf. 65　　88 cubum **ς**: cibum *M***ω**　　89 contrieris MC_eP_b: con-
triueris **ς**: contereris *Q*: contriris *Heinsius*　　92 parent *M***ω**: parant
QU: trahant *Muretus, prob. Heinsius*　　scripula *M***ς**: scrupula **ς**

tempore sint paruo molli licet illita uultu,
   haerebit toto nullus in ore color.
uidi, quae gelida madefacta papauera lympha
   contereret teneris illineretque genis.   100

*   *   *   *   *   *

97 sint $(G)N$ (*ut uid.*): sit $M\omega$ molli $(BG)N_b{}^2$ (*ut uid.*) U: mollis
$M\omega$. t. sis p. molles l. i. uultus *Heinsius*   98 nullus $M\omega$: multus
B_eN *post* 100 explicit M: explicit ouidius (liber C_e) de medicamine
faciei ς: *subscriptionem nullam habent* ς

ARS AMATORIA

SIGLA

Nominatim laudantur:

$R =$ Parisinus Latinus 7311 (Regius), saec. ix

   $r =$ eiusdem manus secunda, saec. xi

   $R^3 =$ eiusdem manus tertia, saec. xii/xiii

$O =$ Oxoniensis Bibl. Bodl. Auct. F. 4. 32, saec. ix

$S_a =$ Sangallensis 821, saec. xi

$A =$ Londiniensis Mus. Brit. Add. 14086, circa a. 1100

   $a =$ eiusdem manus secunda fere aequalis

Gregatim plerumque aduocantur:

$A_a =$ Londiniensis Mus. Brit. Add. 34749, saec. xiii (i 1–95)

$A_b =$ Londiniensis Mus. Brit. Add. 21169, saec. xiii

$B =$ Bernensis 478, saec. xii/xiii

$B_b =$ Bernensis 505, saec. xiii

$B_d =$ Bernensis 519, saec. xi (iii 617–fin.)

$D =$ Diuionensis 497, saec. xiii ex.

$E_a =$ Coll. Etonensis 91 (Bk. 6. 18), saec. xiii

$F =$ Francofurtanus Barth. 110, saec. xii/xiii

$H =$ Londiniensis Mus. Brit. Add. 49368 (olim Holkhamicus 322), saec. xiii

$L =$ Leidensis Periz. Q. 16, saec. xiii

$N =$ Neapolitanus Bibl. Nat. IV. F. 13 (Borb. 261), saec. xii/xiii

$O_a =$ Oxoniensis Bibl. Bodl. Dorvillianus 170, circa a. 1200

$O_b =$ Oxoniensis Bibl. Bodl. Canon. class. Lat. 1, saec. xiii

$O_g =$ Oxoniensis Bibl. Bodl. Canon. class. Lat. 18, saec. xv in.

$P_a =$ Parisinus Latinus 7993, saec. xiii

$P_b =$ Parisinus Latinus 7994, saec. xiii

$P_b^* =$ eiusdem manus secunda, de qua u. Praef.

$P_c =$ Parisinus Latinus 7997, saec. xv

$P_f =$ Parisinus Latinus 8430, saec. xiii

$Q =$ Antuerpiensis Plant. Lat. 68, saec. xii/xiii

$T =$ Turonensis 879, saec. xiii in.

$U =$ Riccardianus 489, saec. xiii

$W =$ Perpinianensis 19, saec. xiii

ω = codices praeter $RrOS_aAa$ omnes uel plures
ς = eorundem aliquot uel pauci

Florilegia, excerpta, fragmenta

e = Escorialensis Q. I. 14, saec. xiv in.
p_1 = Parisinus Latinus 7647, saec. xii ex.
p_3 = Parisinus Latinus 17903, saec. xiii
ϕ = horum consensus

b = Bambergensis M. V. 18, saec. x
l = Laurentianus 66, 40, saec. ix
o = Oxoniensis Bibl. Bodl. Rawl. Q. d. 19, saec. xiii
p_2 = Parisinus Latinus 15155, saec. xiii
exc. Put. = excerpta Puteani ⎫
exc. Scal. = excerpta Scaligeri ⎭ ab Heinsio laudata

Scholia

Schol. Haun. = commentarius in Haunensi Bibl. Reg. S. 2015
4to traditus, saec. xi/xii

P. OVIDI NASONIS ARTIS AMATORIAE

LIBER PRIMVS

Sɪ ǫvɪs in hoc artem populo non nouit amandi,
  hoc legat et lecto carmine doctus amet.
arte citae ueloque rates remoque mouentur,
  arte leues currus: arte regendus Amor.
curribus Automedon lentisque erat aptus habenis,   5
  Tiphys in Haemonia puppe magister erat:
me Venus artificem tenero praefecit Amori;
  Tiphys et Automedon dicar Amoris ego.
ille quidem ferus est et qui mihi saepe repugnet;
  sed puer est, aetas mollis et apta regi.   10
Phillyrides puerum cithara perfecit Achillem
  atque animos placida contudit arte feros.
qui totiens socios, totiens exterruit hostes,
  creditur annosum pertimuisse senem;
quas Hector sensurus erat, poscente magistro   15
  uerberibus iussas praebuit ille manus.
Aeacidae Chiron, ego sum praeceptor Amoris;
  saeuus uterque puer, natus uterque dea.
sed tamen et tauri ceruix oneratur aratro,
  frenaque magnanimi dente teruntur equi: 20
et mihi cedet Amor, quamuis mea uulneret arcu
  pectora, iactatas excutiatque faces;

ouidii nasonis artis amatoriae liber primus incipit *R* (*litt. grand.*) *O*,
ꜰᴇʟɪᴄ⟨ɪᴛᴇʀ⟩ *add. r. cf. Sen. Contr.* III vii 2, *Eutych. G.L.* vii 473.5 *K.*
2 hoc *ROS*ₐ*aHO*ₐ*l*: me *Aω*   3 mouentur *ROS*ₐ*absl*: reguntur *Aωφ*
4 leues *raς*: leuis *ROS*ₐ*Abωφl*   9 repugnet *ROA*ₐ: repugnat *S*ₐ*Aω*
11 perfecit *RS*ₐ*U*: praefecit *rOAω*   12 placida *RS*ₐ¹*Aω*: molli *OS*ₐ
(*u.l.*) *ς*   13 exterruit *RS*ₐ*Aω*: perterruit *OS*ₐ (*u.l.*) *ς*   21 cedet
*OaA*ₐ*D*: cedit *RS*ₐ*Abω*

quo me fixit Amor, quo me uiolentius ussit,
    hoc melior facti uulneris ultor ero.
non ego, Phoebe, datas a te mihi mentiar artes,   25
    nec nos aeriae uoce monemur auis,
nec mihi sunt uisae Clio Cliusque sorores
    seruanti pecudes uallibus, Ascra, tuis;
usus opus mouet hoc: uati parete perito;
    uera canam. coeptis, mater Amoris, ades.   30
este procul, uittae tenues, insigne pudoris,
    quaeque tegis medios instita longa pedes:
nos Venerem tutam concessaque furta canemus
    inque meo nullum carmine crimen erit.

Principio, quod amare uelis, reperire labora,   35
    qui noua nunc primum miles in arma uenis;
proximus huic labor est placitam exorare puellam;
    tertius, ut longo tempore duret amor.
hic modus; haec nostro signabitur area curru;
    haec erit admissa meta premenda rota.   40

Dvm licet et loris passim potes ire solutis,
    elige cui dicas 'tu mihi sola places.'
haec tibi non tenues ueniet delapsa per auras;
    quaerenda est oculis apta puella tuis.
scit bene uenator, ceruis ubi retia tendat;   45
    scit bene, qua frendens ualle moretur aper;
aucupibus noti frutices; qui sustinet hamos,
    nouit quae multo pisce natentur aquae:
tu quoque, materiam longo qui quaeris amori,
    ante frequens quo sit disce puella loco.   50

24 melior $ROS_a\omega$: melius $A\varsigma$ 25 mentiar $ROS_aA\varsigma$: mentior ς
26 monemur $ROS_aA\omega$: mouemur ς (*sed sunt nonnulli diiudicatu difficiles*)
27 cliusque RO: cliosque $rS_aA\omega$ 29 mouet $ROS_aA\varsigma$: monet ς.
cf. 26   37 placitam $ROA\varsigma$: placidam $S_ab\varsigma$ 40 premenda
$RS_aA\varsigma$: terenda $rO\omega$: tenenda B^2 (*u.l.*) O_a

non ego quaerentem uento dare uela iubebo,
    nec tibi ut inuenias longa terenda uia est.
Andromedan Perseus nigris portarit ab Indis,
    raptaque sit Phrygio Graia puella uiro;
tot tibi tamque dabit formosas Roma puellas,   55
    'haec habet' ut dicas 'quicquid in orbe fuit.'
Gargara quot segetes, quot habet Methymna racemos,
    aequore quot pisces, fronde teguntur aues,
quot caelum stellas, tot habet tua Roma puellas:
    mater in Aeneae constitit urbe sui.   60
seu caperis primis et adhuc crescentibus annis,
    ante oculos ueniet uera puella tuos;
siue cupis iuuenem, iuuenes tibi mille placebunt:
    cogeris uoti nescius esse tui.
seu te forte iuuat sera et sapientior aetas,   65
    hoc quoque, crede mihi, plenius agmen erit.
tu modo Pompeia lentus spatiare sub umbra,
    cum sol Herculei terga leonis adit,
aut ubi muneribus nati sua munera mater
    addidit, externo marmore diues opus;   70
nec tibi uitetur quae priscis sparsa tabellis
    porticus auctoris Liuia nomen habet,
quaque parare necem miseris patruelibus ausae
    Belides et stricto stat ferus ense pater;
nec te praetereat Veneri ploratus Adonis   75
    cultaque Iudaeo septima sacra Syro,

51 uento ROS_aς: uentis Aς   53 andromedan $RO_a U$: andromedon OP_b (*ut uid.*): andromedam S_aς: andromaden *a*ς: andromadem Aς 53–54 portarit ... sit *Naugerius*: portauit ... sic *codd.*   54 uiro ROS_aς: uiro est Aς   60 in ... constitit ROS_a: et ... constat in *rA*ω   sui ROS_aω: sua Aς   63 cupis $ROS_a a$ω: petis Aς   64 cogeris *Itali*, aW^2 (*ut uid.*), *Schol. Haun.* ('*quia nescies*'): cogeris et *RO* (-es et) $S_a Ab$ω: cogêre et *Heinsius*   73 quaque $raB_b O_b$: quaeque $ROS_a A$ω 74 belides et *r* (*ut uid.*) Aς: belides (et *om.*) $ROS_a a$ς   76 sacra $ROS_a A$ω: festa ς syro *O* (*sscr.*): uiro *r* (*ut uid.*) $S_a A$ω: deo OP_a: de *R incert. cf.* 416

nec fuge linigerae Memphitica templa iuuencae
    (multas illa facit, quod fuit ipsa Ioui);
et fora conueniunt (quis credere possit?) amori,
    flammaque in arguto saepe reperta foro.   80
subdita qua Veneris facto de marmore templo
    Appias expressis aera pulsat aquis,
illo saepe loco capitur consultus Amori,
    quique aliis cauit, non cauet ipse sibi;
illo saepe loco desunt sua uerba diserto,   85
    resque nouae ueniunt, causaque agenda sua est.
hunc Venus e templis, quae sunt confinia, ridet;
    qui modo patronus, nunc cupit esse cliens.
sed tu praecipue curuis uenare theatris;
    haec loca sunt uoto fertiliora tuo.   90
illic inuenies quod ames, quod ludere possis,
    quodque semel tangas, quodque tenere uelis.
ut redit itque frequens longum formica per agmen,
    granifero solitum cum uehit ore cibum,
aut ut apes saltusque suos et olentia nactae   95
    pascua per flores et thyma summa uolant,
sic ruit ad celebres cultissima femina ludos;
    copia iudicium saepe morata meum est.
spectatum ueniunt, ueniunt spectentur ut ipsae;
    ille locus casti damna pudoris habet.   100
primus sollicitos fecisti, Romule, ludos,
    cum iuuit uiduos rapta Sabina uiros.
tunc neque marmoreo pendebant uela theatro,
    nec fuerant liquido pulpita rubra croco;

77 linigerae RS_aHN^2: lanigerae $OA\omega$: niligenae $a\varsigma$ 79 et $ROS_aA\varsigma$:
ad ς possit $ROS_a\varsigma$: posset $A\varsigma$ 80 foro $ROS_a\varsigma$: foro est ω: (argu-
tis . . .) foris AW 81 qua *Naugerius*: quo U: quae $ROS_aA\omega$
83 amori ROS_a: amore $rA\varsigma$: amoris ς 92 quodque tenere RO
(-que *om.*) $S_a\omega$: quod retinere $A\varsigma$ 94 solitum $A\omega\phi$: solidum
ROS_aP_a 97 ad *codd.*: in *ed. Bon.* 1471, *edd.*

illic quas tulerant nemorosa Palatia frondes   105
    simpliciter positae scena sine arte fuit;
in gradibus sedit populus de caespite factis,
    qualibet hirsutas fronde tegente comas.
respiciunt oculisque notant sibi quisque puellam
    quam uelit, et tacito pectore multa mouent;   110
dumque rudem praebente modum tibicine Tusco
    ludius aequatam ter pede pulsat humum,
in medio plausu (plausus tunc arte carebant)
    rex populo praedae signa †petenda† dedit.
protinus exiliunt animum clamore fatentes   115
    uirginibus cupidas iniciuntque manus;
ut fugiunt aquilas, timidissima turba, columbae
    utque fugit uisos agna nouella lupos,
sic illae timuere uiros sine lege ruentes;
    constitit in nulla qui fuit ante color.   120
nam timor unus erat, facies non una timoris:
    pars laniat crines, pars sine mente sedet;
altera maesta silet, frustra uocat altera matrem;
    haec queritur, stupet haec; haec manet, illa fugit.
ducuntur raptae, genialis praeda, puellae,   125
    et potuit multas ipse decere timor.
si qua repugnarat nimium comitemque negarat,

---

106 positae $rA\omega$: posita $ROS_a\varsigma$ 109 notant $RS_aA\varsigma$: notat $O\omega$
110 mouent $ROS_aA\omega$: mouet ς 112 ludius R (*sed u. Append.*) $A\varsigma$:
lydius ς: lidius $rOS_aa\omega$ 113 carebant ROS_aF: carebat $A\omega$
114 petenda $ROS_aA\omega$ ('.i. *signa prede petende*' *Schol. Haun.*): petita *Bent-
leius, Madvig*: notamque o^1 118 utque fugit uisos $rA\omega$: ut fugit
uisos RO: ut fugit et uisos S_aDU: ut fugit inuisos ς 119 lege
$ROS_aA\omega$: more *Burmannus ex cod. Schefferi*, O_g ruentes $RS_aA\omega$:
furentes OO_g 126 ipse $ROS_a\omega$: ille $rA\varsigma$ timor RS_a (*sed u.
Append.*) aNU: pudor $OA\omega$: color F: rubor T: decor B_b 127 re-
pugnarat ROS_a (*ex corr.*) $A\varsigma$: repugnaret B_bU: repugnabat S_a (*ante corr.*) ς:
repugnauit L negarat $A\varsigma$: negaret B_b: negare U: negabat $RS_a\omega$:
repugnat O

 sublatam cupido uir tulit ipse sinu
atque ita 'quid teneros lacrimis corrumpis ocellos?
  quod matri pater est, hoc tibi' dixit 'ero.'   130
Romule, militibus scisti dare commoda solus:
  haec mihi si dederis commoda, miles ero.
scilicet ex illo sollemnia more theatra
  nunc quoque formosis insidiosa manent.
nec te nobilium fugiat certamen equorum: 135
  multa capax populi commoda Circus habet.
nil opus est digitis per quos arcana loquaris,
  nec tibi per nutus accipienda nota est;
proximus a domina nullo prohibente sedeto;
  iunge tuum lateri qua potes usque latus.   140
et bene, quod cogit, si nolis, linea iungi,
  quod tibi tangenda est lege puella loci.
hic tibi quaeratur socii sermonis origo,
  et moueant primos publica uerba sonos:
cuius equi ueniant facito studiose requiras,   145
  nec mora, quisquis erit cui fauet illa, faue.
at cum pompa frequens caelestibus ibit eburnis,
  tu Veneri dominae plaude fauente manu;
utque fit, in gremium puluis si forte puellae
  deciderit, digitis excutiendus erit;   150
etsi nullus erit puluis, tamen excute nullum:
  quaelibet officio causa sit apta tuo;
pallia si terra nimium demissa iacebunt,

---

 133 sollemnia *codd.*: sollemni *Madvig. quidquid legere placuerit, caue
sequaris edd.* illo *cum* more *coniungentes*   139 a domina ROS_abs: ad
dominam $A\omega$ 140 qua ROS_aAbs: quo F (*ut uid.*) U: quam
s 141 nolis $RS_aA\omega$: nolit Os 142 quod $RO^2S_aA_bW$
(*ut uid.*): qua $A\omega$: quid O^1 143 hic $ROS_aA\omega$: hinc bP_c^2 (*marg.*):
tunc P_c^1 147 caelestibus . . . eburnis R (*ut uid.*) OS_as: certantibus
(plaudentibus L^1Q^1o) . . . ephebis $rA\omega$ 153 terra ROS_aAFO_g:
terrae ω demissa $S_aA\omega$: dimissa ROs

collige et inmunda sedulus effer humo:
protinus, officii pretium, patiente puella   155
  contingent oculis crura uidenda tuis.
respice praeterea, post uos quicumque sedebit,
  ne premat opposito mollia terga genu.
parua leuis capiunt animos: fuit utile multis
  puluinum facili composuisse manu;   160
profuit et tenui uentos mouisse tabella
  et caua sub tenerum scamna dedisse pedem.
hos aditus Circusque nouo praebebit amori
  sparsaque sollicito tristis harena foro.
illa saepe puer Veneris pugnauit harena   165
  et, qui spectauit uulnera, uulnus habet:
dum loquitur tangitque manum poscitque libellum
  et quaerit posito pignore, uincat uter,
saucius ingemuit telumque uolatile sensit
  et pars spectati muneris ipse fuit.   170
quid, modo cum belli naualis imagine Caesar
  Persidas induxit Cecropiasque rates?
nempe ab utroque mari iuuenes, ab utroque puellae
  uenere, atque ingens orbis in Vrbe fuit.
quis non inuenit turba, quod amaret, in illa?   175
  eheu, quam multos aduena torsit amor!
ecce, parat Caesar, domito quod defuit orbi,
  addere: nunc, Oriens ultime, noster eris.
Parthe, dabis poenas; Crassi gaudete sepulti
  signaque barbaricas non bene passa manus.   180

159 capiunt animos $ROS_a\omega\phi$: a. c. $A\varsigma$ 160 puluinum ROS_aA
b (-illum) L^1: puluinar ω composuisse $ROS_aA\varsigma$: supposuisse ς
161 tenui *codd.*: tenuis *ed. Bon.* 1471   uentos $rA\omega$: uento $ROS_aO_a{}^1$
(*ut uid.*) O_g: uentum T tabella A: tabellam ROS_a: tabellas O_g: flabello
$a\omega$. cf. *Am*. III ii 37–38   170 muneris ROS_a: uulneris $A\omega$ 172 ce-
cropiasque $RS_aA\varsigma$: cecropidasque O (-etasque) ς 176 eheu $S_aA\varsigma$:
heu $RODO_a$: heu heu ω: heu mihi ς: hei mihi E_a

ultor adest primisque ducem profitetur in annis
    bellaque non puero tractat agenda puer.
parcite natales timidi numerare deorum:
    Caesaribus uirtus contigit ante diem.
ingenium caeleste suis uelocius annis   185
    surgit et ignauae fert male damna morae:
paruus erat manibusque duos Tirynthius angues
    pressit et in cunis iam Ioue dignus erat;
nunc quoque qui puer es, quantus tum, Bacche, fuisti,
    cum timuit thyrsos India uicta tuos?   190
auspiciis annisque patris, puer, arma mouebis
    et uinces annis auspiciisque patris.
tale rudimentum tanto sub nomine debes,
    nunc iuuenum princeps, deinde future senum;
cum tibi sint fratres, fratres ulciscere laesos,   195
    cumque pater tibi sit, iura tuere patris.
induit arma tibi genitor patriaeque tuusque;
    hostis ab inuito regna parente rapit.
tu pia tela feres, sceleratas ille sagittas;
    stabit pro signis iusque piumque tuis.   200
uincuntur causa Parthi, uincantur et armis:
    Eoas Latio dux meus addat opes.
Marsque pater Caesarque pater, date numen eunti:
    nam deus e uobis alter es, alter eris.
auguror en, uinces, uotiuaque carmina reddam   205
    et magno nobis ore sonandus eris:
consistes aciemque meis hortabere uerbis
    (o desint animis ne mea uerba tuis!);
tergaque Parthorum Romanaque pectora dicam

---

189 tum *r* (*ut uid.*) *OS*_a: tu *R*ſ: tunc *a*ſ: *om. A*   191 annisque
*ROS*_a*O*_a*U*: animisque *A*ωφ   192 annis *ROS*_aſ: animis *A*ωφ
198 rapit *rOA*ω: parit *RS*_a: capit ſ: tulit ſ: petit *D*   204 alter es
alter eris *ROS*_a*A*ſ: alter et alter erit ſ: unus et alter erit *LP*ſ

telaque, ab auerso quae iacit hostis equo.   210
qui fugis ut uincas, quid uicto, Parthe, relinques?
    Parthe, malum iam nunc Mars tuus omen habet.
ergo erit illa dies, qua tu, pulcherrime rerum,
    quattuor in niueis aureus ibis equis;
ibunt ante duces onerati colla catenis,   215
    ne possint tuti, qua prius, esse fuga.
spectabunt laeti iuuenes mixtaeque puellae,
    diffundetque animos omnibus ista dies;
atque aliqua ex illis cum regum nomina quaeret,
    quae loca, qui montes quaeue ferantur aquae,   220
omnia responde, nec tantum si qua rogabit;
    et quae nescieris, ut bene nota refer:
hic est Euphrates, praecinctus harundine frontem;
    cui coma dependet caerula, Tigris erit;
hos facito Armenios, haec est Danaeia Persis;   225
    urbs in Achaemeniis uallibus ista fuit;
ille uel ille duces, et erunt quae nomina dicas,
    si poteris, uere, si minus, apta tamen.
dant etiam positis aditum conuiuia mensis;
    est aliquid praeter uina, quod inde petas.   230
saepe illic positi teneris adducta lacertis
    purpureus Bacchi cornua pressit Amor,
uinaque cum bibulas sparsere Cupidinis alas,
    permanet et capto stat grauis ille loco.
ille quidem pennas uelociter excutit udas,   235
    sed tamen et spargi pectus Amore nocet.

---

210 auerso ς: aduerso *ROS*ₐ*A*ω   211 qui *Heinsius*: quid *codd.*
uicto *ROS*ₐ*A*ς: uictos *ra*ω   relinques *OS*ₐ*O*ₒ: relinquis *RA*ω   218 ista
*ROS*ₐ*A*ς: illa *S*ₐ (*sscr.*) ς   222 et *ROS*ₐς: sed *Ab*ς   225 facito
Heinsius: facit *R* (*ut uid.*) *OS*ₐ*O*ₐ¹ (*ut uid.*): facis *rA* (*ut uid.*): fac *a*ω
Danaeia *Itali*: daneia *codd.*   *post* 230 *desinit S*ₐ   231 positi *rO*ₐ¹
(*ut uid.*): positis *ROA*ω: poti *Lachmann*   234 capto *Itali*: coepto
*RP*_c: cepto *OA*ω   236 Amore, *non* amore, *edendum*

uina parant animos faciuntque caloribus aptos;
   cura fugit multo diluiturque mero.
tunc ueniunt risus, tum pauper cornua sumit,
   tum dolor et curae rugaque frontis abit.   240
tunc aperit mentes aeuo rarissima nostro
   simplicitas, artes excutiente deo.
illic saepe animos iuuenum rapuere puellae,
   et Venus in uinis ignis in igne fuit.
hic tu fallaci nimium ne crede lucernae: 245
   iudicio formae noxque merumque nocent.
luce deas caeloque Paris spectauit aperto,
   cum dixit Veneri 'uincis utramque, Venus.'
nocte latent mendae uitioque ignoscitur omni,
   horaque formosam quamlibet illa facit.   250
consule de gemmis, de tincta murice lana,
   consule de facie corporibusque diem.
quid tibi femineos coetus uenatibus aptos
   enumerem? numero cedet harena meo.
quid referam Baias praetextaque litora Bais   255
   et quae de calido sulphure fumat aqua?
hinc aliquis uulnus referens in pectore dixit
   'non haec, ut fama est, unda salubris erat.'
ecce, suburbanae templum nemorale Dianae
   partaque per gladios regna nocente manu;   260
illa, quod est uirgo, quod tela Cupidinis odit,
   multa dedit populo uulnera, multa dabit.

HACTENVS, unde legas quod ames, ubi retia ponas,
   praecipit imparibus uecta Thalea rotis.

244 uinis *RAω*: uino *aꝗ*: uenis *ꝗ*: ueneri *O*: uenere *W*   252 diem
ω: die *ROAꝗ*   255 bais *O*: uelis *r (ut uid.) Aω*: de *R* incert.   256 fumat
ROꝗ: manat *Aꝗ*   aqua *Rꝗ*: aquam *OAω*   261 quod, *i.e. quamquam*
263 ponas (-es *OB¹*) *ROAꝗ*: tendas *ꝗ*   264 thalea *RO, cf. Seru. ad
Buc.* vi 2: thalia *rAω*   rotis *R (u.l.; non r, ut uid.) Oaꝗ*: modis *RAꝗ*

nunc tibi quae placuit, quas sit capienda per artes,   265
   dicere praecipuae molior artis opus.
quisquis ubique, uiri, dociles aduertite mentes
   pollicitisque fauens uulgus adeste meis.
prima tuae menti ueniat fiducia, cunctas
   posse capi: capies, tu modo tende plagas.   270
uere prius uolucres taceant, aestate cicadae,
   Maenalius lepori det sua terga canis,
femina quam iuueni blande temptata repugnet;
   haec quoque, quam poteris credere nolle, uolet.
utque uiro furtiua Venus, sic grata puellae;   275
   uir male dissimulat, tectius illa cupit.
conueniat maribus ne quam nos ante rogemus,
   femina iam partes uicta rogantis aget.
mollibus in pratis admugit femina tauro,
   femina cornipedi semper adhinnit equo: 280
parcior in nobis nec tam furiosa libido;
   legitimum finem flamma uirilis habet.
Byblida quid referam, uetito quae fratris amore
   arsit et est laqueo fortiter ulta nefas?
Myrrha patrem, sed non qua filia debet, amauit,   285
   et nunc obducto cortice pressa latet;
illius lacrimis, quas arbore fundit odora,
   unguimur, et dominae nomina gutta tenet.
forte sub umbrosis nemorosae uallibus Idae
   candidus, armenti gloria, taurus erat   290
signatus tenui media inter cornua nigro;
   una fuit labes, cetera lactis erant.

---

268 adeste $AO_a{}^1P_c$: adesse RO: adesto $a\omega$ 269 cunctas $A\omega$: for-
mae ROb: ferme *Housman*, forma *Heinsius, perperam uterque*   278 aget
$A\omega$: agat RH^2P_a: cogat O (*sed u. Append.*)   281 libido RA: libido
est $O\omega$ 285 qua RO: quo $A\omega$: ut Q 287 lacrimis $RA\omega$: e
lacrimis OB: et lacrimis ς arbore $RO\varsigma$: arbor $A\omega$

illum Cnosiadesque Cydoneaeque iuuencae
  optarunt tergo sustinuisse suo.
Pasiphae fieri gaudebat adultera tauri;   295
  inuida formosas oderat illa boues.
nota cano; non hoc, centum quae sustinet urbes,
  quamuis sit mendax, Creta negare potest.
ipsa nouas frondes et prata tenerrima tauro
  fertur inadsueta subsecuisse manu;   300
it comes armentis, nec ituram cura moratur
  coniugis, et Minos a boue uictus erat.
quo tibi, Pasiphae, pretiosas sumere uestes?
  ille tuus nullas sentit adulter opes.
quid tibi cum speculo montana armenta petenti?   305
  quid totiens positas fingis inepta comas?
crede tamen speculo, quod te negat esse iuuencam:
  quam cuperes fronti cornua nata tuae!
siue placet Minos, nullus quaeratur adulter;
  siue uirum mauis fallere, falle uiro.   310
in nemus et saltus thalamo regina relicto
  fertur, ut Aonio concita Baccha deo.
a, quotiens uaccam uultu spectauit iniquo
  et dixit 'domino cur placet ista meo?
aspice ut ante ipsum teneris exultet in herbis;   315
  nec dubito quin se stulta decere putet'!
dixit et ingenti iamdudum de grege duci
  iussit et inmeritam sub iuga curua trahi,
aut cadere ante aras commentaque sacra coegit
  et tenuit laeta paelicis exta manu;   320

293 Cnossiadesque *Naugerius*: gnosiades *codd.* (*hic et ubique* Cn- *uel
inuitis codicibus scripsi. cf. A.A.* iii 158, *Rem.* 745)   cydoneaeque (*uel
sim.*) *ROAς*: sidoniaeque (*uel sim.*) ω   297 hoc *ROAς*: haec ς   301 it
ω: et *RO*: fit *AFOₐ²*   armentis *ROAς*: armenti ς   303 quo
Heinsius: quod *R*: quid *OAω. cf. Am.* III viii 47   315 exultet *ROAς*:
exultat ς

124

paelicibus quotiens placauit numina caesis
    atque ait exta tenens 'ite, placete meo'
et modo se Europen fieri, modo postulat Ion,
    altera quod bos est, altera uecta boue!
hanc tamen impleuit uacca deceptus acerna   325
    dux gregis, et partu proditus auctor erat.
Cressa Thyesteo si se abstinuisset amore
    (et quantum est uno posse carere uiro!),
non medium rupisset iter curruque retorto
    Auroram uersis Phoebus adisset equis.   330
filia purpureos Niso furata capillos
    pube premit rabidos inguinibusque canes.
qui Martem terra, Neptunum effugit in undis,
    coniugis Atrides uictima dira fuit.
cui non defleta est Ephyraeae flamma Creusae   335
    et nece natorum sanguinolenta parens?
fleuit Amyntorides per inania lumina Phoenix;
    Hippolytum rabidi diripuistis equi.
quid fodis inmeritis, Phineu, sua lumina natis?
    poena reuersura est in caput ista tuum.   340

321–2 *suspicionem nonnullis iniuria mouerunt*   323 europen *ROA*ꝼ: europem ꝼ: europam ꝼ   Ion *Ehwald*: io *codd. cf. Am.* II ii 45, xix 29, *Her.* vi 65   326 partu *Oω*: partus *RA*   328 *om. p₃*   et quantum *ROAU*: o (ho) q. ꝼ: a (ha) q. ꝼ: heu q. *B_bO_g* (*u.l.*): nam q. *O_g¹*: et satis est *ep₁*   uno *rO*: unum *R*: uni *Aωep₁*   carere *O*: placere *RAωep₁*. *uersum esse ironice intellegendum monuit R. Pichon:* quantum, *i.e. quantulum*   329 curruque *ROAω*: cursuque *L. Müller, LQ*   331 niso *ROA_bD*: nisi *aω*: *om. A*   *post* 331 *uersus aliquot spurios habent omnes quos noui codices praeter ROO_g:* 331 *a–b* hunc (nunc *AFH*) hostem patitur cum reliquis auibus / altera scilla maris (nouum *r*) monstrum (circes *r* (sc-) *N*) medicamine circes (monstrum *rN*) *rAω*; *c–d* puppe cadens (sedens *D*) nauis facta refertur auis / succuba scilla patri recipit dum (cum *H*) debita matri (-is *H*) a (*marg.*) *D* (*qui tamen c, b tantum habet*) *H* (*qui uersus hoc ordine habet: c–d, a–b*). *ceteras uersuum formas quae in codd. recc. et edd. uett. occurrunt praetermitto*   332 rabidos *RODH¹*: rapidos *Aω*: medios *o*   338 rabidi *RO*: rapidi *Aω*: pauidi *P_bW¹, edd. post Heinsium, ex Rem.* 744

omnia feminea sunt ista libidine mota;
  acrior est nostra plusque furoris habet.
ergo age, ne dubita cunctas sperare puellas:
  uix erit e multis, quae neget, una, tibi.
quae dant, quaeque negant, gaudent tamen esse rogatae: 345
  ut iam fallaris, tuta repulsa tua est.
sed cur fallaris, cum sit noua grata uoluptas
  et capiant animos plus aliena suis?
fertilior seges est alienis semper in agris
  uicinumque pecus grandius uber habet.   350
sed prius ancillam captandae nosse puellae
  cura sit: accessus molliet illa tuos.
proxima consiliis dominae sit ut illa, uideto,
  neue parum tacitis conscia fida iocis.
hanc tu pollicitis, hanc tu corrumpe rogando: 355
  quod petis, ex facili, si uolet illa, feres.
illa leget tempus (medici quoque tempora seruant)
  quo facilis dominae mens sit et apta capi;
mens erit apta capi tum, cum laetissima rerum
  ut seges in pingui luxuriabit humo.   360
pectora, dum gaudent nec sunt adstricta dolore,
  ipsa patent; blanda tum subit arte Venus.
tum, cum tristis erat, defensa est Ilios armis;
  militibus grauidum laeta recepit equum.
tum quoque temptanda est, cum paelice laesa dolebit;   365
  tum facies opera, ne sit inulta, tua.
hanc matutinos pectens ancilla capillos

341 libidine *RAω*: cupidine *O*   mota *Raω*: nota *ς*: plena *OA*
343 sperare *RObDQ*: superare *Aω*   348 suis *ROAωφ*: suos *ς*
351 captandae *Itali*: captando *U*: captatae *ROaω*: de *A incert.*
352 molliet *RAω*: molliat *Oς*   353 ut *RAω*: et *O_g*: an *OP_a*
360 luxuriabit *ωφ*: luxuriauit *ROAς*   361 adstricta *ROaς*: attrita
Asφ   363 om. *A*, add. *a in marg.*   ilios *ROaς*: ilion *ςφ*   366 tum
ςς: tu *ROς*: tunc *Aω*

incitet et uelo remigis addat opem,
et secum tenui suspirans murmure dicat
   'at, puto, non poteras ipsa referre uicem.'   370
tum de te narret, tum persuadentia uerba
   addat, et insano iuret amore mori.
sed propera, ne uela cadant auraeque residant:
   ut fragilis glacies, interit ira mora.
quaeris an hanc ipsam prosit uiolare ministram?   375
   talibus admissis alea grandis inest.
haec a concubitu fit sedula, tardior illa;
   haec dominae munus te parat, illa sibi.
casus in euentu est: licet hic indulgeat ausis,
   consilium tamen est abstinuisse meum.   380
non ego per praeceps et acuta cacumina uadam,
   nec iuuenum quisquam me duce captus erit.
si tamen illa tibi, dum dat recipitque tabellas,
   corpore, non tantum sedulitate, placet,
fac domina potiare prius, comes illa sequatur: 385
   non tibi ab ancilla est incipienda Venus.
hoc unum moneo, si quid modo creditur arti
   nec mea dicta rapax per mare uentus agit:
aut †non temptasses† aut perfice: tollitur index,
   cum semel in partem criminis ipsa uenit.   390
non auis utiliter uiscatis effugit alis,
   non bene de laxis cassibus exit aper.
saucius arrepto piscis teneatur ab hamo:

370 at *Burmannus*: ut *codd.*   poteras *R*: poteris *OAω*   373 auraeque *Heinsius ex uno Palatino*, $O_a{}^2$: areque $O_a{}^1$: iureque *R*: iraeque *rOAω*: Eurique *Housman dubitanter*   377 a concubitu *ROU*: ad concubitum *rAω*   378 te parat *ROAʂ*: temperat *rʂ*   388 nec *ROAω*: ne *ʂ* agit *ROaO$_a$O$_b$*: agat *Aω*   389 aut non temptasses *ROAʂ*: aut numquam temptes *r* (nonquam) *ʂ*: aut si quam temptes *A$_b$*: aut non hanc temptes *N*: aut non temptabis *DW¹p₂*: ac ubi temptaris *P$_b$*: aut non temptaris *Heinsius* (tentares '*Oxoniensis*'), *B* (aud)   392 laxis *ROAʂ*: lapsis *ʂφ*   393 teneatur *ROAʂ*: retinetur *rʂ*: tenetur *a* (*ut uid.*) *B*

perprime temptatam nec nisi uictor abi.   394

sed bene celetur: bene si celabitur index,   397
   notitiae suberit semper amica tuae.
tempora qui solis operosa colentibus arua,
   fallitur, et nautis aspicienda putat.   400
nec semper credenda Ceres fallacibus aruis
   nec semper uiridi concaua puppis aquae,
nec teneras semper tutum captare puellas:
   saepe dato melius tempore fiet idem.
siue dies suberit natalis siue Kalendae,   405
   quas Venerem Marti continuasse iuuat,
siue erit ornatus non, ut fuit ante, sigillis,
   sed regum positas Circus habebit opes,
differ opus: tunc tristis hiems, tunc Pliades instant,
   tunc tener aequorea mergitur Haedus aqua;   410
tunc bene desinitur; tunc si quis creditur alto,
   uix tenuit lacerae naufraga membra ratis.
tum licet incipias, qua flebilis Allia luce
   uulneribus Latiis sanguinolenta fuit,
quaque die redeunt rebus minus apta gerendis   415
   culta Palaestino septima festa Syro.
magna superstitio tibi sit natalis amicae,
   quaque aliquid dandum est, illa sit atra dies.
cum bene uitaris, tamen auferet; inuenit artem
   femina, qua cupidi carpat amantis opes.   420
institor ad dominam ueniet discinctus emacem,

395–6 tum (*ita Aς*: tunc *R³ς*) neque te prodet communi noxia (conscia *a*)
culpa / factaque erunt dominae dictaque nota tibi *R³* (*marg.*) *Aω*: *om. RO*,
secl. Merkel   403 teneras (ĩta *O*) semper tutum *ROω*: semper tene-
ras tutum *Aς*: teneras tutum semper *ς*: semper tutum teneras *T*   tutum
ROAω: tutum est *ς*   413 tum *rς*: tu *RO, edd.*: tunc *Aω*   414 uul-
neribus latiis *Rω*: u. nostris *AHO_a²*: nostris u. *OP_a*   416 festa *RAς*:
sacra *Oς*   syro *R, exc. Put. et Scal.*: uiro *r an R incert., Aω*: deo *O*.
cf. 76

expediet merces teque sedente suas;
quas illa inspicias, sapere ut uideare, rogabit;
   oscula deinde dabit, deinde rogabit emas.
hoc fore contentam multos iurabit in annos;   425
   nunc opus esse sibi, nunc bene dicet emi.
si non esse domi, quos des, causabere nummos,
   littera poscetur, ne didicisse iuuet.
quid, quasi natali cum poscit munera libo
   et, quotiens opus est, nascitur illa sibi?   430
quid, cum mendaci damno maestissima plorat
   elapsusque caua fingitur aure lapis?
multa rogant utenda dari, data reddere nolunt;
   perdis, et in damno gratia nulla tuo.
non mihi, sacrilegas meretricum ut persequar artes,   435
   cum totidem linguis sint satis ora decem.
cera uadum temptet rasis infusa tabellis,
   cera tuae primum conscia mentis eat;
blanditias ferat illa tuas imitataque amantum
   uerba, nec exiguas, quisquis es, adde preces.   440
Hectora donauit Priamo prece motus Achilles;
   flectitur iratus uoce rogante deus.
promittas facito, quid enim promittere laedit?
   pollicitis diues quilibet esse potest.
Spes tenet in tempus, semel est si credita, longum;   445
   illa quidem fallax, sed tamen apta, dea est.
si dederis aliquid, poteris ratione relinqui:
   praeteritum tulerit perdideritque nihil.
at quod non dederis, semper uideare daturus:

428 ne . . . iuuet *RO* (-bet) *AU* (-uat) O_gP_c: nec . . . iuuet *as*: nec . . .
iuuat ω. ne, *i.e. ut non*   433 utenda *ROAbs*: reddenda *aω*   434 tuo
ROs: tuo est *Aω*   436 sint *ROs*: sunt *rAω*   438 conscia *RAω*:
nuntia OP_aW (*u.l.*)   439 amantum *RAω*: amoitum *O*: mentem *N*:
amantem *Heinsius, Bentleius*   445 tempus . . . longum *ROAω*:
longum . . . tempus *sφ*

    sic dominum sterilis saepe fefellit ager.   450
sic, ne perdiderit, non cessat perdere lusor,
    et reuocat cupidas alea saepe manus.
hoc opus, hic labor est, primo sine munere iungi:
    ne dederit gratis quae dedit, usque dabit.
ergo eat et blandis peraretur littera uerbis   455
    exploretque animos primaque temptet iter:
littera Cydippen pomo perlata fefellit,
    insciaque est uerbis capta puella suis.
disce bonas artes, moneo, Romana iuuentus,
    non tantum trepidos ut tueare reos: 460
quam populus iudexque grauis lectusque senatus,
    tam dabit eloquio uicta puella manus.
sed lateant uires, nec sis in fronte disertus;
    effugiant uoces uerba molesta tuae.
quis, nisi mentis inops, tenerae declamat amicae?   465
    saepe ualens odii littera causa fuit.
sit tibi credibilis sermo consuetaque uerba,
    blanda tamen, praesens ut uideare loqui.
si non accipiet scriptum inlectumque remittet,
    lecturam spera propositumque tene.   470
tempore difficiles ueniunt ad aratra iuuenci,
    tempore lenta pati frena docentur equi.
ferreus adsiduo consumitur anulus usu,
    interit adsidua uomer aduncus humo.
quid magis est saxo durum, quid mollius unda?   475
    dura tamen molli saxa cauantur aqua.
Penelopen ipsam, persta modo, tempore uinces:
    capta uides sero Pergama, capta tamen.

452 saepe *ROAω*: blanda *5φ*   454 ne *RO*: si *Aω*   461 lectusque
Raω: letusque *OA5*   463 nec *RA5*: ne *O5*   466–71 *om. RO*,
add. in marg. r   467 consuetaque *r5*: consultaque *Aω*   475–6 *in
pariete Pompeiano scripti (C.L.E.* 936. 1–2): 475 quid pote tan durum
saxso aut *eqs.*

legerit et nolit rescribere, cogere noli;
    tu modo blanditias fac legat usque tuas.   480
quae uoluit legisse, uolet rescribere lectis:
    per numeros ueniunt ista gradusque suos.
forsitan et primo uĕniet tibi littera tristis
    quaeque roget ne se sollicitare uelis;
quod rogat illa, timet; quod non rogat, optat, ut instes: 485
    insequere, et uoti postmodo compos eris.
interea, siue illa toro resupina feretur,
    lecticam dominae dissimulanter adi;
neue aliquis uerbis odiosas offerat auris,
    qua potes, ambiguis callidus abde notis.   490
seu pedibus uacuis illi spatiosa teretur
    porticus, hic socias tu quoque iunge moras,
et modo praecedas facito, modo terga sequaris,
    et modo festines et modo lentus eas.
nec tibi de mediis aliquot transire columnas   495
    sit pudor aut lateri continuasse latus,
nec sine te curuo sedeat speciosa theatro:
    quod spectes, umeris adferet illa suis.
illam respicias, illam mirere licebit,
    multa supercilio, multa loquare notis;   500
et plaudas aliquam mimo saltante puellam,
    et faueas illi, quisquis agatur amans.
cum surgit, surges; donec sedet illa, sedebis:

479 nolit *rAω*: noli *RO*: nolet *ϛ*   482 ueniunt *RAωφ*: uenient *O, edd. plerique*   489 offerat *RO*: auferat *W*[1]: efferat *O₉U*: afferat *rAω*: conferat *L*   490 qua *ego*, *F* (*ut uid.*): quam *ROAω, edd.*   abde *ROAω*: adde *ϛ*   495 aliquot *OAω*: aliquod *BU*: aliquid *R*: aliquas *ϛ*: aliquam *LP_a*   columnas *ROAϛ*: columnis *ϛ*   497 speciosa *R* (spet-) *OLO₉*: spatiosa *Aω*   499 mirere *Rϛ*: mirare *OAϛ*   501 aliquam *Heinsius ex exc. Scal.*: aliqua (mittē *pro* mimo) *O*: aliquo *rAω*: de *R incert.*   puellam *OO₉*: puella *RA* (*ut uid.*) *ϛ*: puelle *raω*   502 et *aω*: ut *ROAϛ*   503 surgit *ROAϛ*: surget *bω*   sedebis *ROAϛ*: sedeto *rbϛ*

arbitrio dominae tempora perde tuae.

sed tibi nec ferro placeat torquere capillos, 505
   nec tua mordaci pumice crura teras;

ista iube faciant, quorum Cybeleia mater
   concinitur Phrygiis exululata modis.

forma uiros neglecta decet; Minoida Theseus
   abstulit, a nulla tempora comptus acu; 510

Hippolytum Phaedra, nec erat bene cultus, amauit;
   cura deae siluis aptus Adonis erat.

munditie placeant, fuscentur corpora Campo;
   sit bene conueniens et sine labe toga.

†lingua ne rigeat†; careant rubigine dentes; 515
   nec uagus in laxa pes tibi pelle natet;

nec male deformet rigidos tonsura capillos:
   sit coma, sit trita barba resecta manu.

et nihil emineant et sint sine sordibus ungues,
   inque caua nullus stet tibi nare pilus. 520

nec male odorati sit tristis anhelitus oris,
   nec laedat naris uirque paterque gregis.

cetera lasciuae faciant concede puellae
   et si quis male uir quaerit habere uirum.

ecce, suum uatem Liber uocat: hic quoque amantis 525
   adiuuat et flammae, qua calet ipse, fauet.

Cnosis in ignotis amens errabat harenis,
   qua breuis aequoreis Dia feritur aquis;

utque erat e somno, tunica uelata recincta,

511 cultus *ROAω*: comptus *ς*   513 munditie *ROAω, primus edidit*
Merkel: munditiae *aP_c, uett. edd.*   515 lingua *RO_a¹O_b* (nec rigeat
lingua): linguam *O*: linguaque *Aω*   ne *ROω*: non *Aς*: nec *ς*. *frustra
temptauerunt edd.*; gingiuae *latitare monentibus uu. dd. A. G. Lee et W. M.
Edwards crediderim, sed nil satis placuit*   518 trita *Housman*: tuta
RO: docta *Aω*: scita *Heinsius*   519 et nihil *Itali, P_b*: ut nihil *ROAω*
522 laedat *A* (*ut uid.*) *ς*: laedant *ROaω*   527 cf. 293   528 dia
feritur *Itali, P_c²* (*in ras.*): india (insula *N*) fertur *ROAω*

nuda pedem, croceas inreligata comas,   530
Thesea crudelem surdas clamabat ad undas,
    indigno teneras imbre rigante genas.
clamabat flebatque simul, sed utrumque decebat;
    non facta est lacrimis turpior illa suis.
iamque iterum tundens mollissima pectora palmis   535
    'perfidus ille abiit: quid mihi fiet?' ait;
'quid mihi fiet?' ait; sonuerunt cymbala toto
    litore et adtonita tympana pulsa manu.
excidit illa metu rupitque nouissima uerba;
    nullus in exanimi corpore sanguis erat.   540
ecce, Mimallonides sparsis in terga capillis,
    ecce, leues Satyri, praeuia turba dei.
ebrius, ecce, senex pando Silenus asello
    uix sedet et pressas continet arte iubas.
dum sequitur Bacchas, Bacchae fugiuntque petuntque,   545
    quadrupedem ferula dum malus urget eques,
in caput aurito cecidit delapsus asello;
    clamarunt Satyri 'surge age, surge, pater.'
iam deus in curru, quem summum texerat uuis,
    tigribus adiunctis aurea lora dabat;   550
et color et Theseus et uox abiere puellae,
    terque fugam petiit terque retenta metu est.
horruit, ut steriles agitat quas uentus aristas,
    ut leuis in madida canna palude tremit.
cui deus 'en, adsum tibi cura fidelior' inquit;   555
    'pone metum, Bacchi Cnosias uxor eris.
munus habe caelum: caelo spectabere sidus;
    saepe reges dubiam Cressa Corona ratem.'

544 arte *ironice dictum, ne cui adrideat* ante *illud Merkelianum*
553 steriles *uix satis explicatum*   aristas *RO* (-us) *Aς*: aristae *ω*
556 cf. 293   557 caelo *Raω*: caeli *OAς*   558 reges *Aω*: rege
RO, unde reget *Merkel, edd.*

dixit et e curru, ne tigres illa timeret,
    desilit (inposito cessit harena pede)   560
implicitamque sinu, neque enim pugnare ualebat,
    abstulit: in facili est omnia posse deo.
pars 'Hymenaee' canunt, pars clamant 'Euhion, euhoe';
    sic coeunt sacro nupta deusque toro.
ergo, ubi contigerint positi tibi munera Bacchi   565
    atque erit in socii femina parte tori,
Nycteliumque patrem nocturnaque sacra precare
    ne iubeant capiti uina nocere tuo.
hic tibi multa licet sermone latentia tecto
    dicere, quae dici sentiat illa sibi,   570
blanditiasque leues tenui perscribere uino,
    ut dominam in mensa se legat illa tuam,
atque oculos oculis spectare fatentibus ignem:
    saepe tacens uocem uerbaque uultus habet.
fac primus rapias illius tacta labellis   575
    pocula, quaque bibet parte puella, bibas;
et quemcumque cibum digitis libauerit illa,
    tu pete, dumque petes, sit tibi tacta manus.
sint etiam tua uota uiro placuisse puellae:
    utilior uobis factus amicus erit.   580
huic, si sorte bibes, sortem concede priorem,

560 pede *ROAω*: pedi ς   562 in facili *R*: ut facili *O_g*: en facile *OP_a*[1]: ut facile *Aω*: nam facile *B*: facile (ut *om.*) φ   563 hymenaee *R* (-mine/e) ς: hymenaea *OAω*   canunt *ROω*: uocant *Aς*: uocat ς pars clamant euchion (*corr. Merkel*) euhoe (*uel sim.*) *R* (e. eluhoe) *O* (euhio e.) ς: pars clamant eoe (*uel sim.*) bache ς: pars altera clamat ehoe (*uel sim.*) *A* (*sed* euchion heychoe *sscr. a*) ω   571 perscribere *OAω*: p̄scribere (*i.e.* prae-) *R*: proscribere *B_b*   573 oculos oculis *RO* (-us o.) ω: oculis oculos *Aς*   576 bibet *ROAς*: bibit ς: bibat ς   bibas *OAω*: bibes *Rς*: bibe *B_bP_c*   577 libauerit *rAς*: librauerit *RO* (-berit) ς 578 petes *Oω*: petis *Abς*: petas *RO_b*   580 uobis *Rbω*: uotis *OAς* 581 sorte *Heinsius ex exc. Put. et Scal.*: forte *codd.*   bibes *Aω*: bibas ς: bibis *O_gW*: uides *B_b*: tibi *RO*

huic detur capiti missa corona tuo.
siue erit inferior seu par, prior omnia sumat,
    nec dubites illi uerba secunda loqui.
[tuta frequensque uia est, per amici fallere nomen;   585
    tuta frequensque licet sit uia, crimen habet.
inde procurator nimium quoque multa procurat
    et sibi mandatis plura uidenda putat.]
certa tibi a nobis dabitur mensura bibendi:
    officium praestent mensque pedesque suum.   590
iurgia praecipue uino stimulata caueto
    et nimium faciles ad fera bella manus.
occidit Eurytion stulte data uina bibendo:
    aptior est dulci mensa merumque ioco.
si uox est, canta; si mollia bracchia, salta;   595
    et, quacumque potes dote placere, place.
ebrietas ut uera nocet, sic ficta iuuabit:
    fac titubet blaeso subdola lingua sono,
ut, quicquid facias dicasue proteruius aequo,
    credatur nimium causa fuisse merum.   600
et bene dic dominae, bene, cum quo dormiat illa;
    sed male sit tacita mente precare uiro.
at cum discedet mensa conuiua remota,
    ipsa tibi accessus turba locumque dabit.
insere te turbae leuiterque admotus eunti   605
    uelle latus digitis et pede tange pedem.
conloquii iam tempus adest; fuge rustice longe
    hinc Pudor: audentem Forsque Venusque iuuat.

583 siue erit ω: siuelit R: si uellit O: siue sit Aς   584 nec ROaω:
ne Aς: neu D   585-8 secl. Weise (587-8 iam Bentleius), hic uix
ferendi sunt. an post 742 ponendi?   585-6 tuta ... tuta codd.: trita ...
trita Heinsius   587 procurator ROAω: propinator ς   procurat
ROAω: propinat ς: propinet ς   592 bella Oaωφ: uerba RAς: tela H
608 forsque RO (-ue) AL: sorsque ω: de ς incert.   iuuat ROς: iuuant Aω,
fortasse recte

non tua sub nostras ueniat facundia leges;
    fac tantum cupias, sponte disertus eris.   610
est tibi agendus amans imitandaque uulnera uerbis;
    haec tibi quaeratur qualibet arte fides.
nec credi labor est: sibi quaeque uidetur amanda;
    pessima sit, nulli non sua forma placet.
saepe tamen uere coepit simulator amare;   615
    saepe, quod incipiens finxerat esse, fuit.
(quo magis, o, faciles imitantibus este, puellae:
    fiet amor uerus, qui modo falsus erat.)
blanditiis animum furtim deprendere nunc sit,
    ut pendens liquida ripa subestur aqua.   620
nec faciem nec te pigeat laudare capillos
    et teretes digitos exiguumque pedem:
delectant etiam castas praeconia formae;
    uirginibus curae grataque forma sua est.
nam cur in Phrygiis Iunonem et Pallada siluis   625
    nunc quoque iudicium non tenuisse pudet?
laudatas ostendit auis Iunonia pinnas;
    si tacitus spectes, illa recondit opes.
quadrupedes inter rapidi certamina cursus
    depexaeque iubae plausaque colla iuuant.   630
nec timide promitte: trahunt promissa puellas;
    pollicito testes quoslibet adde deos.
Iuppiter ex alto periuria ridet amantum
    et iubet Aeolios inrita ferre Notos.
per Styga Iunoni falsum iurare solebat   635
    Iuppiter: exemplo nunc fauet ipse suo.

---

609 ueniat *ROϚ*: ueniet *AϚ*   610 cupias *ROAω*: incipias *Ϛ*
612 haec *ROAϚ*: hic *ω*: nec *H¹Oₐ*   619 nunc sit *AϚ*: non sit *ROL²*
(*u.l.*): fas sit *Ϛ*: fas est *ω*: possit *r*   620 subestur *Axelson*: subetur
RO: sudetur *r*: subitur *Aω*: cauatur *Ϛ*: salitur *L*   627 ostendit
ROωφ: ostentat *AϚ*   628 recondit *ROAωφ*: recondet *Ϛ*   636 ipse
ROAω: ille *Ϛ*

expedit esse deos et, ut expedit, esse putemus;
   dentur in antiquos tura merumque focos.
nec secura quies illos similisque sopori
   detinet: innocue uiuite, numen adest.   640
reddite depositum; pietas sua foedera seruet;
   fraus absit; uacuas caedis habete manus.
ludite, si sapitis, solas impune puellas:
   †hac magis est una fraude pudenda fides†.
fallite fallentes; ex magna parte profanum   645
   sunt genus: in laqueos, quos posuere, cadant.
dicitur Aegyptos caruisse iuuantibus arua
   imbribus atque annos sicca fuisse nouem,
cum Thrasius Busirin adit monstratque piari
   hospitis adfuso sanguine posse Iouem.   650
illi Busiris 'fies Iouis hostia primus'
   inquit 'et Aegypto tu dabis hospes aquam.'
et Phalaris tauro uiolenti membra Perilli
   torruit; infelix inbuit auctor opus.
iustus uterque fuit, neque enim lex aequior ulla est   655
   quam necis artifices arte perire sua.
ergo, ut periuras merito periuria fallant,
   exemplo doleat femina laesa suo.
et lacrimae prosunt; lacrimis adamanta mouebis:
   fac madidas uideat, si potes, illa genas.   660
si lacrimae, neque enim ueniunt in tempore semper,
   deficient, uncta lumina tange manu.
quis sapiens blandis non misceat oscula uerbis?
   illa licet non det, non data sume tamen.
pugnabit primo fortassis et 'improbe' dicet;   665

   644 hac *rOAω*: haec *R*   magis *ROAω*: minus *aς*   fraude *ROAω*:
parte *ς*   pudenda *codd.*: tuenda *Naugerius ex codd., ut ait*: (minus . . .)
tuenda *Burmannus, nescio an recte*   650 adfuso *R*: affuso *O_g*: effuso
OAω   662 deficient *RO* (diff-) *Aς*: deficiunt *ς*: deficiant *ς*   uncta
rAς: cunta *R*: cuncta *O*: uda *aω*

pugnando uinci se tamen illa uolet.
tantum, ne noceant teneris male rapta labellis
  neue queri possit dura fuisse, caue.
oscula qui sumpsit, si non et cetera sumit,
  haec quoque, quae data sunt, perdere dignus erit.   670
quantum defuerat pleno post oscula uoto?
  ei mihi, rusticitas, non pudor ille fuit.
uim licet appelles: grata est uis ista puellis;
  quod iuuat, inuitae saepe dedisse uolunt.
quaecumque est Veneris subita uiolata rapina,   675
  gaudet, et inprobitas muneris instar habet.
at quae, cum posset cogi, non tacta recessit,
  ut simulet uultu gaudia, tristis erit.
uim passa est Phoebe, uis est allata sorori;
  et gratus raptae raptor uterque fuit.   680
fabula nota quidem, sed non indigna referri,
  Scyrias Haemonio iuncta puella uiro.
iam dea laudatae dederat mala praemia formae
  colle sub Idaeo uincere digna duas;
iam nurus ad Priamum diuerso uenerat orbe,   685
  Graiaque in Iliacis moenibus uxor erat;
iurabant omnes in laesi uerba mariti,
  nam dolor unius publica causa fuit.
turpe, nisi hoc matris precibus tribuisset, Achilles
  ueste uirum longa dissimulatus erat.   690
quid facis, Aeacide? non sunt tua munera lanae;
  tu titulos alia Palladis arte petes.

666 se *ROAω*: sed *ς*   illa *RAω*: ipsa *Oς*   669 sumit *aς*: sumet *D*: sumat *BO_a*: sumpsit *ROAω*   670 erit *ROAω*: erat *ς*   673 appelles *ROa* (*ut uid.*) *ω*: appellet *Aς*   675 subita *OAω*: subito *Rς*   677 posset *ROaω*: possit *Aς*   679 allata *ROς*: illata *A an a incert.*, *ω*: oblata *F*   683 mala *ROAς*: sua *ς*   684 duas *O* (*u.l.*) *P_f*: uenus *ROAω*   686 graiaque *A an a incert.*, *ς*: grataque *ROω*   692 petes *ω*: petis *R* (*ut uid.*) *OAς*: petas *r an R incert.*, *TU*: pete *ς*: feres *E_a*: tene *N*

quid tibi cum calathis? clipeo manus apta ferendo est;
    pensa quid in dextra, qua cadet Hector, habes?
reice succinctos operoso stamine fusos: 695
    quassanda est ista Pelias hasta manu.
forte erat in thalamo uirgo regalis eodem;
    haec illum stupro comperit esse uirum.
uiribus illa quidem uicta est (ita credere oportet),
    sed uoluit uinci uiribus illa tamen.   700
saepe 'mane' dixit, cum iam properaret Achilles:
    fortia nam posito sumpserat arma colo.
uis ubi nunc illa est? quid blanda uoce moraris
    auctorem stupri, Deidamia, tui?
scilicet, ut pudor est quaedam coepisse priorem,   705
    sic alio gratum est incipiente pati.
a, nimia est iuueni propriae fiducia formae,
    expectat si quis, dum prior illa roget.
uir prior accedat, uir uerba precantia dicat;
    excipiat blandas comiter illa preces.   710
ut potiare, roga: tantum cupit illa rogari;
    da causam uoti principiumque tui.
Iuppiter ad ueteres supplex heroidas ibat;
    corrupit magnum nulla puella Iouem.
si tamen a precibus tumidos accedere fastus   715
    senseris, incepto parce referque pedem.
quod refugit, multae cupiunt; odere, quod instat:
    lenius instando taedia tolle tui.

---

693 ferendo *ra* (*ut uid.*) ω: ferenda *RAB*[1] (*ut uid.*) O_b: terenda OO_aP_c:
terendo, gerendo, tenendo, tenenda ς   est *ROaω*: *om. Aς*   702 po-
sito *ROς*: posita *Aς*   705 quaedam *Rς*: quandam *Oaς*: quen-
dam *Aς*: quidam *r* (*ut uid.*) $O_a{}^2$ (*ut uid.*): aliquem P_f: aliquam *a*:
quamquam ς   708 expectat *RAς*: expectet *Oς*   710 excipiat
ROAς: excipiet ς   comiter *RO*: molliter *rAω*: dulciter O_bP_f 714 cor-
rupit *RO* (-rip-) P_b: corripuit *rAω*   715 accedere ω: abscedere
ROAς

nec semper Veneris spes est profitenda roganti;
    intret amicitiae nomine tectus amor.   720
hoc aditu uidi tetricae data uerba puellae;
    qui fuerat cultor, factus amator erat.
candidus in nauta turpis color: aequoris unda
    debet et a radiis sideris esse niger;
turpis et agricolae, qui uomere semper adunco   725
    et grauibus rastris sub Ioue uersat humum;
et tua, Palladiae petitur cui fama coronae,
    candida si fuerint corpora, turpis eris.
palleat omnis amans: hic est color aptus amanti;
    hoc decet, hoc multi †non ualuisse† putant.   730
pallidus in Side siluis errabat Orion;
    pallidus in lenta Naide Daphnis erat.
arguat et macies animum, nec turpe putaris
    palliolum nitidis inposuisse comis.
attenuant iuuenum uigilatae corpora noctes   735
    curaque et in magno qui fit amore dolor.
ut uoto potiare tuo, miserabilis esto,
    ut qui te uideat dicere possit 'amas.'
conquerar an moneam mixtum fas omne nefasque?
    nomen amicitia est, nomen inane fides.   740
ei mihi, non tutum est, quod ames, laudare sodali:
    cum tibi laudanti credidit, ipse subit.

---

721 data *ROas*: dare *ς*: da *A*   725 qui *aς*: quia *RAς*: quam *O*
727 tua *ROς*: tu *rAω*   fama *ROAω*: palma *Heinsius ex P_b, edd. ple-*
rique   730 putant *rOAω*: putent *R*   *uersus saepe temptatus; equidem*
multi(s) *utique seruandum censeo, cum id uocabulum ob sequentia desideretur:*
cf. ii 641–6, *al.* multis... putas? *Palmer*: multis... putem? *ego olim; sed quid*
interrogatione opus?: fortasse multis mox ualuisse putant   731 *om. O*
Side *R. Schultze, coll. Apollod. biblioth.* I iv 3 2 (*Sides mentionem iam fecerat*
Heinsius): linces *R*: linchas *O_g*: linca *rAω*: lincem, licea, licien, licita,
lotica *ς*   orion *aω*: arion *RA* (*ut uid.*), *Schol. Haun.*   734 palliolum
ROAς: pilliolum *ς*   739 omne *ROAςφ*: esse *ς*   741 ames
ROabς: amas *Aς*

'at non Actorides lectum temerauit Achillis;
  quantum ad Pirithoum, Phaedra pudica fuit.
Hermionen Pylades, qua Pallada Phoebus, amabat,   745
  quodque tibi geminus, Tyndari, Castor, erat.'
si quis idem sperat, iacturas poma myricas
  speret et e medio flumine mella petat.
nil nisi turpe iuuat; curae sua cuique uoluptas;
  haec quoque ab alterius grata dolore uenit.   750
heu facinus, non est hostis metuendus amanti;
  quos credis fidos, effuge: tutus eris.
cognatum fratremque caue carumque sodalem;
  praebebit ueros haec tibi turba metus.
finiturus eram, sed sunt diuersa puellis   755
  pectora; mille animos excipe mille modis.
nec tellus eadem parit omnia: uitibus illa
  conuenit, haec oleis; hic bene farra uirent.
pectoribus mores tot sunt, quot in ore figurae:
  qui sapit, innumeris moribus aptus erit,   760
utque leues Proteus modo se tenuabit in undas,
  nunc leo, nunc arbor, nunc erit hirtus aper.
hi iaculo pisces, illi capiuntur ab hamis,
  hos caua contento retia fune trahunt:
nec tibi conueniet cunctos modus unus ad annos;   765
  longius insidias cerua uidebit anus.
si doctus uideare rudi petulansue pudenti,
  diffidet miserae protinus illa sibi.

745 hermionen *OAϛ*: hermionem *R (ut uid.)* ω: hermionam *r, edd.*
qua *Madvig (coll.* i 285), *Ü*: quo *aω*: quod *ROA*   amabat *RO* (-uat)
Aϛ: amauit *ϛ*   746 quodque *ROA (ut uid.)* ω: quoque *aϛ*: quaque *U*
747 iacturas *ROAϛ, nescio an recte*: laturas *raω*   748 e *ROAϛ*: in *ϛ*
759 ore *Bentleius*: orbe *ROAωφ, edd.*   761 leues *ROAϛ*: leuis *ω*
modo se *ROaω*: sese *Aϛ*: corpus *D*   tenuabit *Itali*: tenuauit *Rϛ*: tenua-
bat *OAω*   762 erit *RO*: erat *Aω*   763 hi *rAϛ*: hic *ROωφ*
illi *Aϛ*: illic *Oωφ*: illa *R*   764 hos *Aω*: hic *rϛφ*: hoc *R*: haec *O*
766 cerua *RO (u.l.)*: curua *rOAω*

inde fit ut, quae se timuit committere honesto,
    uilis ad amplexus inferioris eat.   770

Pars superat coepti, pars est exhausta, laboris;
    hic teneat nostras ancora iacta rates.

LIBER SECVNDVS

Dicite 'io Paean' et 'io' bis dicite 'Paean':
    decidit in casses praeda petita meos.
laetus amans donat uiridi mea carmina palma
    praelata Ascraeo Maeonioque seni.
talis ab armiferis Priameius hospes Amyclis   5
    candida cum rapta coniuge uela dedit;
talis erat qui te curru uictore ferebat,
    uecta peregrinis Hippodamia rotis.
quid properas, iuuenis? mediis tua pinus in undis
    nauigat, et longe, quem peto, portus abest.   10
non satis est uenisse tibi me uate puellam;
    arte mea capta est, arte tenenda mea est.
nec minor est uirtus, quam quaerere, parta tueri:
    casus inest illic, hoc erit artis opus.
nunc mihi, si quando, puer et Cytherea, fauete;   15
    nunc Erato, nam tu nomen Amoris habes.
magna paro, quas possit Amor remanere per artes,
    dicere, tam uasto peruagus orbe puer.

770 ad $RA\omega$: in $O\varsigma$ 771 superat RO (*sed u. Append.*) A (*ut uid.*) ς: superest $a\omega$ P. OVIDII NASONIS ARTIS AMATORIAE LIBER PRIMVS $\overline{\text{EXP}}$;RIMτ (RIM *in ras., nota* ';' *a r addita*; *de* 'τ' *incert.*) R *post 772 desinit O*
  INCIP; LIBER $\overline{\text{SCDS}}$ R 3 donat RAP_b: donet ω d. uiridi $RA\varsigma$: uiridi d. $a\varsigma$ carmina $RA\varsigma$: tempora ω palma $RA\omega$: lauro aLO_a: myrto B_bT 4 praelata (*ex* -e *uel* -et *a* m^1, *ut uid., mutatum*) R: praeferor $rA\omega$ 11 est uenisse tibi $RA\omega$: inuenisse tibi ς: est inuenisse tibi $O_gP_c{}^1$ 13 nec minor $Ra\varsigma$: non minor $\varsigma\phi$: nam maior A (est *om.*)   14 hoc R: hic $rA\omega\phi$

et leuis est et habet geminas, quibus auolet, alas;
  difficile est illis inposuisse modum.   20
hospitis effugio praestruxerat omnia Minos;
  audacem pinnis repperit ille uiam.
Daedalus, ut clausit conceptum crimine matris
  semibouemque uirum semiuirumque bouem,
'sit modus exilio,' dixit 'iustissime Minos;   25
  accipiat cineres terra paterna meos,
et, quoniam in patria fatis agitatus iniquis
  uiuere non potui, da mihi posse mori.
da reditum puero, senis est si gratia uilis;
  si non uis puero parcere, parce seni.'   30
dixerat haec, sed et haec et multo plura licebat
  diceret, egressus non dabat ille uiro.
quod simul ut sensit, 'nunc nunc, o Daedale,' dixit
  'materiam, qua sis ingeniosus, habes.
possidet et terras et possidet aequora Minos: 35
  nec tellus nostrae nec patet unda fugae.
restat iter caeli: caelo temptabimus ire.
  da ueniam coepto, Iuppiter alte, meo.
non ego sidereas adfecto tangere sedes;
  qua fugiam dominum, nulla nisi ista uia est.   40
per Styga detur iter, Stygias transnabimus undas;
  sunt mihi naturae iura nouanda meae.'
ingenium mala saepe mouent: quis crederet umquam
  aerias hominem carpere posse uias?
remigium uolucrum, disponit in ordine pinnas   45
  et leue per lini uincula nectit opus;
imaque pars ceris adstringitur igne solutis,

---

19 auolet *RAς*: aduolet *ς*: aduolat *ς*: euolet *H*: euolat *LO_b*
32 diceret *Ker*: dicere et *Aω*: dicere *Ra*   egressus *RAω*: progressus
r: regressus *Itali, a, edd.*   33 ut *RP_c¹, exc. Scal.*: ac *Aω*   42 sunt
Aω: sint *RP_b, exc. Put.*

finitusque nouae iam labor artis erat.
tractabat ceramque puer pinnasque renidens
    nescius haec umeris arma parata suis.   50
cui pater 'his' inquit 'patria est adeunda carinis;
    hac nobis Minos effugiendus ope.
aera non potuit Minos, alia omnia clausit:
    quem licet, inuentis aera rumpe meis.
sed tibi non uirgo Tegeaea comesque Bootae,   55
    ensiger Orion, aspiciendus erit:
me pinnis sectare datis; ego praeuius ibo:
    sit tua cura sequi, me duce tutus eris.
nam, siue aetherias uicino sole per auras
    ibimus, impatiens cera caloris erit;   60
siue humiles propiore freto iactabimus alas,
    mobilis aequoreis pinna madescet aquis.
inter utrumque uola; uentos quoque, nate, timeto,
    quaque ferent aurae, uela secunda dato.'
dum monet, aptat opus puero monstratque moueri,   65
    erudit infirmas ut sua mater aues;
inde sibi factas umeris accommodat alas
    perque nouum timide corpora librat iter;
iamque uolaturus paruo dedit oscula nato,
    nec patriae lacrimas continuere genae.   70
monte minor collis, campis erat altior aequis;
    hinc data sunt miserae corpora bina fugae.
et mouet ipse suas et nati respicit alas
    Daedalus et cursus sustinet usque suos.
iamque nouum delectat iter, positoque timore   75
    Icarus audaci fortius arte uolat.

---

52 ope *RAT*: ope est *a* (*ut uid.*) ω: erit P_aU 55 tegeaea *R*: tegea
*A*ω   bootae *R*: bootes *ς*: boetes *Aς*   56 ensiger *RP_c*: ensifer *A*ω
62 madescet *A*ω: madescit *Rς*: madebit *F¹*   65 monet *A*ω: mouet
Rς   moueri *RA*ω: mouere *ς*   74 usque *RA*ω: ipse *ς*

(hos aliquis, tremula dum captat harundine pisces
   uidit, et inceptum dextra reliquit opus.)
iam Samos a laeua (fuerant Naxosque relictae
   et Paros et Clario Delos amata deo),   80
dextra Lebinthos erat siluisque umbrosa Calymne
   cinctaque piscosis Astypalaea uadis,
cum puer incautis nimium temerarius annis
   altius egit iter deseruitque patrem.
uincla labant et cera deo propiore liquescit,   85
   nec tenues uentos bracchia mota tenent.
territus a summo despexit in aequora caelo;
   nox oculis pauido uenit oborta metu.
tabuerant cerae; nudos quatit ille lacertos,
   et trepidat nec, quo sustineatur, habet.   90
decidit atque cadens 'pater o pater, auferor' inquit;
   clauserunt uirides ora loquentis aquae.
at pater infelix, nec iam pater, 'Icare' clamat,
   'Icare,' clamat 'ubi es, quoque sub axe uolas?
Icare' clamabat; pinnas aspexit in undis.   95
   ossa tegit tellus, aequora nomen habent.
non potuit Minos hominis conpescere pinnas,
   ipse deum uolucrem detinuisse paro.
fallitur, Haemonias si quis decurrit ad artes
   datque quod a teneri fronte reuellit equi.   100
non facient, ut uiuat amor, Medeides herbae

77–78 *post* 103 *inuerso ordine* R   79–80 fuerant ... deo κατὰ παρένθεσιν
J. C. Jahn. cf. Met. viii 221   79 fuerant *rA⟨*: fuerat *R⟨*   relictae *RAω*:
relicta *⟨*   80 paros *Ra⟨*: pharos *ω*: pados *A*   81 calimne *uel*
chalimne *⟨ (cf. Met.* viii 222): caligne *N*: palimne *r (ex* palsmne *R) A⟨*:
pachinne *uel sim. ⟨: cetera nil moror*   82 astypalaea *A* (-lea) *P_c*:
astyphalea *Rω (uel sim.)*   86 uentos *Ra⟨*: uenti *A⟨*: aurae *N*
88 pauido *r (ex* oculos pauidos *R) ω*: pauidis *AP_bP_f*   oborta *⟨*: aborta
RAω   91 atque *suspectum*: 'a'que *Platnauer*: erat cum *utque legerem*
94 quoque *RA⟨*: quoue *ω*   101 facient *RAω*: faciunt *⟨*: faciant
A_b^1B

mixtaque cum magicis nenia Marsa sonis:
Phasias Aesoniden, Circe tenuisset Vlixem,
 si modo seruari carmine posset amor.
nec data profuerint pallentia philtra puellis;   105
 philtra nocent animis uimque furoris habent.
sit procul omne nefas! ut ameris, amabilis esto;
 quod tibi non facies solaue forma dabit.
sis licet antiquo Nireus adamatus Homero
 Naiadumque tener crimine raptus Hylas,   110
ut dominam teneas nec te mirere relictum,
 ingenii dotes corporis adde bonis.
forma bonum fragile est, quantumque accedit ad annos,
 fit minor et spatio carpitur ipsa suo.
nec uiolae semper nec hiantia lilia florent,   115
 et riget amissa spina relicta rosa;
et tibi iam uenient cani, formose, capilli,
 iam uenient rugae, quae tibi corpus arent.
iam molire animum, qui duret, et adstrue formae:
 solus ad extremos permanet ille rogos.   120
nec leuis ingenuas pectus coluisse per artes
 cura sit et linguas edidicisse duas:
non formosus erat, sed erat facundus Vlixes,
 et tamen aequoreas torsit amore deas.
o quotiens illum doluit properare Calypso   125
 remigioque aptas esse negauit aquas!
haec Troiae casus iterumque iterumque rogabat;

102 nenia marsa $RA_b{}^1$ (*ut uid.*: eneia masa), *exc. Put. et Scal.*: marsa
uenena $A\omega$ 104 posset $A\omega$: possit $R\varsigma$ 109 sis ς: sit
$Ra\omega$: sic AP_fU (*ut uid.*)   nireus *Merula* (1484) *in comm., in textu pos.
ed. Ald.* 1502: nereus *codd.*   115 nec hiantia lilia florent P_bT: nec
cinthia l. f. *r* (n. cinthia *ex* nechyaccintia R: *cf.* nec hyancia l. f. $A_b{}^?$) *a* (*ex*
ne cinthia A, *i.q.* E_a) ς: nec candida l. f. *a* (*u.l.*) $\omega\phi$: nec f. l. semper *a* (*u.l.*)
ς: nec semper l. f. ς 119 molire $a\omega ep_1$: mollire $RA\varsigma p_3$ adstrue
$RA\omega\phi$: instrue ς formae RB^2 (*u.l.*) O_g, *exc. Scal.*: formam $A\omega\phi$
125 o $R\varsigma$ (*uel* ho): a $A\varsigma$ (*uel* ha)

ille referre aliter saepe solebat idem.
litore constiterant; illic quoque pulchra Calypso
    exigit Odrysii fata cruenta ducis.   130
ille leui uirga (uirgam nam forte tenebat),
    quod rogat, in spisso litore pingit opus.
'haec' inquit 'Troia est' (muros in litore fecit),
    'hic tibi sit Simois; haec mea castra puta.
campus erat' (campumque facit), 'quem caede Dolonis   135
    sparsimus, Haemonios dum uigil optat equos.
illic Sithonii fuerant tentoria Rhesi;
    hac ego sum captis nocte reuectus equis—'
pluraque pingebat, subitus cum Pergama fluctus
    abstulit et Rhesi cum duce castra suo;   140
tum dea 'quas' inquit 'fidas tibi credis ituro,
    perdiderint undae nomina quanta, uides?'
ergo age, fallaci timide confide figurae,
    quisquis es, aut aliquid corpore pluris habe.
dextera praecipue capit indulgentia mentes;   145
    asperitas odium saeuaque bella mouet.
odimus accipitrem, quia uiuit semper in armis,
    et pauidum solitos in pecus ire lupos;
at caret insidiis hominum, quia mitis, hirundo,
    quasque colat turres Chaonis ales habet.   150
este procul, lites et amarae proelia linguae;
    dulcibus est uerbis mollis alendus amor.
lite fugent nuptaeque uiros nuptasque mariti
    inque uicem credant res sibi semper agi:
hoc decet uxores, dos est uxoria lites;   155
    audiat optatos semper amica sonos.

130 fata $r\varsigma$: facta $RA\omega$ 133 haec $RA\omega$: hic ς 134 haec
$RA\varsigma$: hic ς 144 aut r (*ex* haud R) $A\omega$: atque ς 147 quia uiuit
semper $RA\varsigma$: q. s. u. ς: s. q. u. NO_a: u. q. s. B 149 hirundo $R\varsigma$:
hirundo est $A\varsigma$ 153 fugent R, *exc. Put. et Scal.*: fugant $a\omega\phi$: *de A*
incert.   154 credant $R\varsigma$: credunt $A\omega\phi$ 155 dos $RA\omega$: res rDE_a

non legis iussu lectum uenistis in unum;
    fungitur in uobis munere legis Amor.
blanditias molles auremque iuuantia uerba
    adfer, ut aduentu laeta sit illa tuo.   160
non ego diuitibus uenio praeceptor amandi;
    nil opus est illi, qui dabit, arte mea.
secum habet ingenium qui, cum libet, 'accipe' dicit;
    cedimus, inuentis plus placet ille meis.
pauperibus uates ego sum, quia pauper amaui;   165
    cum dare non possem munera, uerba dabam.
pauper amet caute, timeat maledicere pauper,
    multaque diuitibus non patienda ferat.
me memini iratum dominae turbasse capillos;
    haec mihi quam multos abstulit ira dies!   170
nec puto nec sensi tunicam laniasse, sed ipsa
    dixerat, et pretio est illa redempta meo.
at uos, si sapitis, uestri peccata magistri
    effugite et culpae damna timete meae;
proelia cum Parthis, cum culta pax sit amica   175
    et iocus et causas quicquid amoris habet.
si nec blanda satis nec erit tibi comis amanti,
    perfer et obdura: postmodo mitis erit.
flectitur obsequio curuatus ab arbore ramus;
    frangis, si uires experiare tuas.   180
obsequio tranantur aquae, nec uincere possis
    flumina, si contra quam rapit unda nates.
obsequium tigrisque domat Numidasque leones;
    rustica paulatim taurus aratra subit.

---

161 amandi *RAꞩ*: amoris ꞩ   163 dicit *Rꞩ*: dixit *Aꞩ*   164 placet *RAꞩ*: ualet ꞩ: habet ꞩ   170 haec *RAꞩ*: hei *aꞩ*: heu *rꞩ*   ira *RAω*: illa ꞩ   171 ipsa O_bP_a: illa *RAω*   173 si *Raω*: qui *Aꞩ*   177 amanti *RAω*: amica *aꞩ*   180 frangis *RAꞩφ*: franges *aω*   experiare $P_aUp_1p_3$: experiere *Ra* (*ex* -ire *A*) *ωe*   183 numidasque *RA* (*ut uid.*) $DO_gφ$, *exc. Put. et Scal.*: numidosque *aꞩ*: tumidosque *ω*

quid fuit asperius Nonacrina Atalanta? 185
   subcubuit meritis trux tamen illa uiri.
saepe suos casus nec mitia facta puellae
   flesse sub arboribus Milaniona ferunt;
saepe tulit iusso fallacia retia collo,
   saepe fera toruos cuspide fixit apros. 190
sensit et Hylaei contentum saucius arcum;
   sed tamen hoc arcu notior alter erat.
non te Maenalias armatum scandere siluas
   nec iubeo collo retia ferre tuo,
pectora nec missis iubeo praebere sagittis; 195
   artis erunt cautae mollia iussa meae.
cede repugnanti: cedendo uictor abibis;
   fac modo, quas partes illa iubebit, agas.
arguet: arguito; quicquid probat illa, probato;
   quod dicet, dicas; quod negat illa, neges. 200
riserit: adride; si flebit, flere memento:
   imponat leges uultibus illa tuis.
seu ludet numerosquę manu iactabit eburnos,
   tu male iactato, tu male iacta dato;
seu iacies talos, uictam ne poena sequatur, 205
   damnosi facito stent tibi saepe canes.
siue latrocinii sub imagine calculus ibit,
   fac pereat uitreo miles ab hoste tuus.
ipse tene distenta suis umbracula uirgis,
   ipse fac in turba, qua uenit illa, locum. 210
nec dubita tereti scamnum producere lecto,
   et tenero soleam deme uel adde pedi.

---

188 milaniona *Aς*: milamiona *R an r incert.*: mimaliona *ω*   198 agas
Aω: eas *Raς*   199 arguet *RAbω*: arguit *rς*   200 negat *Raς*:
neget *Abς*   neges *RAbω*: nega *ς*   205 iacies *RAς*: iacias *ς*: iaciet
ς: iactas *LN*   uictam ne *E_aL*: uictum ne *ω*: uictum nec *RAς*: ne
uictum *ς*: nec uictum *ς*   sequatur *Rω*: sequetur *rANP_c*   209 suis
Raς: tuis *Aω*

saepe etiam dominae, quamuis horrebis et ipse,
　algenti manus est calficienda sinu.
nec tibi turpe puta (quamuis sit turpe, placebit)　　　　　215
　ingenua speculum sustinuisse manu.
ille, fatigata praebendo monstra nouerca
　qui meruit caelum, quod prior ipse tulit,
inter Ioniacas calathum tenuisse puellas
　creditur et lanas excoluisse rudes.　　　　　　　　　220
paruit imperio dominae Tirynthius heros:
　i nunc et dubita ferre quod ille tulit.
iussus adesse foro iussa maturius hora
　fac semper uenias nec nisi serus abi.
occurras aliquo tibi dixerit: omnia differ;　　　　　　225
　curre, nec inceptum turba moretur iter.
nocte domum repetens epulis perfuncta redibit:
　tunc quoque pro seruo, si uocat illa, ueni.
rure erit et dicet uenias; Amor odit inertes:
　si rota defuerit, tu pede carpe uiam.　　　　　　　230
nec graue te tempus sitiensque Canicula tardet
　nec uia per iactas candida facta niues.
militiae species amor est: discedite, segnes;
　non sunt haec timidis signa tuenda uiris.
nox et hiems longaeque uiae saeuique dolores　　　　235
　mollibus his castris et labor omnis inest.
saepe feres imbrem caelesti nube solutum
　frigidus et nuda saepe iacebis humo.

---

213 horrebis *RAʂ*: algebis ʂ　　　　214 algenti *RA_b*, *nescio an recte*:
algentis *Aω*　　　217 fatigata . . . nouerca *Madvig*: fatigatae . . . nouer-
cae *codd.*　　　praebendo *RH* (*u.l.*) *P_c*, *exc. Scal.*: perdendo ʂ: uincendo
Aω: premendo *W*　　　219 inter ioniacas ʂ: ionicas (-ias ʂ) inter *RAω*
222 ille *Rʂ*: ipse *Aω*　　224 serus *RAʂ*: resus *N*: iussus ʂ　　227 epu-
lis *aω*: epula *RAO_g*　　228 tunc *RAʂ*: tu *aω*: tum *N²* (*u.l.*)　　229 erit
Rω: eris *A an a incert.*, ʂ　　231 sitiensque *RAʂ*: sitiensue ʂ　　234 tu-
enda *Raʂ*: ferenda *Aω*　　238 et *RAʂ*: in ʂφ

Cynthius Admeti uaccas pauisse Pheraei
   fertur et in parua delituisse casa: 240
quod Phoebum decuit, quem non decet? exue fastus,
   curam mansuri quisquis amoris habes.
si tibi per tutum planumque negabitur ire
   atque erit opposita ianua fulta sera,
at tu per praeceps tecto delabere aperto,   245
   det quoque furtiuas alta fenestra uias.
laeta erit et causam tibi se sciet esse pericli;
   hoc dominae certi pignus amoris erit.
saepe tua poteras, Leandre, carere puella;
   transnabas, animum nosset ut illa tuum.   250
nec pudor ancillas, ut quaeque erit ordine prima,
   nec tibi sit seruos demeruisse pudor:
nomine quemque suo (nulla est iactura) saluta;
   iunge tuis humiles ambitiose manus;
sed tamen et seruo (leuis est inpensa) roganti   255
   porrige Fortunae munera parua die;
porrige et ancillae, qua poenas luce pependit
   lusa maritali Gallica ueste manus.
fac plebem, mihi crede, tuam; sit semper in illa
   ianitor et thalami qui iacet ante fores.   260
nec dominam iubeo pretioso munere dones;
   parua, sed e paruis callidus apta dato.
cum bene diues ager, cum rami pondere nutant,
   adferat in calatho rustica dona puer
(rure suburbano poteris tibi dicere missa,   265
   illa uel in Sacra sint licet empta Via);
adferat aut uuas aut, quas Amaryllis amabat,

239 pherei *RD* (phar-), *exc. Put. et Scal.*: fareas O_b[1]: per herbas *ω*: per
aestus *As*   243 planumque *Heinsius, Vatic. Lat.* 3140 (*saec. xv*):
placidumque *RAω*: placitumque *BQ*   254 tuis *R*: tuas *Aω*
256 die *R*: dee *B*[1]: tuae *Aω*: dapem *a*   257 qua *rF*[2] (*ut uid.*): quae
RAω   263 cum *ω*: dum *RAs*   cum *RAω*: dum *s*

at nunc, castaneas, non amat illa, nuces.
quin etiam turdoque licet missaque corona
    te memorem dominae testificere tuae.   270
turpiter his emitur spes mortis et orba senectus;
    a, pereant, per quos munera crimen habent!
quid tibi praecipiam teneros quoque mittere uersus?
    ei mihi, non multum carmen honoris habet.
carmina laudantur sed munera magna petuntur: 275
    dummodo sit diues, barbarus ipse placet.
aurea sunt uere nunc saecula: plurimus auro
    uenit honos, auro conciliatur amor.
ipse licet uenias Musis comitatus, Homere,
    si nihil attuleris, ibis, Homere, foras.   280
sunt tamen et doctae, rarissima turba, puellae;
    altera non doctae turba, sed esse uolunt.
utraque laudetur per carmina; carmina lector
    commendet dulci qualiacumque sono.
his ergo aut illis uigilatum carmen in ipsas   285
    forsitan exigui muneris instar erit.
at quod eris per te facturus et utile credis,
    id tua te facito semper amica roget:
libertas alicui fuerit promissa tuorum;
    hanc tamen a domina fac petat ille tua.   290
si poenam seruo, si uincula saeua remittis,
    quod facturus eras, debeat illa tibi.
utilitas tua sit, titulus donetur amicae;
    perde nihil, partes illa potentis agat.

---

268 at $RA\omega$: aut ς nunc $RA\omega$: non O_a non R, *exc. Scal.*: nunc $A\omega$: aut ς 269 corona $RA\omega$, *nescio an recte* (*cf. Mart.* xi 89): columba P_bQ^2 (*ut uid.*)   270 testificere *Itali*, B^2 (*u.l.*) Q^2: testificare $RA\omega$ 276 ipse *Heinsius ex Argentinensi iam deperdito*: ille $RA\omega\phi$ 277 sunt uere nunc $RA\omega$: n. u. s. $\varsigma\phi$ 279 uenias musis $Rab\omega\phi$: musis uenias AO_aU 291 poenam seruo $R\omega$: s. p. $A\varsigma$

sed te, cuicumque est retinendae cura puellae, 295
    attonitum forma fac putet esse sua.
siue erit in Tyriis, Tyrios laudabis amictus;
    siue erit in Cois, Coa decere puta.
aurata est: ipso tibi sit pretiosior auro;
    gausapa si sumit, gausapa sumpta proba. 300
astiterit tunicata: 'moues incendia' clama,
    sed timida, caueat frigora, uoce roga.
conpositum discrimen erit: discrimina lauda;
    torserit igne comam: torte capille, place.
bracchia saltantis, uocem mirare canentis, 305
    et, quod desierit, uerba querentis habe.
ipsos concubitus, ipsum uenerere licebit,
    quod iuuat, et †quaedam gaudia noctis habet†.
ut fuerit torua uiolentior illa Medusa,
    fiet amatori lenis et aequa suo. 310
tantum, ne pateas uerbis simulator in illis,
    effice nec uultu destrue dicta tuo.
si latet, ars prodest; adfert deprensa pudorem
    atque adimit merito tempus in omne fidem.
saepe sub autumnum, cum formosissimus annus 315
    plenaque purpureo subrubet uua mero,
cum modo frigoribus premitur, modo soluitur aestu,
    aere non certo corpora languor habet.

---

295 te *RA*ς: tu ς: *om. DF*[1]   300 sumit *RA*ω: sumat ς: sumpsit ς
304 comam *R*ω: comas *A*ς   place *RA*: places *a*ω   306 quod
RAO_gU: cum ω   307 ipsum *RA*ω: ipsam ς   uenerere *P_b*: uenere
RA_b[1]: uerere *O_a*: uenerare *A*ω: mirere ς: mirare *FW*[1]   308 noctis
RBD, exc. Scal.: uoce *A*ω: uocis *a*ς   habe *Ra*ς, *exc. Scal.*: notes *A*ς:
nota *B_b*. *locus desperatus*: quae clam gaudia noctis habes (*uel* habet) *Ellis*:
laudi gaudia noctis habe *Housman*: *alii alia*   309 ut *R, exc. Scal.*:
si *A*ω   illa *RA*ς: ipsa ω   311 uerbis *A*ω: turbis *R*: turpis *O_g*:
dictis *a*ς   312 dicta *RA*ω: uerba ς   315 autumnum *RA*ω:
autumno ςφ   317 premitur *RF*[2] (*u.l.*) *N* (*u.l.*): premimur *A*ωφ
soluitur *RF*[2] (*u.l.*): soluimur *A*ωφ. premitur, soluitur, *sc. aer*

illa quidem ualeat, sed si male firma cubabit
 et uitium caeli senserit aegra sui,   320
tunc amor et pietas tua sit manifesta puellae;
 tum sere, quod plena postmodo falce metas.
nec tibi morosi ueniant fastidia morbi,
 perque tuas fiant, quae sinet ipsa, manus,
et uideat flentem, nec taedeat oscula ferre,   325
 et sicco lacrimas conbibat ore tuas.
multa uoue, sed cuncta palam, quotiensque libebit,
 quae referas illi, somnia laeta uide.
et ueniat quae lustret anus lectumque locumque,
 praeferat et tremula sulphur et oua manu.   330
omnibus his inerunt gratae uestigia curae;
 in tabulas multis haec uia fecit iter.
nec tamen officiis odium quaeratur ab aegra;
 sit suus in blanda sedulitate modus:
neue cibo prohibe nec amari pocula suci   335
 porrige; riualis misceat illa tuus.

SED non, cui dederas a litore carbasa, uento
 utendum, medio cum potiere freto.
dum nouus errat amor, uires sibi colligat usu;
 si bene nutrieris, tempore firmus erit: 340
quem taurum metuis, uitulum mulcere solebas;
 sub qua nunc recubas arbore, uirga fuit;
nascitur exiguus, sed opes adquirit eundo,
 quaque uenit, multas accipit amnis aquas.

319 cubabit *codd.*: cubarit *Heinsius, nescio an recte*; cf. *Prop.* II xv 17
322 quod *Rω*: quae *Aς*   324 sinet *Rω*: sinat *AU*: sinit *ς*   ipsa
Rς: illa *Aς*   327 libebit *RDP$_c$²*: licebit *Aω*   332 tabulas *Rς*:
tabulis *Aς*: thalamos *F²* (*u.l.*) *W*: thalamis *ς*   334 suus *RAςφ*: tuus *ς*
335 cibo *R*: cibos *Aω*: cibum *Q*   prohibe *Rω*: praebe *Aς*   337 cui
Heinsius: quo *codd.*: quoi *Lee*   338 utendum *RAς*: utendum est *aωφ*
potiere *Aςφ*: potiare *aω*: potiore *R*   339 colligat *RAς*: colligit *ω*
341 taurum metuis *RAω*: metuis taurum *Qφ*   344 uenit *RAω*: meat *φ*

fac tibi consuescat: nil adsuetudine maius, 345
  quam, tu, dum capias, taedia nulla fuge:
te semper uideat, tibi semper praebeat aures,
  exhibeat uultus noxque diesque tuos.
cum tibi maior erit fiducia, posse requiri,
  cum procul absenti cura futurus eris, 350
da requiem: requietus ager bene credita reddit,
  terraque caelestes arida sorbet aquas:
Phyllida Demophoon praesens moderatius ussit,
  exarsit uelis acrius illa datis;
Penelopen absens sollers torquebat Vlixes; 355
  Phylacides aberat, Laodamia, tuus.
sed mora tuta breuis: lentescunt tempore curae
  uanescitque absens et nouus intrat amor:
dum Menelaus abest, Helene, ne sola iaceret,
  hospitis est tepido nocte recepta sinu. 360
quis stupor hic, Menelae, fuit? tu solus abibas,
  isdem sub tectis hospes et uxor erant?
accipitri timidas credis furiose columbas,
  plenum montano credis ouile lupo.
nil Helene peccat, nihil hic committit adulter: 365
  quod tu, quod faceret quilibet, ille facit.
cogis adulterium dando tempusque locumque;
  quid, nisi consilio est usa puella tuo?
quid faciat? uir abest, et adest non rusticus hospes,
  et timet in uacuo sola cubare toro. 370
uiderit Atrides; Helenen ego crimine soluo:
  usa est humani commoditate uiri.
sed neque fuluus aper media tam saeuus in ira est,

---

350 cum RDP_a: tum ς: tunc $A\omega$: tu O_g: i P_f 356 laodamia r:
laodomia $A\omega$: laudamia RO_g: laudomia ς 361 quis $A\omega$: qui RF^1
stupor $RA\omega$: furor $a\varsigma$ 368 quid RE_aQ (u.l.): quo $A\omega$: quod O_aU
373 est $RA\varsigma$: om. $\varsigma\phi$

fulmineo rabidos cum rotat ore canes,
nec lea, cum catulis lactantibus ubera praebet,   375
    nec breuis ignaro uipera laesa pede
femina quam socii deprensa paelice lecti:
    ardet et in uultu pignora mentis habet;
in ferrum flammasque ruit positoque decore
    fertur, ut Aonii cornibus icta dei.   380
coniugis admissum uiolataque iura marita est
    barbara per natos Phasias ulta suos;
altera dira parens haec est, quam cernis, hirundo:
    aspice, signatum sanguine pectus habet.
hoc bene compositos, hoc firmos soluit amores;   385
    crimina sunt cautis ista timenda uiris.
nec mea uos uni donat censura puellae;
    di melius! uix hoc nupta tenere potest.
ludite, sed furto celetur culpa modesto;
    gloria peccati nulla petenda sui est.   390
nec dederis munus, cognosse quod altera possit,
    nec sint nequitiae tempora certa tuae,
et, ne te capiat latebris sibi femina notis,
    non uno est omnis conuenienda loco,
et, quotiens scribes, totas prius ipse tabellas   395
    inspice: plus multae, quam sibi missa, legunt.
laesa Venus iusta arma mouet telumque remittit
    et, modo quod questa est, ipse querare facit:
dum fuit Atrides una contentus, et illa
    casta fuit; uitio est improba facta uiri.   400

---

374 rabidos *RFO_g*: rapidos *Aωφ*   375 lactantibus *RⱾ*: lactentibus
Aωφ   *post* 377 *interpunxit Naugerius*   379 decore *RAⱾ*: pudore *Ȿφ*:
timore *Ȿ*   380 aonii cornibus icta (acta *Ȿ*) dei *RAω*: aonio concita
baccha deo *Ȿ*   381 marita est *R* (*ut uid.*): mariti est *AⱾ*: mariti *rω*
387 donat *RAω*: damnat *Heinsius ex Lincolniensi, edd.*   390 *om. p_3*
sui *RAbω*: tui *Ȿep_1*: tibi *W*   398 quod *RAω*: quae *Ȿ*   ipse *RAⱾ*:
ipsa *ω*

audierat laurumque manu uittasque ferentem
 pro nata Chrysen non ualuisse sua;
audierat, Lyrnesi, tuos, abducta, dolores
 bellaque per turpis longius isse moras.
haec tamen audierat; Priameida uiderat ipsa: 405
 uictor erat praedae praeda pudenda suae.
inde Thyestiaden animo thalamoque recepit
 et male peccantem Tyndaris ulta uirum.
quae bene celaris, si qua tamen acta patebunt,
 illa licet pateant, tu tamen usque nega.   410
tum neque subiectus solito nec blandior esto:
 haec animi multum signa nocentis habent.
sed lateri ne parce tuo: pax omnis in uno est;
 concubitu prior est infitianda Venus.
sunt quae praecipiant herbas, satureia, nocentes   415
 sumere; iudiciis ista uenena meis.
aut piper urticae mordacis semine miscent
 tritaque in annoso flaua pyrethra mero.
sed dea non patitur sic ad sua gaudia cogi,
 colle sub umbroso quam tenet altus Eryx.   420
candidus, Alcathoi qui mittitur urbe Pelasga,
 bulbus et, ex horto quae uenit, herba salax
ouaque sumantur, sumantur Hymettia mella
 quasque tulit folio pinus acuta nuces.
docta, quid ad magicas, Erato, deuerteris artes?   425
 interior curru meta terenda meo est.
qui modo celabas monitu tua crimina nostro,

---

404 isse *Aω*: esse *RA_b*: ire *ς*   405 tamen *Rς*: tantum *Aς*
ipsa *RAς*: ipsam *ς*   408 uirum *RAς*: uirum est *ς*   409 si
qua *ω*: si quae *Rabς*: quamuis *P_b*: *de A incert.*   411 tum *RAς*: tunc
ς: tu *ω*   413 ne *Rς*: nec *Aς*   uno *RAω*: illo *aO_gP_c²*   414 in-
fitianda *Raς*: inficienda *Aω*   415 quae *RO_g, nescio an recte*: qui *Aω*
417 mordacis *Rω*: mordaci *Aς*   425 deuerteris *Raς*: diuerteris *Aω*:
conuerteris *F*   426 terenda *ω*: tenenda *Aς*: tenda *R*

flecte iter et monitu detege furta meo.
nec leuitas culpanda mea est: non semper eodem
    impositos uento panda carina uehit.   430
nam modo Threicio Borea, modo currimus Euro;
    saepe tument Zephyro lintea, saepe Noto.
aspice, ut in curru modo det fluitantia rector
    lora, modo admissos arte retentet equos.
sunt quibus ingrate timida indulgentia seruit   435
    et, si nulla subest aemula, languet amor;
luxuriant animi rebus plerumque secundis,
    nec facile est aequa commoda mente pati.
ut leuis absumptis paulatim uiribus ignis
    ipse latet, summo canet in igne cinis,   440
sed tamen extinctas admoto sulphure flammas
    inuenit et lumen, quod fuit ante, redit:
sic, ubi pigra situ securaque pectora torpent,
    acribus est stimulis eliciendus amor.
fac timeat de te tepidamque recalface mentem;   445
    palleat indicio criminis illa tui.
o quater et quotiens numero conprendere non est
    felicem, de quo laesa puella dolet!
quae, simul inuitas crimen peruenit ad aures,
    excidit, et miserae uoxque colorque fugit.   450
ille ego sim, cuius laniet furiosa capillos;
    ille ego sim, teneras cui petat ungue genas,
quem uideat lacrimans, quem toruis spectet ocellis,
    quo sine non possit uiuere, posse uelit.
si spatium quaeras, breue sit, quod laesa queratur, 455
    ne lenta uires colligat ira mora.

---

440 canet in *Heinsius*, A_b: candet in $a\omega$: calet in R: qui calet As
444 eliciendus R (*sed u. Append.*) $A\omega$: alliciendus s 447 quater
RAs: quantum ω 453 quem toruis $R\omega$: toruis quem As 455 quod
RAs: quo as

candida iamdudum cingantur colla lacertis,
  inque tuos flens est accipienda sinus;
oscula da flenti, Veneris da gaudia flenti:
  pax erit; hoc uno soluitur ira modo.   460
cum bene saeuierit, cum certa uidebitur hostis,
  tum pete concubitus foedera: mitis erit.
illic depositis habitat Concordia telis,
  illo, crede mihi, Gratia nata loco est.
quae modo pugnarunt, iungunt sua rostra columbae,   465
  quarum blanditias uerbaque murmur habet.
prima fuit rerum confusa sine ordine moles
  unaque erat facies sidera, terra, fretum;
mox caelum impositum terris, humus aequore cincta est,
  inque suas partes cessit inane chaos;   470
silua feras, uolucres aer accepit habendas;
  in liquida, pisces, delituistis aqua.
tum genus humanum solis errabat in agris
  idque merae uires et rude corpus erat;
silua domus fuerat, cibus herba, cubilia frondes,   475
  iamque diu nulli cognitus alter erat.
blanda truces animos fertur mollisse uoluptas:
  constiterant uno femina uirque loco.
quid facerent, ipsi nullo didicere magistro;
  arte Venus nulla dulce peregit opus.   480
ales habet, quod amet; cum quo sua gaudia iungat,
  inuenit in media femina piscis aqua;
cerua parem sequitur, serpens serpente tenetur;
  haeret adulterio cum cane nexa canis;
laeta salitur ouis, tauro quoque laeta iuuenca est; 485

458 tuos . . . sinus *RA* (tuo) *ς*: tuo . . . sinu *ς*   460 soluitur
RAbω: tollitur *R* (*in marg., eras.*) *LW*   462 foedera *RAς*: foedere
aω   468 erat *RAς*: erant *ςφ*   471 uolucres aer *RAω*: aer uolucres
ςφ

sustinet inmundum sima capella marem.
in furias agitantur equae spatioque remota
   per loca diuiduos amne sequuntur equos.
ergo age et iratae medicamina fortia praebe;
   illa feri requiem sola doloris habent,   490
illa Machaonios superant medicamina sucos;
   his, ubi peccaris, restituendus eris.
haec ego cum canerem, subito manifestus Apollo
   mouit inauratae pollice fila lyrae.
in manibus laurus, sacris induta capillis   495
   laurus erat: uates ille uidendus adit.
is mihi 'lasciui' dixit 'praeceptor Amoris,
   duc age discipulos ad mea templa tuos,
est ubi diuersum fama celebrata per orbem
   littera, cognosci quae sibi quemque iubet.   500
qui sibi notus erit, solus sapienter amabit
   atque opus ad uires exiget omne suas:
cui faciem natura dedit, spectetur ab illa;
   cui color est, umero saepe patente cubet;
qui sermone placet, taciturna silentia uitet;   505
   qui canit arte, canat; qui bibit arte, bibat.
sed neque declament medio sermone diserti,
   nec sua non sanus scripta poeta legat.'
sic monuit Phoebus: Phoebo parete monenti;
   certa dei sacro est huius in ore fides.   510
ad propiora uocor; quisquis sapienter amabit,
   uincet et e nostra, quod petet, arte feret.
credita non semper sulci cum fenere reddunt,

487 remota *Heinsius* '*cum prima editione*': remotae *ς*, *ed. Rom.* 1471:
remoto *RAς*, *ed. Bon.* 1471   488 diuiduos *RAω*: diuisos *aς*: diuer-
sos *O$_a$O$_b$*   495 induta *Rς*: inducta *Aω*   496 adit *ω*: abi *Ra*
(*ex* habit *A*) *F²* (*u.l.*): adest *O$_b$*: ait *ς*: erat *ς*   499 ubi *DP$_b$*: tibi *Rς*:
ibi *Aω*: mihi *O$_b$*   502 exiget *RAς*: exigit *ς*   512 petet *RAς*:
petit *ς*: petat *F¹*

    nec semper dubias adiuuat aura rates:
quod iuuat, exiguum, plus est, quod laedat amantes: 515
    proponant animo multa ferenda suo.
quot lepores in Atho, quot apes pascuntur in Hybla,
    caerula quot bacas Palladis arbor habet,
litore quot conchae, tot sunt in amore dolores;
    quae patimur, multo spicula felle madent.   520
dicta erit isse foras, quam tu fortasse uidebis:
    isse foras et te falsa uidere puta.
clausa tibi fuerit promissa ianua nocte:
    perfer et inmunda ponere corpus humo.
forsitan et uultu mendax ancilla superbo   525
    dicet 'quid nostras obsidet iste fores?'
postibus et durae supplex blandire puellae
    et capiti demptas in fore pone rosas.
cum uolet, accedes; cum te uitabit, abibis:
    dedecet ingenuos taedia ferre sui.   530
'effugere hunc non est' quare tibi possit amica
    dicere? non omni tempore †sensus obest†.
nec maledicta puta nec uerbera ferre puellae
    turpe nec ad teneros oscula ferre pedes.
quid moror in paruis? animus maioribus instat;   535
    magna cano: toto pectore, uulgus, ades.
ardua molimur, sed nulla, nisi ardua, uirtus;
    difficilis nostra poscitur arte labor.
riualem patienter habe: uictoria tecum
    stabit, eris magni uictor in Arce Iouis.   540
haec tibi non hominem sed quercus crede Pelasgas

---

   515 iuuat *RAω*: iuuet *a*   exiguum *Rς*: exiguum est *Aς*   laedat
RAς: laedit *ω*   524 ponere *RAω*: ponito *rς*   528 in fore *Rς*: limine
Aς   531 hunc *A. Rubenius* (*u. Append.*): hinc *codd.*   532 *interro-*
gationis signum pos. Gronouius   sensus obest *RAω*: sensus adest *ςφ, prob.*
Heinsius: sensus abest *aς*: sanus adest *Shackleton Bailey*   540 arce
Aω, i.e. triumphabis: arte *Q*: orbe *RB*[1]

dicere; nil istis ars mea maius habet.
innuet illa: feras; scribet: ne tange tabellas;
   unde uolet, ueniat, quoque libebit, eat.
hoc in legitima praestant uxore mariti,   545
   cum, tener, ad partes tu quoque, Somne, uenis.
hac ego, confiteor, non sum perfectus in arte;
   quid faciam? monitis sum minor ipse meis.
mene palam nostrae det quisquam signa puellae
   et patiar nec me, quo libet, ira ferat?   550
oscula uir dederat, memini, suus; oscula questus
   sum data: barbaria noster abundat amor.
non semel hoc uitium nocuit mihi; doctior ille,
   quo ueniunt alii conciliante uiri.
sed melius nescisse fuit: sine furta tegantur,   555
   ne fugiat fasso uictus ab ore pudor.
quo magis, o iuuenes, deprendere parcite uestras;
   peccent, peccantes uerba dedisse putent.
crescit amor prensis: ubi par fortuna duorum est,
   in causa damni perstat uterque sui.   560
fabula narratur toto notissima caelo,
   Mulciberis capti Marsque Venusque dolis.
Mars pater insano Veneris turbatus amore
   de duce terribili factus amator erat;
nec Venus oranti (neque enim dea mollior ulla est)   565
   rustica Gradiuo difficilisque fuit.
a, quotiens lasciua pedes risisse mariti

543 innuet *Raω*: innuit *AꟅ*: innuat *W*   feras *RAꟅ*: feres Ʂ   scribet
Raω: scribit *AꟅ*: scribat *W*   ne *Raω*: nec *AꟅ*: non *P_b*: nunc *P_c*
545 hoc *RAω*: haec Ʂ   550 ferat Ʂ: feret *RAω*   552 sum ω:
sunt *RAꟅ*   barbaria *R*: barbarie *AꟅ*: barbarice *aꟅ*   553 ille *R* (-ę) *AꟅ*: ille
est Ʂ   554 uiri Ʂ: uiro *RAꟅ*   556 ne *RAω*: nec Ʂ   fasso uictus *N*
(*sed u. Append.*), *prob. Heinsius*: uicto fassus *RaꟅ*: uicto falsus *AꟅ*: uicto
laesus *r* (*ut uid.*) Ʂ: ficto fassus *Madvig*   558 putent *Aω*: putant
RꟅ   560 causa *RAꟅ*: causam ω   562 mulciberis *RAꟅ*: mulciberi
(-feri Ʂ) ω

dicitur et duras igne uel arte manus!
Marte palam simul est Vulcanum imitata, decebat,
   multaque cum forma gratia mixta fuit.   570
sed bene concubitus primo celare solebant;
   plena uerecundi culpa pudoris erat.
indicio Solis (quis Solem fallere possit ?)
   cognita Vulcano coniugis acta suae.
(quam mala, Sol, exempla moues! pete munus ab ipsa: 575
   et tibi, si taceas, quod dare possit, habet.)
Mulciber obscuros lectum circaque superque
   disponit laqueos; lumina fallit opus.
fingit iter Lemnon; ueniunt ad foedus amantes;
   impliciti laqueis nudus uterque iacent;   580
conuocat ille deos; praebent spectacula capti;
   uix lacrimas Venerem continuisse putant;
non uultus texisse suos, non denique possunt
   partibus obscenis obposuisse manus.
hic aliquis ridens 'in me, fortissime Mauors,   585
   si tibi sunt oneri, uincula transfer' ait.
uix precibus, Neptune, tuis captiua resoluit
   corpora; Mars Thracen occupat, illa Paphon.
hoc tibi perfecto, Vulcane, quod ante tegebant,
   liberius faciunt, et pudor omnis abest.   590
saepe tamen demens stulte fecisse fateris,
   teque ferunt artis paenituisse tuae.
hoc uetiti uos este: uetat deprensa Dione

---

571 primo *RA*ϛ: primos *a*ϛ   573 possit *RA*ω: posset *a*ϛ   575 ipsa
*R*ϛ: illa *A*ϛ   577 lectum *A*ω: lecto *RF*¹*T*   579 lem(n)non ϛ:
lemnos ϛ: lemnum *RA*ϛ   588 tracen *Patauinus Heinsii*: Threcen
Scaliger: creten *codd.*   paphon ϛ: paphum *RA*ω   589 perfecto *R*:
perfecte *P*ᵦ: profecto *A*ω: pro facto ϛ   592 artis *rB*² (*u.l.*) *F*: irae
*A*ω: ite *R*   593 hoc *RA*ω: haec ϛ: uel *B*ᵦ   uetiti *R*: uetuit *P*ᵧ:
uetui *A*ω   este *Ehwald* (*ante quem* ... uetui. uos ecce uetat ... *ediderant*):
esse *R*ϛ: ecce *A*ω

insidias illas, quas tulit ipsa, dare.
nec uos riuali laqueos disponite nec uos   595
  excipite arcana uerba notata manu;
ista uiri captent, si iam captanda putabunt,
  quos faciet iustos ignis et unda uiros.
en iterum testor: nihil hic nisi lege remissum
  luditur; in nostris instita nulla iocis.   600
quis Cereris ritus ausit uulgare profanis
  magnaque Threicia sacra reperta Samo?
exigua est uirtus praestare silentia rebus;
  at contra grauis est culpa tacenda loqui.
o bene, quod frustra captatis arbore pomis   605
  garrulus in media Tantalus aret aqua!
praecipue Cytherea iubet sua sacra taceri;
  admoneo, ueniat ne quis ad illa loquax.
condita si non sunt Veneris mysteria cistis
  nec caua uesanis ictibus aera sonant,   610
at tamen inter nos medio uersantur in usu,
  sed sic, inter nos ut latuisse uelint.
ipsa Venus pubem, quotiens uelamina ponit,
  protegitur laeua semireducta manu.
in medio passimque coit pecus: hoc quoque uiso   615
  auertit uultus nempe puella suos.
conueniunt thalami furtis et ianua nostris
  parsque sub iniecta ueste pudenda latet,
et, si non tenebras, at quiddam nubis opacae
  quaerimus atque aliquid luce patente minus.   620

594 illas *Aω*: illam *R*: ipsas *D*: ulli *O*$_b$*Q*² (*u.l.*): ullas *Q*²: *an aliis legen-
dum?*   dare *RAω*: pati *raς*   601 profanis *Raς*: profanus *Aω*
612 sed sic *RAω*: sic tamen *NW*   611–12 *uarie temptati*: at tamen
... sic tantum *J. C. Jahn*: haud tamen ... sed sic *Heusinger, Madvig*: at sic
... se tamen *Housman*: scilicet ... sic tamen *Bentleius*   616 nempe
Bentleius: saepe *codd.*

tunc quoque, cum solem nondum prohibebat et imbrem
    tegula sed quercus tecta cibumque dabat,
in nemore atque antris, non sub Ioue, iuncta uoluptas:
    tanta rudi populo cura pudoris erat.
at nunc nocturnis titulos inponimus actis,   625
    atque emitur magno nil nisi posse loqui.
scilicet excuties omnis, ubi quaeque, puellas,
    cuilibet ut dicas 'haec quoque nostra fuit'?
ne desint, quas tu digitis ostendere possis,
    ut quamque adtigeris, fabula turpis erit?   630
parua queror: fingunt quidam, quae uera negarent,
    et nulli non se concubuisse ferunt.
corpora si nequeunt, quae possunt, nomina tangunt,
    famaque non tacto corpore crimen habet.
i nunc, claude fores, custos odiose puellae,   635
    et centum duris postibus obde seras:
quid tuti superest, cum nominis extat adulter
    et credi, quod non contigit esse, cupit?
nos etiam ueros parce profitemur amores,
    tectaque sunt solida mystica furta fide.   640
parcite praecipue uitia exprobrare puellis,
    utile quae multis dissimulasse fuit:
nec suus Andromedae color est obiectus ab illo,
    mobilis in gemino cui pede pinna fuit;
omnibus Andromache uisa est spatiosior aequo,   645
    unus, qui modicam diceret, Hector erat.
quod male fers, adsuesce: feres bene: multa uetustas

---

627 ubi quaeque *RA*ς: ubicumque ς: ut quaeque E_aO_b: uir quaeque
B_b. *cf. Am.* III x 5   puellas *aL*: puella B_bU: puella est *RA*ω   629 ne
*R*ς: nec *A*ω: non B_bF desint *RA*ω: desit *F*: desunt ς   630 ut
quamque *R*ς: ut quamquam *A*ς: et quamquam ς: et quam tu P_a
636 obde *RA*ς, *exc. Scal.*: adde *a*ω   641 puellis *RA*ω: puellae *a*ς
642 quae *Ra*ς: quam ς: quod *A*ς   643 obiectus *RA*ς: abiectus ω
644 in gemino *a*ω: ingenuo *RA*: ingenio ς

leniet; incipiens omnia sentit amor.

dum nouus in uiridi coalescit cortice ramus,
    concutiat tenerum quaelibet aura, cadet;   650
mox etiam uentis spatio durata resistet
    firmaque adoptiuas arbor habebit opes:
eximit ipsa dies omnis e corpore mendas,
    quodque fuit uitium, desinit esse mora:
ferre nouae nares taurorum terga recusant;   655
    adsiduo domitas tempore fallit odor.
nominibus mollire licet mala: 'fusca' uocetur,
    nigrior Illyrica cui pice sanguis erit;
si paeta est, 'Veneri similis'; si raua, 'Mineruae';
    sit 'gracilis', macie quae male uiua sua est;   660
dic 'habilem', quaecumque breuis, quae turgida, 'plenam';
    et lateat uitium proximitate boni.
nec quotus annus eat nec quo sit nata require
    consule, quae rigidus munera censor habet,
praecipue si flore caret meliusque peractum   665
    tempus et albentes iam legit illa comas.
utilis, o iuuenes, aut haec aut serior aetas:
    iste feret segetes, iste serendus ager.
[dum uires annique sinunt, tolerate labores:

648 leniet $a\varsigma$: lenit et $RA\omega$: leniet et O_a (*ut uid.*) W^1 649 coalescit $RA\omega\phi$: calescit ς: callescit O_a: durescit, decrescit, conscendit ς 650 concutiat $Ra\omega\phi$: concutiet $A\varsigma$ 651 etiam $RA\omega$: eadem $r\phi$ resistet $RA\varsigma\phi$: resistit ς 653 eximit $RA\omega\phi$: eximet O_a, *Charisius G.L.* i 72 K., *Eutyches ibid.* v 473, *Beda ibid.* vii 280   ipsa $RA\omega\phi$, *Charisius, Eutyches*: ipse L, *Beda*: illa DO_a 654 desinit $Ra\omega\phi$: desinet $A\varsigma$ 659 paeta *ed.* *Ald.* 1502: laeta $a\varsigma$: crassa $A\varsigma$: crasia R: grassa ς: longa U ueneri ω: ueneris RA raua *Heinsius, prob. Bentleius*: flaua $ra\omega$: parua $RA\varsigma$: fulua F. *cf. Priap.* xxxvi 4, *de quo u. Hauptii opusc.* iii 345–8   660 uiua $RA\varsigma$: uisa ω 665 peractum $RA\varsigma$: peractum est $a\varsigma$ 666 legit ς, *exc. Scal.*: leget $RA\varsigma$: legat $a\varsigma$: ligat ς: liget ς 669–74 *hic uix ferendi* (*quod tamen* 669–72 *in* ϕ *inter* iii 10 *et* 59 *leguntur, id ex materiae similitudine tantum accidisse puto*): *post* 702 L. Müller, *uix recte: haereo*   669 annique $R\varsigma e$: animique Ab (-que *om.*) $\omega p_1 p_3$ tolerate $RAb\varsigma p_1 p_3$: tolerare ωe

iam ueniet tacito curua senecta pede.   670
aut mare remigiis aut uomere findite terras
   aut fera belligeras addite in arma manus
aut latus et uires operamque adferte puellis:
   hoc quoque militia est, hoc quoque quaerit opes.]
adde, quod est illis operum prudentia maior,   675
   solus, et, artifices qui facit, usus adest.
illae munditiis annorum damna rependunt
   et faciunt cura, ne uideantur anus,
utque uelis, Venerem iungunt per mille figuras:
   inuenit plures nulla tabella modos.   680
illis sentitur non inritata uoluptas;
   quod iuuat, ex aequo femina uirque ferant.
odi concubitus, qui non utrumque resoluunt:
   hoc est, cur pueri tangar amore minus;
odi, quae praebet, quia sit praebere necesse,   685
   siccaque de lana cogitat ipsa sua;
quae datur officio, non est mihi grata uoluptas:
   officium faciat nulla puella mihi.
me uoces audire iuuat sua gaudia fassas,
   utque morer meme sustineamque, roget;   690
aspiciam dominae uictos amentis ocellos;
   langueat et tangi se uetet illa diu.
haec bona non primae tribuit natura iuuentae,
   quae cito post septem lustra uenire solent.
qui properent, noua musta bibant; mihi fundat auitum 695
   consulibus priscis condita testa merum.

---

671 terras *RAς*: terram *aςφ*   676 *dist. Housman*   680 inuenit
RAς: inuenit et *DPₐ*: inueniet *ω*   682 iuuat *Aω*: iuuet *R* (-bet) *Q*
ferant *RAς*: ferunt *ς*: ferent *Oₐ*   683 utrumque *Rω*: utrimque *aς*:
iterumque *A*   685 sit (sat *U*) . . . necesse *Rς*: scit (sic *O_b*) . . .
necesse *Aς*: sic (scit *D*) . . . necesse est *aς*   686 siccaque *RAω*:
siquaque *ς*   690 utque *Aω*: atque *RaO_g*   meme *RAω*: memet *aς*:
uenie *B*: cogit *U*   695 properent *R*: properant *rAωφ*

nec platanus, nisi sera, potest obsistere Phoebo
   et laedunt nudos prata nouella pedes;
scilicet Hermionen Helenae praeponere posses
   et melior Gorge quam sua mater erat!   700
at Venerem quicumque uoles adtingere seram,
   si modo duraris, praemia digna feres.
conscius, ecce, duos accepit lectus amantes:
   ad thalami clausas, Musa, resiste fores.
sponte sua sine te celeberrima uerba loquentur,   705
   nec manus in lecto laeua iacebit iners;
inuenient digiti quod agant in partibus illis,
   in quibus occulte spicula tingit Amor.
fecit in Andromache prius hoc fortissimus Hector
   nec solum bellis utilis ille fuit;   710
fecit et in capta Lyrneside magnus Achilles,
   cum premeret mollem lassus ab hoste torum.
illis te manibus tangi, Brisei, sinebas,
   imbutae Phrygia quae nece semper erant?
an fuit hoc ipsum quod te, lasciua, iuuaret,   715
   ad tua uictrices membra uenire manus?
crede mihi, non est Veneris properanda uoluptas
   sed sensim tarda prolicienda mora.
cum loca reppereris, quae tangi femina gaudet,
   non obstet, tangas quominus illa, pudor: 720
aspicies oculos tremulo fulgore micantes,
   ut sol a liquida saepe refulget aqua;

    697 phoebo $Rςp_1p_3$: uento $Aωe$: uentis $ς$ 699 posses $Raω$: possis
$Aς$: debes O_a 700 *Gorges mater quae fuerit in dubio est*   701 at
$ς$: ad $RAω$: sed H (*sscr.*) P_f 702 duraris $RAς$: durabis $bω$
705 celeberrima *codd.*: *an* creberrima *legendum? cf.* [*Ouid.*] *Am.* III v 3
707 quod $Rς$: quid $Aω$ 708 tingit R (-in) $Aω$: tangit $ς$: figit $ς$
709 hoc $RAς$: haec $ς$ 711 lyrneside $RAς$: lerneside $ς$: briseide $aς$
713 manibus tangi $RAω$: tangi manibus $rς$ 718 prolicienda H:
proicienda $RAω$: proficienda $ς$

accedent questus, accedet amabile murmur
  et dulces gemitus aptaque uerba ioco.
sed neque tu dominam uelis maioribus usus   725
  defice, nec cursus anteeat illa tuos;
ad metam properate simul: tum plena uoluptas,
  cum pariter uicti femina uirque iacent.
hic tibi seruandus tenor est, cum libera dantur
  otia, furtiuum nec timor urget opus;   730
cum mora non tuta est, totis incumbere remis
  utile et admisso subdere calcar equo.

Finis adest operi: palmam date, grata iuuentus,
  sertaque odoratae myrtea ferte comae.
quantus apud Danaos Podalirius arte medendi,   735
  Aeacides dextra, pectore Nestor erat,
quantus erat Calchas extis, Telamonius armis,
  Automedon curru, tantus amator ego.
me uatem celebrate, uiri, mihi dicite laudes;
  cantetur toto nomen in orbe meum.   740
arma dedi uobis; dederat Vulcanus Achilli:
  uincite muneribus, uicit ut ille, datis.
sed, quicumque meo superarit Amazona ferro,
  inscribat spoliis NASO MAGISTER ERAT.

Ecce, rogant tenerae, sibi dem praecepta, puellae: 745
  uos eritis chartae proxima cura meae.

   724 ioco $A\omega$: loco $R\varsigma$ 725 dominam *codd.*: domina (*seruato in* 726 desine) *Heinsius, Owen*   726 defice *ego*: desine $RA\omega$, *edd.* (*credite, posteri*): desere P_b. *cf. Her.* v 75   nec ω: ne $RA\varsigma$ 729 seruandus ω: uersandus $RA\varsigma$ 735 podalirius RAO_g (podalar-) P_c^2 (*ut uid.*): polidarius ω 743 superarit R (-et) $A\varsigma$: superabit ω 744 spoliis $RA\varsigma$: foliis ς *post* 746 P. OVIDI NASONIS ARTISSIMATORIAE LIBER ·II· EXPLICIT R

LIBER TERTIVS

Arma dedi Danais in Amazonas; arma supersunt,
    quae tibi dem et turmae, Penthesilea, tuae.
ite in bella pares; uincant, quibus alma Dione
    fauerit et, toto qui uolat orbe, puer.
non erat armatis aequum concurrere nudas;   5
    sic etiam uobis uincere turpe, uiri.
dixerit e multis aliquis 'quid uirus in anguis
    adicis et rabidae tradis ouile lupae?'
parcite paucarum diffundere crimen in omnes;
    spectetur meritis quaeque puella suis.   10
si minor Atrides Helenen, Helenesque sororem
    quo premat Atrides crimine maior habet,
si scelere Oeclides Talaioniae Eriphylae
    uiuus et in uiuis ad Styga uenit equis,
est pia Penelope lustris errante duobus   15
    et totidem lustris bella gerente uiro;
respice Phylaciden, et quae comes isse marito
    fertur et ante annos occubuisse suos;
fata Pheretiadae coniunx Pagasaea redemit
    proque uiro est uxor funere lata uiri.   20
'accipe me, Capaneu: cineres miscebimur' inquit
    Iphias in medios desiluitque rogos.
ipsa quoque et cultu est et nomine femina Virtus:
    non mirum, populo si placet illa suo.

INCIPIT LIBER III R 1 amazonas Ra (*ut uid.*) P_c: amazones $A\omega$
2 et $RA\varsigma$: om. ω turmae $RA\varsigma$: turbae ς 8 rabidae RAD:
rapidae ω: rabidis aP_c: rapidis ς: rapido B_bE_a lupae $RA\omega$: lupis $a\varsigma$:
lupo B_bE_a 13 talaioniae RAU (th-): t(h)alaonie $a\varsigma$: telaonie A_bT
(th-): telamonie (*uel sim.*) ω eriphylae $RA\omega$: eriphyles ς 19 pagasaea
ed. *Venet.* 1474: pagasea $P_a{}^2$: pagasia R: pegasea $A\omega$ 20 uiro $RA\omega$:
uiri ς: sui ς lata $RA\omega$: leta ς: lecta B_b: passa $DP_f{}^1$ uiri $RA\omega$: mori ς:
sui W 21 miscebimur *Heinsius*: miscebimus *codd.*   22 desiluit-
que $r\varsigma$: dissiluitque R (disil-) $A\omega$

(nec tamen hae mentes nostra poscuntur ab arte;   25
   conueniunt cumbae uela minora meae.
nil nisi lasciui per me discuntur amores:
   femina praecipiam quo sit amanda modo.)
femina nec flammas nec saeuos discutit arcus;
   parcius haec uideo tela nocere uiris.   30
saepe uiri fallunt, tenerae non saepe puellae
   paucaque, si quaeras, crimina fraudis habent:
Phasida, iam matrem, fallax dimisit Iaso;
   uenit in Aesonios altera nupta sinus.
quantum in te, Theseu, uolucres Ariadna marinas   35
   pauit in ignoto sola relicta loco.
quaere, Nouem cur una Viae dicatur, et audi
   depositis siluas Phyllida flesse comis.
et famam pietatis habet, tamen hospes et ensem
   praebuit et causam mortis, Elissa, tuae.   40
quid uos perdiderit, dicam: nescistis amare;
   defuit ars uobis: arte perennat amor.
nunc quoque nescirent! sed me Cytherea docere
   iussit et ante oculos constitit ipsa meos.
tum mihi 'quid miserae' dixit 'meruere puellae?   45
   traditur armatis uulgus inerme uiris.
illos artifices gemini fecere libelli;
   haec quoque pars monitis erudienda tuis.
probra Therapnaeae qui dixerat ante maritae,
   mox cecinit laudes prosperiore lyra.   50

29 discutit *RAω*, *i.e. defendit, paratior Amoris uictima est*: effugit *rꞩ*
33 Phasida iam *Itali*: phasidam *O_g*: phasideam *RAω*: phasiadam *ꞩ*: phasia-
dem *ꞩ*: phasiacam *W*   iaso *R*: iason *Aω*   35 ariadna *RP_c*: adrianna
ω: adriagna *Aꞩ*   36 loco *RAω*: solo toro *R* (*m¹ in marg.*): uiro loco *O_g*
37 (cur una) uiae dicatur *Heinsius*: c. u. uices (uice *R*, *ut uid.*) dicantur
RA: c. u. uices iter isset (iterasset *P_a*) *raω*: c. isse uices feratur *H*: uicibus
cur una feratur *P_c*: (quaere nouem) que uices (uices *in ras.*, *ut uid.*) cur una
feratur *O_g*   41 nescistis *Aꞩ*: nescitis *Rbω*   49 therapnaeae *RF*:
therampnee *Aꞩ* (*uel sim.*): teramnee (*uel sim.*) *ω*

si bene te noui, cultas ne laede puellas:
  gratia, dum uiues, ista petenda tibi est.'
dixit et e myrto (myrto nam uincta capillos
  constiterat) folium granaque pauca dedit;
sensimus acceptis numen quoque: purior aether   55
  fulsit, et e toto pectore cessit onus.
dum facit ingenium, petite hinc praecepta, puellae,
  quas pudor et leges et sua iura sinunt.
uenturae memores iam nunc estote senectae:
  sic nullum uobis tempus abibit iners.   60
dum licet et ueros etiam nunc editis annos,
  ludite: eunt anni more fluentis aquae.
nec, quae praeteriit, iterum reuocabitur unda
  nec, quae praeteriit, hora redire potest.
utendum est aetate: cito pede labitur aetas   65
  nec bona tam sequitur, quam bona prima fuit.
hos ego, qui canent, frutices uiolaria uidi;
  hac mihi de spina grata corona data est.
tempus erit, quo tu, quae nunc excludis amantes,
  frigida deserta nocte iacebis anus,   70
nec tua frangetur nocturna ianua rixa,
  sparsa nec inuenies limina mane rosa.
quam cito, me miserum, laxantur corpora rugis
  et perit, in nitido qui fuit ore, color,
quasque fuisse tibi canas a uirgine iures   75
  sparguntur subito per caput omne comae!
anguibus exuitur tenui cum pelle uetustas,
  nec faciunt ceruos cornua iacta senes;

52 uiues *Heinsius*: uiuis *codd.*   58 iura *R* (*marg.*) ω: uita *RA*
sinunt *R* (-ū *in marg.*) *A*ω: sinit *R*   63 iterum *R*ωφ: rursum *A*ς:
rursus ς   65–66, 73–74 *in Anth. Lat.* (269 R.) *epigrammatis instar
traduntur*   69 quo *RA*ω: cum *rF*[1]*P*ₐ   amantes *RA*ω: amantem ς
73 quam cito me *RA*ωφ: heu me nunc *codd. Anth.*   75 iures *a*ω:
iuras *RA*ς   76 sparguntur ς: spargentur *RA*ω

nostra sine auxilio fugiunt bona: carpite florem,
    qui, nisi carptus erit, turpiter ipse cadet.   80
adde, quod et partus faciunt breuiora iuuentae
    tempora: continua messe senescit ager.
Latmius Endymion non est tibi, Luna, rubori,
    nec Cephalus roseae praeda pudenda deae;
ut Veneri, quem luget adhuc, donetur Adonis,   85
    unde habet Aenean Harmoniamque suos?
ite per exemplum, genus o mortale, dearum,
    gaudia nec cupidis uestra negate uiris.
ut iam decipiant, quid perditis? omnia constant;
    mille licet sumant, deperit inde nihil.   90
conteritur ferrum, silices tenuantur ab usu;
    sufficit et damni pars caret illa metu.
quis uetet adposito lumen de lumine sumi
    quisue cauo uastas in mare seruet aquas?
et tamen ulla uiro mulier 'non expedit' inquit?   95
    quid, nisi quam sumes, dic mihi, perdis, aquam?
nec uos prostituit mea uox, sed uana timere
    damna uetat: damnis munera uestra carent.
sed me flaminibus uenti maioris iturum,
    dum sumus in portu, prouehat aura leuis.   100

ORDIOR a cultu: cultis bene Liber ab uuis
    prouenit, et culto stat seges alta solo.
forma dei munus; forma quota quaeque superbit?
    pars uestrum tali munere magna caret.

79 nostra $RA\varsigma\phi$: uestra ω 81 breuiora $A\omega$: seniora RaB_bO_a, *ex
sequenti uersu*   83 rubori $RA\varsigma$: pudori ς 85 ut ueneri quem
luget adhuc ponetur (*corr. Heinsius*) adonis R: ut taceam de te quem (quae
ς: qui E_a) nunc quoque luget adoni (adonis A (*corr. a*) ς) $A\omega$ 86 ae-
nean $R\varsigma$: aeneam $A\omega$ armoniamque suos R: hermionenque (*uel* -emque)
uenus A (-etque, *corr. a*) ω 93 uetet $R\omega ep_3$: uetat $A\varsigma p_1$ 94 cauo
$RA\varsigma$: cauum $a\varsigma$ seruet $RA\omega$: seruat ς 95 et $RA\omega$: at $a\varsigma$ 96 sumes
$RA\varsigma$: sumis $a\omega$ *post* perdis *dist. J. C. Jahn*   101 ordior RO_g: ordiar $A\omega$

cura dabit faciem; facies neclecta peribit,   105
   Idaliae similis sit licet illa deae.
corpora si ueteres non sic coluere puellae,
   nec ueteres cultos sic habuere uiros:
si fuit Andromache tunicas induta ualentes,
   quid mirum? duri militis uxor erat;   110
scilicet Aiaci coniunx ornata uenires,
   cui tegimen septem terga fuere boum!
simplicitas rudis ante fuit; nunc aurea Roma est
   et domiti magnas possidet orbis opes.
aspice, quae nunc sunt, Capitolia, quaeque fuerunt: 115
   alterius dices illa fuisse Iouis.
Curia consilio nunc est dignissima tanto,
   de stipula Tatio regna tenente fuit;
quae nunc sub Phoebo ducibusque Palatia fulgent,
   quid nisi araturis pascua bubus erant?   120
prisca iuuent alios, ego me nunc denique natum
   gratulor: haec aetas moribus apta meis,
non quia nunc terrae lentum subducitur aurum
   lectaque diuerso litore concha uenit,
nec quia decrescunt effosso marmore montes,   125
   nec quia caeruleae mole fugantur aquae,
sed quia cultus adest nec nostros mansit in annos
   rusticitas priscis illa superstes auis.
uos quoque non caris aures onerate lapillis,
   quos legit in uiridi decolor Indus aqua,   130
nec prodite graues insuto uestibus auro:
   per quas nos petitis, saepe fugatis, opes.
munditiis capimur: non sint sine lege capilli;

106 idalie *a* (*ut uid.*) ω: idalice *RA*ς   108 cultos *R*: cultus *A*ω
uiros *RA*ς: uiri *a*ω   111 uenires *RA*ς: ueniret *a*ω   117 con-
silio *R*ω: concilio *A*ς   nunc est *R*ς: quae nunc *a*ω: *de A incert.*   tanto
*RA*ω: tanto est ς   129 non *RA*ω, *uni Ellisio, quod sciam, suspectum*:
nec *L, fortasse recte*

admotae formam dantque negantque manus.
nec genus ornatus unum est: quod quamque decebit,   135
    elegat et speculum consulat ante suum.
longa probat facies capitis discrimina puri:
    sic erat ornatis Laodamia comis.
exiguum summa nodum sibi fronte relinqui,
    ut pateant aures, ora rotunda uolunt.   140
alterius crines umero iactentur utroque:
    talis es adsumpta, Phoebe canore, lyra;
altera succinctae religetur more Dianae,
    ut solet, attonitas cum petit illa feras;
huic decet inflatos laxe iacuisse capillos,   145
    illa sit adstrictis impedienda comis;
hanc placet ornari testudine Cyllenaea,
    sustineat similes fluctibus illa sinus.
sed neque ramosa numerabis in ilice glandes,
    nec quot apes Hybla nec quot in Alpe ferae,   150
nec mihi tot positus numero conprendere fas est:
    adicit ornatus proxima quaeque dies.
et neclecta decet multas coma: saepe iacere
    hesternam credas, illa repexa modo est.
ars casu similis: sic capta uidit ut urbe   155
    Alcides Iolen, 'hanc ego' dixit 'amo.'
talem te Bacchus Satyris clamantibus 'euhoe'
    sustulit in currus, Cnosi relicta, suos.
o quantum indulget uestro natura decori,
    quarum sunt multis damna pianda modis!   160

138 laodamia *RA*: laodomia *ω*: laudomia *ς*: lauodomia *N*   145 huic
RA: hanc *aω*   laxe *R* (laxate) *Aς*: late *aς*   147 placet *RAς*: decet *ς*
150 hybla *ς*: hyble *Aω*: hyblae *RP*ₒ, *edd. post Ehwaldium.* in ἀπὸ κοινοῦ
intellegendum esse monuit Burmannus   151 positus *ω*: positos *RAς*:
posito *rL¹ (ut uid.):* cultus *ς*   155 casu *Riese:* casus *RAς*: casum *ω*
similis *R*: simulet *Aω*   ut *RD*∻ in *Aω*   158 cnosi *R*: gnosi *Aω*.
cf. i 293

nos male detegimur, raptique aetate capilli,
  ut Borea frondes excutiente, cadunt;
femina canitiem Germanis inficit herbis,
  et melior uero quaeritur arte color,
femina procedit densissima crinibus emptis   165
  proque suis alios efficit aere suos.
nec rubor est emisse: palam uenire uidemus
  Herculis ante oculos uirgineumque chorum.
quid de ueste loquar? nec nunc segmenta requiro
  nec quae de Tyrio murice, lana, rubes.   170
cum tot prodierint pretio leuiore colores,
  quis furor est census corpore ferre suos?
aeris, ecce, color, tum cum sine nubibus aer
  nec tepidus pluuias concitat Auster aquas;
ecce tibi similis, quae quondam Phrixon et Hellen   175
  diceris Inois eripuisse dolis;
hic undas imitatur, habet quoque nomen ab undis:
  crediderim Nymphas hac ego ueste tegi;
ille crocum simulat (croceo uelatur amictu,
  roscida luciferos cum dea iungit equos),   180
hic Paphias myrtos, hic purpureas amethystos
  albentesue rosas Threiciamue gruem;
nec glandes, Amarylli, tuae nec amygdala desunt,
  et sua uelleribus nomina cera dedit.
quot noua terra parit flores, cum uere tepenti   185
  uitis agit gemmas pigraque fugit hiems,

161 raptique *Raω*: ruptique *As*   167 *post* emisse *dist. Ehwald, suadente Madvigio*   169 nec nunc *Rs*: nec non *AOₐ* (*ut uid.*) *Oₓ*: nec (non *NPᵦ*) uos *ω*: nec enim *D*: nec tu (. . . require) *T*   170 rubes *RAN*: rubet *ω, fortasse recte*   173 aer *RAω*: aether *s*: extat *EₐOₐ*   175 quae *R, i.e. Nephele* (*interpretatus est W. M. Edwards*): qui *Aω*   ph(f)rixon *a* (*ut uid.*) *s*: ph(f)rixen *RAω*   hellen *s*: ellen *As*: hellem *Rω*   176 inois *RAs*: ioniis (*uel sim.*) *s*   181 paphias *a* (*ut uid.*) *ω*: paphios *RA*: phasias *s*: phasidas *Q*   purpureas *RAs*: purpureos *ω*   186 fugit *RAs*: surgit *F*: cedit *s*

lana tot aut plures sucos bibit: elige certos,
   nam non conueniens omnibus omnis erit.
pulla decent niueas: Briseida pulla decebant;
   cum rapta est, pulla tum quoque ueste fuit.   190
alba decent fuscas: albis, Cephei, placebas;
   sic tibi uestitae pressa Seriphos erat.
quam paene admonui, ne trux caper iret in alas
   neue forent duris aspera crura pilis!
sed non Caucasea doceo de rupe puellas   195
   quaeque bibant undas, Myse Caice, tuas.
quid, si praecipiam ne fuscet inertia dentes
   oraque suscepta mane lauentur aqua?
scitis et inducta candorem quaerere creta;
   sanguine quae uero non rubet, arte rubet;   200
arte supercilii confinia nuda repletis
   paruaque sinceras uelat aluta genas.
nec pudor est oculos tenui signare fauilla
   uel prope te nato, lucide Cydne, croco.
est mihi, quo dixi uestrae medicamina formae,   205
   paruus, sed cura grande, libellus, opus:
hinc quoque praesidium laesae petitote figurae;
   non est pro uestris ars mea rebus iners.
non tamen expositas mensa deprendat amator
   pyxidas: ars faciem dissimulata iuuat.   210
quem non offendat toto faex inlita uultu,
   cum fluit in tepidos pondere lapsa sinus?

188 omnis *RA* (*ut uid.*) ς: unus aς   193 quam paene *R*: quam saepe
aω: ah quotiens (monui) *A* (*u. Append.*)   196 bibant *RANQ*: bi-
bunt *aω*   198 suscepta *RAω*: succepta *Shackleton Bailey* (*coll. Capro
G.L.* viii 98 *K., Velio Longo ibid.* vii 64, *Prop.* IV ix 36), *O*_b (sucepta)
199 creta *Micyllus, Heinsius*: cera *codd.*   204 Cydne *Itali, T* (cid-):
cygne *RP*_c: cigne *Aω*   205 quo dixi *Aω*: quod dixi *RFP*_a: qui dixit
(dicit *A*_b*B*_b) ς   207 figurae *Itali*: puellae *Aω*: puella *R*   211 of-
fendat *RAω*: offendit ς

oesypa quid redolent, quamuis mittatur Athenis
  demptus ab inmundo uellere sucus ouis?
nec coram mixtas ceruae sumpsisse medullas   215
  nec coram dentes defricuisse probem.
ista dabunt formam, sed erunt deformia uisu,
  multaque, dum fiunt turpia, facta placent:
quae nunc nomen habent operosi signa Myronis,
  pondus iners quondam duraque massa fuit;   220
anulus ut fiat, primo conliditur aurum;
  quas geritis uestis, sordida lana fuit.
cum fieret, lapis asper erat; nunc, nobile signum,
  nuda Venus madidas exprimit imbre comas.
tu quoque dum coleris, nos te dormire putemus: 225
  aptius a summa conspiciere manu.
cur mihi nota tuo causa est candoris in ore?
  claude forem thalami: quid rude prodis opus?
multa uiros nescire decet; pars maxima rerum
  offendat, si non interiora tegas: 230
aurea quae pendent ornato signa theatro
  inspice, contemnes: brattea ligna tegit;
sed neque ad illa licet populo, nisi facta, uenire,
  nec nisi summotis forma paranda uiris.
at non pectendos coram praebere capillos,   235
  ut iaceant fusi per tua terga, ueto.

---

213 oesypa *R*: esopa *Aω*   mittatur *R*: mittantur *Aω, fortasse recte*
217 formam *Heinsius ex Farnesiano* (*i.e. Oxon. Bodl. Canon. class. Lat.* 15,
saec. xv) *et uno Patauino*: curam *R* (*cf. Med.* 2), *ed. Aug.* 1471: faciem *Aω*
225 tu (tunc *ς*) quoque dum (cum *ς*) coleris (color est *R*: calor est *O$_g$*) nos
RAω: tu faciem cura dum *ς*   putemus *Aω*: putamus *Rς*   227 tuo
Itali: tui *codd.*   228 quid *RaP$_c$*: quae *Aω*: qui *E$_a$*: dum *BT*: cum
N   prodis *aF²* (*u.l.*) *P$_c$*: cogis *RAω*: fingis *B*   230 offendat *RA$_b$F*:
offendit *Aω. cf.* 211   231 pendent *codd., i.e. in loco edito stant*:
splendent *Burmannus*   232 contemnes *Madvig*: contempnens *R*:
quam (cum *Q*) tenuis *Aω*   tegit *Münscher ap. Thes. L.L., s.u. brattea*:
tegat *RAω*: beat *Madvig, satis audacter*

illo praecipue ne sis morosa caueto
   tempore nec lapsas saepe resolue comas;
tuta sit ornatrix: odi, quae sauciat ora
   unguibus et rapta bracchia figit acu;   240
deuouet, et tangit, dominae caput illa simulque
   plorat in inuisas sanguinolenta comas.
quae male crinita est, custodem in limine ponat
   orneturue Bonae semper in aede Deae.
dictus eram subito cuidam uenisse puellae: 245
   turbida peruersas induit illa comas.
hostibus eueniat tam foedi causa pudoris
   inque nurus Parthas dedecus illud eat!
turpe pecus mutilum, turpis sine gramine campus
   et sine fronde frutex et sine crine caput.   250
non mihi uenistis, Semele Ledeue, docendae,
   perque fretum falso Sidoni uecta boue
aut Helene, quam non stulte, Menelae, reposcis,
   tu quoque non stulte, Troice raptor, habes;
turba docenda uenit pulchrae turpesque puellae,   255
   pluraque sunt semper deteriora bonis.
formosae non artis opem praeceptaque quaerunt;
   est illis sua dos, forma sine arte potens:
cum mare compositum est, securus nauita cessat;
   cum tumet, auxiliis adsidet ille suis.   260
rara tamen menda facies caret: occule mendas,
   quaque potes, uitium corporis abde tui.
si breuis es, sedeas, ne stans uideare sedere,
   inque tuo iaceas quantulacumque toro
(hic quoque, ne possit fieri mensura cubantis,   265

237 morosa *ç*: nemorosa *R* (*sed u. Append.*) *Aω*: uenenosa *O_g*: numerosa
U   238 lapsas *RAω*: lassas *O_g*: laxas *O_bP_f²* (*u.l.*): nexas *aB_bE_a*
242 in *ç*: et *RAω*   248 parthas *ç*: pharias *RAω*   251 ledeue
RAω: ledeque *a* (*ut uid.*) *ç*   252 perque *codd.*: perue *Ehwald*
262 quaque *RAç*: quaimque *ç*

P. OVIDI NASONIS

iniecta lateant fac tibi ueste pedes);
quae nimium gracilis, pleno uelamina filo
    sumat, et ex umeris laxus amictus eat;
pallida purpureis tangat sua corpora uirgis,
    nigrior ad Pharii confuge piscis opem;   270
pes malus in niuea semper celetur aluta,
    arida nec uinclis crura resolue suis;
conueniunt tenues scapulis analemptrides altis,
    angustum circa fascia pectus eat;
exiguo signet gestu, quodcumque loquetur,   275
    cui digiti pingues et scaber unguis erit;
cui grauis oris odor, numquam ieiuna loquatur
    et semper spatio distet ab ore uiri;
si niger aut ingens aut non erit ordine natus
    dens tibi, ridendo maxima damna feres.   280
quis credat? discunt etiam ridere puellae,
    quaeritur atque illis hac quoque parte decor:
sint modici rictus paruaeque utrimque lacunae,
    et summos dentes ima labella tegant,
nec sua perpetuo contendant ilia risu,   285
    sed leue nescioquid femineumque sonet.
est, quae peruerso distorqueat ora cachinno;
    cum risu laeta est altera, flere putes;
illa sonat raucum quiddam atque inamabile: ridet,
    ut rudit a scabra turpis asella mola.   290

269 tangat *RAω*: tingat *ς*: cingat *a*   270 piscis *codd.*, *sensu incer-
tissimo*: (Phariae . . .) uestis *Blümner*   272 suis *ς*: tuis *RAω*   273 ana-
lemptrides *Schulze*, *Orthogr. p. xv*: analeptrides *F*: analecptrides *R*:
analectrides *Aς*: analetrides, analetides, analentrides, analeptides, ana-
ledides *et sim.* ω   275 loquetur *RAς*: loquatur *ς*   282 atque *codd.*:
aque *Haupt*   286 sonet *RAς*: sonent *ς*: sonat *P_a*: sonum *B_b*
288 cum risu leta est *A* (*sed u. Append.*) ω: c. r. lata est *R* (*marg.*):
c. r. usa est *RaP_a*: c. r. quassa est *Rappold*: c. r. fusa est *Palmer*: risu
concussa est *Alton*   289 *post* inamabile *interpunx. Ehwald*: *post* ridet
priores   290 a scabra . . . mola *RAς*: ad scabram . . . molam *ς*

180

quo non ars penetrat? discunt lacrimare decenter
  quoque uolunt plorant tempore quoque modo.
quid, cum legitima fraudatur littera uoce
  blaesaque fit iusso lingua coacta sono?
in uitio decor est: quaedam male reddere uerba   295
  discunt, posse minus, quam potuere, loqui.
omnibus his, quoniam prosunt, inpendite curam;
  discite femineo corpora ferre gradu:
est et in incessu pars non contempta decoris;
  allicit ignotos ille fugatque uiros.   300
haec mouet arte latus tunicisque fluentibus auras
  accipit, extensos fertque superba pedes;
illa, uelut coniunx Vmbri rubicunda mariti,
  ambulat, ingentis uarica fertque gradus.
sed sit, ut in multis, modus hic quoque: rusticus alter   305
  motus, concesso mollior alter erit.
pars umeri tamen ima tui, pars summa lacerti
  nuda sit, a laeua conspicienda manu:
hoc uos praecipue, niueae, decet; hoc ubi uidi,
  oscula ferre umero, qua patet, usque libet.   310
monstra maris Sirenes erant, quae uoce canora
  quamlibet admissas detinuere rates;
his sua Sisyphides auditis paene resoluit
  corpora (nam sociis inlita cera fuit).
res est blanda canor: discant cantare puellae   315
  (pro facie multis uox sua lena fuit)
et modo marmoreis referant audita theatris
  et modo Niliacis carmina lusa modis;

293 fraudatur *RAω*: fraudetur *NW*   294 fit *RAϛ*: sit *ϛ*   295 *post est interpunx. Ker*: *post* uerba *priores*   299 contempta *Raϛ*: temnenda *Aω*   300 allicit *Aω*: alligat *rH¹P_b*: alicigat *R*   ille *Heinsius*: illa *codd.*   305 sit *RO_aO_g*: fit *Aω*   306 concesso *Merkel*: concessus *R*: in incessu *A* (-ensu) *ω*: et incessus (-u *O_a*) *ϛ*   312 quamlibet *RN*: qualibet *ϛ*: quaslibet *Aω*

nec plectrum dextra, citharam tenuisse sinistra
    nesciat arbitrio femina docta meo: 320
saxa ferasque lyra mouit Rhodopeius Orpheus
    Tartareosque lacus tergeminumque canem;
saxa tuo cantu, uindex iustissime matris,
    fecerunt muros officiosa nouos;
quamuis mutus erat, uoci fauisse putatur   325
    piscis Arioniae, fabula nota, lyrae.
disce etiam duplici genialia nablia palma
    uerrere: conueniunt dulcibus illa iocis.
sit tibi Callimachi, sit Coi nota poetae,
    sit quoque uinosi Teia Musa senis;   330
nota sit et Sappho (quid enim lasciuius illa?)
    cuiue pater uafri luditur arte Getae;
et teneri possis carmen legisse Properti
    siue aliquid Galli siue, Tibulle, tuum
dictaque Varroni fuluis insignia uillis   335
    uellera germanae, Phrixe, querenda tuae
et profugum Aenean, altae primordia Romae,
    quo nullum Latio clarius extat opus;
forsitan et nostrum nomen miscebitur istis
    nec mea Lethaeis scripta dabuntur aquis   340
atque aliquis dicet 'nostri lege culta magistri
    carmina, quis partes instruit ille duas,
deue tribus libris, titulo quos signat AMORVM,
    elige, quod docili molliter ore legas,
uel tibi composita cantetur EPISTVLA uoce;   345

326 *dist. ego*: *post* piscis *priores*   327 nablia *Itali*, *B*: nubila *R*,
exc. Scal.: naplia *Aς*: nauplia *aω*: naulia *uett. edd.*, *prob. Heinsius*
328 uerrere *RATU*: uertere ω   332 cuiue ω: cuique *P₁*: cumue
RAHOₐ: quaque *Q*   335 uarroni *AF¹ (ut uid.)*: uarronis *Raω*   fuluis
. . . uillis *Rω*: uillis . . . fuluis *Aς*   343 deue tribus *Aς*: deque tribus ς:
deue cerem *R (ut uid.*; deie c. *r*), *unde alii alia frustra coniecerunt*   titulo
F¹: titulos *R*: titulus *Aω*   quos *Aω*: quo *R*   amorum *RAω*: amoris ς

   ignotum hoc aliis ille nouauit opus.'
o ita, Phoebe, uelis, ita uos, pia numina uatum,
   insignis cornu Bacche nouemque deae!
quis dubitet, quin scire uelim saltare puellam,
   ut moueat posito bracchia iussa mero?   350
artifices lateris, scaenae spectacula, amantur:
   tantum mobilitas illa decoris habet.
parua monere pudet, talorum dicere iactus
   ut sciat et uires, tessera missa, tuas;
et modo tres iactet numeros, modo cogitet, apte   355
   quam subeat partem callida quamque uocet,
cautaque non stulte latronum proelia ludat,
   unus cum gemino calculus hoste perit
bellatorque sua prensus sine compare bellat
   aemulus et coeptum saepe recurrit iter;   360
reticuloque pilae leues fundantur aperto
   nec, nisi quam tolles, ulla mouenda pila est;
est genus in totidem tenui ratione redactum
   scripula, quot menses lubricus annus habet;
parua tabella capit ternos utrimque lapillos,   365
   in qua uicisse est continuasse suos.
mille facesse iocos; turpe est nescire puellam
   ludere: ludendo saepe paratur amor.
sed minimus labor est sapienter iactibus uti;
   maius opus mores composuisse suos: 370
tum sumus incauti studioque aperimur in ipso
   nudaque per lusus pectora nostra patent;
ira subit, deforme malum, lucrique cupido

353 dicere $RA\varsigma$: ducere BE_a: discere ς 359 sua RAO_gP_c: suo
ω: suus T: tuus L bellat $RA\varsigma$: bellet $a\omega$: pugnet (-at F^1) ς: ludat N
360 recurrit $Itali$: recurrat $codd$.   362 tolles $RA\omega$: tollas $a\varsigma$
364 scripula $Scaliger$: scriptula $Salmasius$, $Heinsius$: spicula $codd$.
367 facesse RA: fac esse $a\varsigma$: face esse ς

iurgiaque et rixae sollicitusque dolor;
crimina dicuntur, resonat clamoribus aether,   375
    inuocat iratos et sibi quisque deos.
nulla fides tabulae: quae non per uota petuntur?
    et lacrimis uidi saepe madere genas.
Iuppiter a uobis tam turpia crimina pellat,
    in quibus est ulli cura placere uiro!   380
hos ignaua iocos tribuit natura puellis;
    materia ludunt uberiore uiri:
sunt illis celeresque pilae iaculumque trochique
    armaque et in gyros ire coactus equus;
nec uos Campus habet nec uos gelidissima Virgo   385
    nec Tuscus placida deuehit amnis aqua.
at licet et prodest Pompeias ire per umbras,
    Virginis aetheriis cum caput ardet equis;
uisite laurigero sacrata Palatia Phoebo
    (ille Paraetonias mersit in alta rates)   390
quaeque soror coniunxque ducis monimenta pararunt
    naualique gener cinctus honore caput,
uisite turicremas uaccae Memphitidos aras,
    uisite conspicuis terna theatra locis;
spectentur tepido maculosae sanguine harenae   395
    metaque feruenti circumeunda rota.
quod latet, ignotum est; ignoti nulla cupido:
    fructus abest, facies cum bona teste caret.
tu licet et Thamyran superes et Amoebea cantu,
    non erit ignotae gratia magna lyrae;   400
si Venerem Cous nusquam posuisset Apelles,
    mersa sub aequoreis illa lateret aquis;

377 tabulae *RHO$_g$* (tabuleque noue per): tabulis *Aω*   390 p(h)aret-
t(h)onias *ω*: p(h)aretonicas *ς*: parethonicas *RA*   397 cupido *RA* (*ut
uid.*) *ω*: cupido est *a$\varsigma\phi$*   399 thamiran *B$_b$*: thamy(i)ram *RAω*   et
(*om. Aς, add. a*) amoebea *RAω*: amabeaque *ς*   401 nusquam *RaF^2*
(*u.l.*): numquam *Aω*   posuisset *Raς*: pinxisset *Aω*

quid petitur sacris, nisi tantum fama, poetis?
  hoc uotum nostri summa laboris habet.
cura deum fuerunt olim regumque poetae,   405
  praemiaque antiqui magna tulere chori,
sanctaque maiestas et erat uenerabile nomen
  uatibus, et largae saepe dabantur opes:
Ennius emeruit, Calabris in montibus ortus,
  contiguus poni, Scipio magne, tibi;   410
nunc hederae sine honore iacent operataque doctis
  cura uigil Musis nomen inertis habet.
sed famae uigilare iuuat: quis nosset Homerum,
  Ilias aeternum si latuisset opus?
quis Danaen nosset, si semper clusa fuisset   415
  inque sua turri perlatuisset anus?
utilis est uobis, formosae, turba, puellae;
  saepe uagos ultra limina ferte pedes.
ad multas lupa tendit oues, praedetur ut unam,
  et Iouis in multas deuolat ales aues: 420
se quoque det populo mulier speciosa uidendam;
  quem trahat, e multis forsitan unus erit;
omnibus illa locis maneat studiosa placendi
  et curam tota mente decoris agat.
casus ubique ualet: semper tibi pendeat hamus;   425
  quo minime credis gurgite, piscis erit;
saepe canes frustra nemorosis montibus errant
  inque plagam nullo ceruus agente uenit.
quid minus Andromedae fuerat sperare reuinctae

405 deum *RA*ϛ: ducum *aωφ*   fuerunt *Heinsius* 'cum excerptis
Iureti': fuerant *codd.*   409 ortus *Parrhasius*: ortos *ω*: hortos *RABP*ₒ
410 contiguus *Parrhasius, R*: contiguos *Aω*: continuos ϛ   poni *Parrha-*
sius: ponis *O*ₒ: poenis *RT* (pe-): pene *Aω*   tibi *RAω*: tuis ϛ
414 ilias *R*: ilios *Aω*   417 turba *R*: cura *Aω*   418 ferte *Heinsius*,
QU (*ut uid.*): ferre *RAω*   428 uenit *RA*ϛφ: cadit *a*ϛ   429 an-
dromedae (-ade ϛ) *RAω*: andromache ϛ   reuinctae *A*ϛ: reuictae *R*ϛ:
relictae *a*ϛ

quam lacrimas ulli posse placere suas?　　　　　　　　430
funere saepe uiri uir quaeritur: ire solutis
　　crinibus et fletus non tenuisse decet.
sed uitate uiros cultum formamque professos
　　quique suas ponunt in statione comas:
quae uobis dicunt, dixerunt mille puellis;　　　　　435
　　errat et in nulla sede moratur Amor.
femina quid faciat, cum sit uir leuior ipsa
　　forsitan et plures possit habere uiros?
uix mihi credetis, sed credite: Troia maneret,
　　praeceptis Priami si foret usa sui.　　　　　　440
sunt qui mendaci specie grassentur amoris
　　perque aditus talis lucra pudenda petant.
nec coma uos fallat liquido nitidissima nardo
　　nec breuis in rugas lingula pressa suas,
nec toga decipiat filo tenuissima, nec si　　　　　445.
　　anulus in digitis alter et alter erit:
forsitan ex horum numero cultissimus ille
　　fur sit et uratur uestis amore tuae;
'redde meum' clamant spoliatae saepe puellae,
　　'redde meum' toto uoce boante foro.　　　　　450
has, Venus, e templis multo radiantibus auro
　　lenta uides lites Appiadesque tuae.
sunt quoque non dubia quaedam mala nomina fama:
　　deceptae, a, multi crimen amantis habent.

---

437 faciat *RAϛ*: faciet ϛ　　sit uir *Rω*: uir sit *Aϛ*　　　440 priami *aϛ*:
priame *RAϛ*　　sui *aϛ*: tuis *RAϛ*: senis ϛ. *cum haec ad Cassandram spectare
uideantur, alii alia coniecerunt; sed u. Housmannum ad Luc.* viii 251,
Palmerum ad Her. v 95, *ubi Met.* xiii 200 *affert*　　　441 grassentur *Raϛ*:
grassantur *Aωφ*　　amoris *ωφ*: amores *RAϛ*　　　442 petant *RAϛ*:
petunt ϛφ　　　444 lingula *Rϛ*: cingula *Aϛ*　　　446 alter et *RAω*:
unus et ϛ　　　452 lenta *RA*: leta *aω*　　uides *Aϛ*: uidet *Rω*　　tuae
RAϛ: suae ϛ: deae ω　　　454 a! multi *Ehwald*: a multis *codd.*: et
multis *Burmannus*: multi *Hilberg*

discite ab alterius uestris timuisse querelis,   455
    ianua fallaci ne sit aperta uiro:
parcite, Cecropides, iuranti credere Theseo:
    quos faciet testis, fecit et ante deos:
et tibi, Demophoon Thesei criminis heres,
    Phyllide decepta nulla relicta fides.   460
si bene promittent, totidem promittite uerbis;
    si dederint, et uos gaudia pacta date.
illa potest uigiles flammas extinguere Vestae
    et rapere e templis, Inachi, sacra tuis
et dare mixta uiro tritis aconita cicutis,   465
    accepto Venerem munere si qua negat.
fert animus propius consistere: supprime habenas,
    Musa, nec admissis excutiare rotis.
uerba uadum temptent abiegnis scripta tabellis:
    accipiat missas apta ministra notas.   470
inspice, quodque leges, ex ipsis collige uerbis
    fingat an ex animo sollicitusque roget,
postque breuem rescribe moram: mora semper amantes
    incitat, exiguum si modo tempus habet.
sed neque te facilem iuueni promitte roganti   475
    nec tamen e duro, quod petit ille, nega:
fac timeat speretque simul, quotiensque remittes,
    spesque magis ueniat certa minorque metus.
munda sed e medio consuetaque uerba, puellae,
    scribite: sermonis publica forma placet.   480

---

455 uestris $R\omega\phi$: uestras AO_aP_c; *sensus est: discite timuisse ne et ipsae babeatis quod queramini. cf. Liu.* XXXI xxi 4   461 promittent $R\varsigma$: promittunt $a\varsigma$: promittant $A\varsigma$ 469 abiegnis *Itali*, $P_a{}^2$ (*ut uid.*): abienis $a\varsigma$: abigenis AB_bP_c: alienis $R\varsigma$ 471 quodque $RA\omega$: quaeque ς: dumque ς 476 eduro $RA\omega$, *diuisit Madvig*: ex toto ς ille $RA\omega$: ore P_a, *unde* eduro ... ore *Heinsius*   477 remittes $A\omega$: remittet (-it B^1P_c) $R\varsigma$ 480 forma placet RA (-ent) ς: uerba placent ς

a, quotiens dubius scriptis exarsit amator
et nocuit formae barbara lingua bonae!
sed quoniam, quamuis uittae careatis honore,
    est uobis uestros fallere cura uiros,
ancillae pueriue manu perarate tabellas,   485
    pignora nec puero credite uestra nouo:
uidi ego fallentis isto terrore puellas
    seruitium miseras tempus in omne pati
(perfidus ille quidem, qui talia pignora seruat,
    sed tamen Aetnaei fulminis instar habent).   490
iudice me fraus est concessa repellere fraudem,
    armaque in armatos sumere iura sinunt.
ducere consuescat multas manus una figuras
    (a, pereant, per quos ista monenda mihi!),
nec nisi deletis tutum rescribere ceris,   495
    ne teneat geminas una tabella manus;
femina dicatur scribenti semper amator:
    'illa' sit in uestris, qui fuit 'ille', notis.
si licet a paruis animum ad maiora referre
    plenaque curuato pandere uela sinu,   500
pertinet ad faciem rabidos compescere mores:
    candida pax homines, trux decet ira feras.
ora tument ira, nigrescunt sanguine uenae,
    lumina Gorgoneo saeuius igne micant.

---

481 dubius R_5: dubiis $A\omega$ 483 uittae a_5: uictae $NP_a{}^1$ (*ut uid.*):
uitae $RA\omega$ 485 pueriue 5: puerique $RA\omega$ manu perarate *Bent-
leius, Merkel*: manus ferat arte *codd.*   486 puero $RA\omega$: iuueni
5 uestra $A\omega$: nostra RL (*ut uid.*)   nouo $RA\omega$: rudi a_5: uiro O_a
487–8 *post* 490 *transp. Damsté*   487 fallentes isto terrore R
(-tis) A_5: pallentes i. t. (ipso latore P_f) $a\omega$: deceptas i. latore E_a: deflentes
nostro t. D: (uidi egomet) flentes i. t. U 490 habent *Housman*: habet
codd.   491 fraudem $Ra\omega\phi$: fraude A_5 495 tutum RA_5:
tutum est a_5 496 ne R_5: nec $A\omega$ 497 scribenti a_5: scribentis
$RA\omega$ 499 si licet RA_5: scilicet 5: sed licet 5: sed libet F^1P_f: si decet B_b
501 rabidos $RA_5\phi$: rapidos ω

'i procul hinc,' dixit 'non es mihi, tibia, tanti',   505
   ut uidit uultus Pallas in amne suos:
uos quoque si media speculum spectetis in ira,
   cognoscat faciem uix satis ulla suam.
nec minus in uultu damnosa superbia uestro:
   comibus est oculis alliciendus Amor.   510
odimus inmodicos (experto credite) fastus:
   saepe tacens odii semina uultus habet.
spectantem specta; ridenti mollia ride;
   innuet: acceptas tu quoque redde notas.
sic ubi prolusit, rudibus puer ille relictis   515
   spicula de pharetra promit acuta sua.
odimus et maestas; Tecmessam diligat Aiax,
   nos, hilarem populum, femina laeta capit.
numquam ego te, Andromache, nec te, Tecmessa, rogarem,
   ut mea de uobis altera amica foret;   520
credere uix uideor, cum cogar credere partu,
   uos ego cum uestris concubuisse uiris.
scilicet Aiaci mulier maestissima dixit
   'lux mea' quaeque solent uerba iuuare uiros!
quis uetat a magnis ad res exempla minores   525
   sumere nec nomen pertimuisse ducis?
dux bonus huic centum commisit uite regendos,
   huic equites, illi signa tuenda dedit:
uos quoque, de nobis quem quisque erit aptus ad usum,
   inspicite et certo ponite quemque loco.   530
munera det diues; ius qui profitebitur, adsit;
   facundus causam nempe clientis agat.

505 es *r*ς: est *RA*ω   508 cognoscat *RA*ς: cognoscet ω
509 minus in *RA*ς: tumeat ς   515 prolusit *RA*ω: praelusit ς: per-
lusit ς   relictis *RA*ω: sagittis ς   520 foret *codd.*: fores *Heinsius*
527 uite *R*: iure *rA*ω   529 quem *RA*ω: ut ς   erit *RA*ω: sit *N*,
prob. Heinsius   ad *RA*ω: in *a*ς   532 nempe *Heinsius, Bentleius*:
saepe *codd.*

carmina qui facimus, mittamus carmina tantum:
  hic chorus ante alios aptus amare sumus.
nos facimus placitae late praeconia formae: 535
  nomen habet Nemesis, Cynthia nomen habet,
Vesper et Eoae nouere Lycorida terrae,
  et multi, quae sit nostra Corinna, rogant.
adde, quod insidiae sacris a uatibus absunt
  et facit ad mores ars quoque nostra suos: 540
nec nos ambitio nec amor nos tangit habendi;
  contempto colitur lectus et umbra foro;
sed facile haeremus ualidoque perurimur aestu
  et nimium certa scimus amare fide.
scilicet ingenium placida mollitur ab arte   545
  et studio mores conuenienter eunt.
uatibus Aoniis faciles estote, puellae:
  numen inest illis Pieridesque fauent.
est deus in nobis et sunt commercia caeli;
  sedibus aetheriis spiritus ille uenit.   550
a doctis pretium scelus est sperare poetis;
  me miserum, scelus hoc nulla puella timet.
dissimulate tamen, nec prima fronte rapaces
  este: nouus uiso casse resistet amans.
sed neque uector equum, qui nuper sensit habenas,   555
  comparibus frenis artificemque reget,
nec, stabilis animos annis uiridemque iuuentam
  ut capias, idem limes agendus erit:
hic rudis et castris nunc primum notus Amoris,
  qui tetigit thalamos praeda nouella tuos,   560

534 amare *a*ς: amore *RA*ς   535 placitae *RA*ς: placidae ς: tacitae
F   541 amor nos *RAωφ*: nos amor *a*ς   tangit *RA*ςφ: urget *a*ς:
cingit *U* (*ut uid.; babuitne exemplar* angit*?*): cogit *B*[1]   545 mollitur
Rωφ: mollimur *AP*c*U*, *prob. Heinsius*   554 resistet *RA*ς: resistit ς:
resistat *E*a*O*g: recedit *O*b   555 uector *RA*ς: uictor ς: rector *a*ς
556 comparibus *R*ς: cum paribus *A*ς   reget *RA*ς: regit ς

te solam norit, tibi semper inhaereat uni;
　cingenda est altis saepibus ista seges.
effuge riualem: uinces, dum sola tenebis;
　non bene cum sociis regna Venusque manent.
ille uetus miles sensim et sapienter amabit　　　　　565
　multaque tironi non patienda feret;
nec franget postes nec saeuis ignibus uret
　nec dominae teneras adpetet ungue genas
nec scindet tunicasue suas tunicasue puellae
　nec raptus flendi causa capillus erit.　　　　　570
ista decent pueros aetate et amore calentes;
　hic fera composita uulnera mente feret.
ignibus heu lentis uretur, ut umida faena,
　ut modo montanis silua recisa iugis.
certior hic amor est, grauis et fecundior ille:　　　575
　quae fugiunt, celeri carpite poma manu.
omnia tradantur (portas reserauimus hosti)
　et sit in infida proditione fides.
quod datur ex facili, longum male nutrit amorem:
　miscenda est laetis rara repulsa iocis.　　　　　580
ante fores iaceat, 'crudelis ianua' dicat
　multaque summisse, multa minanter agat.
dulcia non ferimus; suco renouemur amaro:
　saepe perit uentis obruta cumba suis.
hoc est, uxores quod non patiatur amari:　　　　　585
　conueniunt illas, cum uoluere, uiri.

---

561 inhaereat *Raω*: adhaereat *Aς*: militet *N*　　　573 heu *R*: hic *Aω*
faena *AP_aP_c*: frena *RO_g* (*u. Append.*): ligna *ς*: taeda *ς*　　　574 iugis
aω: lucis *RP_c*: locis *Aς*　　　575 grauis *RAς*: breuis *ς*　　　577 tradan-
tur *RAς*: traduntur *aω*　　reserauimus *RAω*: reserabimus *ς*　　　578 sit
RAς: fit *ς*　　　581 iaceat *RAω*: iaceant *ς*　　dicat *RAω*: dicant *ς*: clamet
ς: clament *O_b*　　　582 agat *r* (*ex* -et *R*) *Aω*: agant *ς*　　　583 renoue-
mur *RAB^1O_g*: renouamur *aωφ*　　　　　585 patiatur *raς*: patiantur
RAς

adde forem, et duro dicat tibi ianitor ore
   'non potes', exclusum te quoque tanget amor.
ponite iam gladios hebetes, pugnetur acutis;
   nec dubito, telis quin petar ipse meis.   590
dum cadit in laqueos, captus quoque nuper, amator
   solum se thalamos speret habere tuos;
postmodo riualem partitaque foedera lecti
   sentiat: has artes tolle, senescit amor.
tum bene fortis equus reserato carcere currit,   595
   cum, quos praetereat quosque sequatur, habet.
quamlibet extinctos iniuria suscitat ignes:
   en ego, confiteor, non nisi laesus amo.
causa tamen nimium non sit manifesta doloris,
   pluraque sollicitus, quam sciet, esse putet.   600
incitat et ficti tristis custodia serui
   et nimium duri cura molesta uiri:
quae uenit ex tuto, minus est accepta uoluptas;
   ut sis liberior Thaide, finge metus.
cum melius foribus possis, admitte fenestra   605
   inque tuo uultu signa timentis habe;
callida prosiliat dicatque ancilla 'perimus';
   tu iuuenem trepidum quolibet abde loco.
admiscenda tamen Venus est secura timori,
   ne tanti noctes non putet esse tuas.   610
qua uafer eludi possit ratione maritus
   quaque uigil custos, praeteriturus eram.

587 adde *RA* (*ut uid.*) P_a: abde *a*: obde $P_c W^2$ (*u.l.*): claude ω   tibi
$R\varsigma$: ibi *A*: sibi ω   588 te *RA*ς: se ς: sic *D*: tunc ς   tanget *R*ω:
tangit *A*ς: tangat $A_b{}^1$ (*ut uid.*) P_a: plangat (amans) *N*   591 *dist.*
Bentleius   cadit *R*ω: cadat *A*ς: cadet ς   597 quamlibet
*RT*φ: quaelibet *a*ς: quoslibet *A*ς   suscitat *RA*ωφ: suscitet ς
600 sciet *RAW*: sciat ω   601 incitat *RA*: concitat B_b: incitet ω
605 foribus possis *R*ω: possis foribus *A*ς   606 signa ς: uerba
*RA*ω

nupta uirum timeat, rata sit custodia nuptae:
 hoc decet, hoc leges duxque pudorque iubent.
te quoque seruari, modo quam uindicta redemit,   615
 quis ferat? ut fallas, ad mea sacra ueni.
tot licet obseruent, adsit modo certa uoluntas,
 quot fuerant Argo lumina, uerba dabis.
scilicet obstabit custos ne scribere possis,
 sumendae detur cum tibi tempus aquae,   620
conscia cum possit scriptas portare tabellas,
 quas tegat in tepido fascia lata sinu.
cum possit sura chartas celare ligatas
 et uincto blandas sub pede ferre notas!
cauerit haec custos, pro charta conscia tergum   625
 praebeat inque suo corpore uerba ferat.
tuta quoque est fallitque oculos e lacte recenti
 littera (carbonis puluere tange: leges),
fallet et umiduli quae fiet acumine lini,
 et feret occultas pura tabella notas.   630
adfuit Acrisio seruandae cura puellae;
 hunc tamen illa suo crimine fecit auum.
quid faciat custos, cum sint tot in Vrbe theatra,
 cum spectet iunctos illa libenter equos;
cum sedeat Phariae sistris operata iuuencae,   635
 quoque sui comites ire uetantur, eat;
cum fuget a templis oculos Bona Diua uirorum,
 praeterquam si quos illa uenire iubet;
cum custode foris tunicas seruante puellae
 celent furtiuos balnea multa iocos;   640

614 duxque RO_gP_c: iusque $A\omega$
uoluptas $Ra\omega$ 623 sura $RA\varsigma$: solea ς
629 'Locus sine dubio corruptus' Burmannus
635 sistris $R\varsigma$: sinitris (ut uid.) A: sacris ς
637 fuget aO_aP_b: fugat $A\omega$: fugit RO_g
praeter quos A an a incert., ω: praeter eos ς

617 uoluntas A (-utas) ς:
625 haec $RA\varsigma$: hoc ς
633 faciat $R\varsigma$: faciet $A\omega$
operata $RA\omega$: operosa $a\varsigma$
638 praeterquam RO_g:

cum, quotiens opus est, fallax aegrotet amica
　et cedat lecto quamlibet aegra suo;
nomine cum doceat, quid agamus, adultera clauis,
　quasque petas, non det ianua sola uias?
fallitur et multo custodis cura Lyaeo,　　　　　　　　645
　illa uel Hispano lecta sit uua iugo;
sunt quoque quae faciant altos medicamina somnos
　uictaque Lethaea lumina nocte premant.
nec male deliciis odiosum conscia tardis
　detinet et longa iungitur ipsa mora.　　　　　　　　650
quid iuuat ambages praeceptaque parua mouere,
　cum minimo custos munere possit emi?
munera, crede mihi, capiunt hominesque deosque:
　placatur donis Iuppiter ipse datis.
quid sapiens faciet? stultus quoque munere gaudet:　　655
　ipse quoque accepto munere mutus erit.
sed semel est custos longum redimendus in aeuum;
　saepe dabit, dederit quas semel, ille manus.
questus eram, memini, metuendos esse sodales;
　non tangit solos ista querela uiros.　　　　　　　　660
credula si fueris, aliae tua gaudia carpent
　et lepus hic aliis exagitatus erit:
haec quoque, quae praebet lectum studiosa locumque,
　crede mihi, mecum non semel illa fuit.
nec nimium uobis formosa ancilla ministret:　　　　　665
　saepe uicem dominae praebuit illa mihi.

---

642 cedat RAO_g: celet (-at ς) $a\omega$　　　quamlibet RAF (*ut uid.*) O_b:
quemlibet ω: quelibet ς　aegra $RA\omega$: illa O_aP_f　　644 petas ς:
petes $Rς$: petet $Aς$: petat ς: petis B^2P_c: petit B_b　　647 faciant ς:
faciunt $RAς$　　648 premant $R\omega$: premunt $Aς$　　651 mouere ς:
monere $RA\omega$: *de* ς *incert.*　　655 faciet $RA\omega\phi$: faciat ς　　sapiens f.
$RA\omega\phi$: f. sapiens ς.　　quod sapiens, faciet stultus quoque: munere
gaudens / ipse quoque *eqs. Ehwald*　　656 *om.* p_1p_3　　quoque $RAς$: uir
ωe: *de a u. Append.*　　662 exagitatus $RAς$: exagitandus $aς$

quo feror insanus? quid aperto pectore in hostem
    mittor et indicio prodor ab ipse meo?
non auis aucupibus monstrat, qua parte petatur,
    non docet infestos currere cerua canes.   670
uiderit utilitas; ego coepta fideliter edam:
    Lemniasin gladios in mea fata dabo.
efficite (et facile est) ut nos credamus amari:
    prona uenit cupidis in sua uota fides.
spectet amabilius iuuenem et suspiret ab imo   675
    femina, tam sero cur ueniatque roget;
accedant lacrimae, dolor et de paelice fictus,
    et laniet digitis illius ora suis.
iamdudum persuasus erit; miserebitur ultro
    et dicet 'cura carpitur ista mei.'   680
praecipue si cultus erit speculoque placebit,
    posse suo tangi credet amore deas.
sed te, quaecumque est, moderate iniuria turbet,
    nec sis audita paelice mentis inops,
nec cito credideris: quantum cito credere laedat,   685
    exemplum uobis non leue Procris erit.
est prope purpureos collis florentis Hymetti
    fons sacer et uiridi caespite mollis humus;
silua nemus non alta facit; tegit arbutus herbam;
    ros maris et lauri nigraque myrtus olent;   690
nec densum foliis buxum fragilesque myricae
    nec tenues cytisi cultaque pinus abest.
lenibus inpulsae Zephyris auraque salubri
    tot generum frondes herbaque summa tremit.
grata quies Cephalo: famulis canibusque relictis   695

672 Lemniasin *Heinsius ad Her.* xiii 137 (*in textu et in notis criticis ad hunc locum* Lemniasi): Lemniasi et *Heinsius secundum Burmannum*: lemnias et *R*: lēnios et *A*: lemniadum *ω*: lemniades *aς*: lemniadis *ς*   fata *Aς*: fama *R*: damna *ω*   680 mei *Raω*: mea *Aς*   682 credet *ω*: credit *RAς*: credat *A_b*: sperat *P_aP_b*   683 est *Rς*: es *Aω*

    lassus in hac iuuenis saepe resedit humo
'quae'que 'meos releues aestus,' cantare solebat
    'accipienda sinu, mobilis aura, ueni.'
coniugis ad timidas aliquis male sedulus aures
    auditos memori rettulit ore sonos.   700
Procris, ut accepit nomen, quasi paelicis, Aurae,
    excidit et subito muta dolore fuit;
palluit, ut serae lectis de uite racemis
    pallescunt frondes, quas noua laesit hiems,
quaeque suos curuant matura Cydonia ramos   705
    cornaque adhuc nostris non satis apta cibis.
ut rediit animus, tenues a pectore uestes
    rumpit et indignas sauciat ungue genas;
nec mora, per medias passis furibunda capillis
    euolat, ut thyrso concita Baccha, uias.   710
ut prope peruentum, comites in ualle relinquit,
    ipsa nemus tacito clam pede fortis init.
quid tibi mentis erat, cum sic, male sana, lateres,
    Procri? quis adtoniti pectoris ardor erat?
iamiam uenturam, quaecumque erat Aura, putabas 715
    scilicet atque oculis probra uidenda tuis!
nunc uenisse piget (neque enim deprendere uelles),
    nunc iuuat: incertus pectora uersat amor:
credere quae iubeant, locus est et nomen et index
    et quia mens semper, quod timet, esse putat;   720
uidit ut oppressa uestigia corporis herba,

---

700 rettulit P_c: retulit $RA\varsigma$: detulit ς 703 serae RO_aO_g: sera $A\omega$: secta N lectis . . . racemis $RA\varsigma$: lectus . . . racemus ω 707 ut rediit animus $R\omega$: utque redit a. $A\varsigma$: utque a. rediit ς: ut rediitque a. ς: ut redit huic a. E_a 708 rumpit $R\varsigma$: rupit $A\varsigma$ 709 passis R: sparsis $A\omega$ 711 peruentum RAQ: peruentum est $a\omega$ relinquit $R\varsigma$: reliquit $A\omega$ 720 quia mens $R\omega$: quae mens A: quod amans ς 721 ut $A\varsigma$: et $R\omega$: in ς: ubi N oppressa $R\omega$: oppressam ς: impressa AUW herba $R\omega$: herbam A an a incert.: umbra F: egri U

pulsantur trepidi corde micante sinus.
iamque dies medius tenues contraxerat umbras,
   inque pari spatio uesper et ortus erant:
ecce, redit Cephalus siluis, Cyllenia proles,   725
   oraque fontana feruida pulsat aqua.
anxia, Procri, lates; solitas iacet ille per herbas
   et 'Zephyri molles auraque,' dixit 'ades.'
ut patuit miserae iucundus nominis error,
   et mens et rediit uerus in ora color;   730
surgit et oppositas agitato corpore frondes
   mouit in amplexus uxor itura uiri;
ille feram uidisse ratus iuuenaliter artus
   corripit: in dextra tela fuere manu—
quid facis, infelix? non est fera: supprime tela—   735
   me miserum, iaculo fixa puella tuo est.
'ei mihi,' conclamat 'fixisti pectus amicum:
   hic locus a Cephalo uulnera semper habet.
ante diem morior, sed nulla paelice laesa:
   hoc faciet positae te mihi, terra, leuem.   740
nomine suspectas iam spiritus exit in auras;
   labor, io: cara lumina conde manu.'
ille sinu dominae morientia corpora maesto
   sustinet et lacrimis uulnera saeua lauat;
exit et incauto paulatim pectore lapsus   745
   excipitur miseri spiritus ore uiri.
sed repetamus opus: mihi nudis rebus eundum est,

---

725 siluis . . proles *RAϛ*: proles . . . siluis ϛ   733 uidisse *RA*:
mouisse *B*: sonuisse *aω*: sensisse *B_b*   iuuenaliter *R*: iuueniliter *Aω*
artus *Merkel*: arcus *RAω*: arcum ϛ   739 morior *Raω*: moriar *Aϛ*
740 positae *R* (*sed u. Append.*) *NO_g*: positam *Aω*: posita *D*   742 labor
io *RO_g*: labor, eo *Palmer*: labor et o *B_bP_b**: labor iam *UW*: et labor
et haec *A_b*: iam (o *P_b*) morior *aω*: iam moriar *Aϛ*   743-4 *hic tradunt*
Rω: *post* 746 *Aϛ*   743 corpora *RAω*: pectora ϛ   745 exit *Heinsius*:
dixit *codd.*   747 mihi nudis *RAϛ*: nudis mihi ϛ

ut tangat portus fessa carina suos.
sollicite expectas, dum te in conuiuia ducam,
    et quaeris monitus hac quoque parte meos.   750
sera ueni positaque decens incede lucerna:
    grata mora uenies, maxima lena mora est;
etsi turpis eris, formosa uidebere potis,
    et latebras uitiis nox dabit ipsa tuis.
carpe cibos digitis (est quiddam gestus edendi),   755
    ora nec immunda tota perungue manu;
neue domi praesume dapes, sed desine citra
    quam capis: es paulo, quam potes esse, minus.
Priamides Helenen auide si spectet edentem,
    oderit et dicat 'stulta rapina mea est.'   760
aptius est deceatque magis potare puellas:
    cum Veneris puero non male, Bacche, facis.
hoc quoque, qua patiens caput est animusque pedesque
    constant, nec, quae sunt singula, bina uide.
turpe iacens mulier multo madefacta Lyaeo: 765
    digna est concubitus quoslibet illa pati.
nec somnis posita tutum succumbere mensa:
    per somnos fieri multa pudenda solent.
ulteriora pudet docuisse, sed alma Dione
    'praecipue nostrum est, quod pudet,' inquit 'opus.'   770

749 sollicite *RAς*: scilicet *ς*   expectas *ς*: expectes *RAς*   750 quaeris *RAω*: quaeras *ς*   752 uenies *ω*: ueniens *RO_gQ*: est ueniens *P_f*: ueneris *AF*: est ueneri *NT*: uineri *B*   753 potis *Itali*: totis *Rς*: notis *O_g*: cunctis *Aω*: multis *FW*[2] (*u.l.*): nocte *NP_b**   755 quiddam *Itali, Heinsius*: quidam *RAωφ*   757 *om. praete* desine citra *p_1p_3*   domi *RAωe*: nimis *ς*   758 capis: es *Ehwald* (*s l praecesserat Gronouius, qui* cupis et *coni., unde* capis et *Burmannus* (*id quod Heinsius, Adu. p.* 136, *iam de suo prompserat*), *mox* es *pro* et *Vogel, Madvig*): capies *RO_gp_1*: cupies *Aωp_3*: cupias *ςe*: cuperes *P_b*   esse *RAωp_3*: ede *ςep_1*: adde *E_a*   760 dicat *Rς*: dicet *Aω*   763 quoque *RAς*: bibe *ςφ*   qua *RAςφ*: quam *ς*: quem *N*: quo *ς*: quod *ς*   764 constant *RAς*: constent *ς*: *om. φ* (*u. Append.*)   nec *ωφ*: ne *RAς*   sunt *Rωφ*: sint *Aς*   767 posita tutum *RAς*: tutum posita *ς*   tutum *RAς*: tutum est *aς*

nota sibi sit quaeque; modos a corpore certos
   sumite: non omnes una figura decet.
quae facie praesignis erit, resupina iaceto;
   spectentur tergo, quis sua terga placent.
Milanion umeris Atalantes crura ferebat: 775
   si bona sunt, hoc sunt aspicienda modo.
parua uehatur equo: quod erat longissima, numquam
   Thebais Hectoreo nupta resedit equo.
strata premat genibus paulum ceruice reflexa
   femina per longum conspicienda latus.   780
cui femur est iuuenale, carent quoque pectora menda,
   stet uir, in obliquo fusa sit ipsa toro.
nec tibi turpe puta crinem, ut Phylleia mater,
   soluere, et effusis colla reflecte comis.
tu quoque, cui rugis uterum Lucina notauit,   785
   ut celer auersis utere Parthus equis.
mille ioci Veneris; simplex minimique laboris,
   cum iacet in dextrum semisupina latus.
sed neque Phoebei tripodes nec corniger Ammon
   uera magis uobis quam mea Musa canet;   790
si qua fides, arti, quam longo fecimus usu,
   credite: praestabunt carmina nostra fidem.
sentiat ex imis Venerem resoluta medullis
   femina, et ex aequo res iuuet illa duos.
nec blandae uoces iucundaque murmura cessent   795
   nec taceant mediis improba uerba iocis.

---

771 sit *Aω*, *prob. Bentleius*: sint *RO_g*, *fortasse recte; cf. Her.* vi 62
773 erit *RAς*: eris *aω*   774 spectentur (-etur *r*) . . . quis *RaP_a*:
spectetur . . . cui *Aω*   775 milanion *RAς*: mimalion (*uel sim.*) ς
atalantes *RO_gP_f*: atalantis *ω*: atalante *Aς*   781 iuuenale *R*: iuuenile
Aω   pectora *RAω*: corpora *ς*: cetera *O_a*   782 stet uir *RAω*:
semper *ς*   ipsa *RAς*: illa *ω*   786 auersis *Rς*: aduersis *Aς*
787 ioci *RAς*: modi *ω*   790 canet *Raω*: canent *P_aP_f*: canit *AFP_b*
794 illa *Rω*: ista *Aς*: una *aς*

tu quoque, cui Veneris sensum natura negauit,
  dulcia mendaci gaudia finge sono.
(infelix, cui torpet hebes locus ille, puella,
  quo pariter debent femina uirque frui.)   800
tantum, cum finges, ne sis manifesta, caueto:
  effice per motum luminaque ipsa fidem.
quid iuuet, et uoces et anhelitus arguat oris;
  a pudet! arcanas pars habet ista notas.
gaudia post Veneris quae poscet munus amantem,   805
  illa suas nolet pondus habere preces.
nec lucem in thalamos totis admitte fenestris:
  aptius in uestro corpore multa latent.

Lvsvs habet finem: cycnis descendere tempus,
  duxerunt collo qui iuga nostra suo.   810
ut quondam iuuenes, ita nunc, mea turba, puellae
  inscribant spoliis NASO MAGISTER ERAT.

799 puella $a\omega$: puellae RAO_gP_b: puella est $B_d{}^2P_c{}^1$: puella es $P_c{}^2$
801 tantum cum (dum E_aP_b) finges $RA\varsigma$: dum nimium simulas $a\varsigma$
802 *ita* $RA\varsigma$: excedunt (praetereunt O_g) modulos omnia ficta suos $a\varsigma$
803 quid R: quod $A\omega$ iuuet *Itali*, B_dO_a (*ut uid.*): et iuueat R (*u.
Append.*): iuuat $A\omega$ 805 poscet R: poscit $A\omega$ 806 illa $RA\omega$:
ipsa ς: ista N nolet N: nollet $RA\varsigma$: nolit ω 809 descendere
$A\varsigma$: discendere RP_c: discedere $a\omega$ 812 spoliis $R\varsigma$: foliis $A\varsigma$
P OVIDI NASONIS ARTIS AMAIORIAE ·LIBER· III EXPL: R

REMEDIA AMORIS

SIGLA

Nominatim laudantur:

$R =$ Parisinus Latinus 7311 (Regius), saec. ix
   $r =$ eiusdem manus secunda, saec. xi
$E =$ Coll. Etonensis 150 (Bl. 6. 5), saec. xi
$K =$ Parisinus Latinus 8460 (Puteaneus), saec. xii
   $K^2 =$ manus secunda aequalis, nescio an eadem ac K

Gregatim plerumque aduocantur:

$A_b =$ Londiniensis Mus. Brit. Add. 21169, saec. xiii
$B =$ Bernensis 478, saec. xii/xiii
$C_a =$ Cantabrigiensis Coll. Gonvill. 202 (C.M.A. 1054), saec. xiii ex.
$C_c =$ Cantabrigiensis Coll. Trin. 609 (R. 3. 29), saec. xiii in.
$D =$ Diuionensis 497, saec. xiii ex.
$E_a =$ Coll. Etonensis 91 (Bk. 6. 18), saec. xiii
$F =$ Francofurtanus Barth. 110, saec. xii/xiii
$H =$ Londiniensis Mus. Brit. Add. 49368 (olim Holkhamicus 322),
    saec. xiii
$M_a =$ Monacensis 14809, saec. xii
$O_b =$ Oxoniensis Bibl. Bodl. Canon. class. Lat. 1, saec. xiii
$O_e =$ Oxoniensis Bibl. Bodl. Rawl. G. 109, circa a. 1200
$O_g =$ Oxoniensis Bibl. Bodl. Canon. class. Lat. 18, saec. xv in.
$P_a =$ Parisinus Latinus 7993, saec. xiii
$P_b =$ Parisinus Latinus 7994, saec. xiii
$P_c =$ Parisinus Latinus 7997, saec. xv
$P_h =$ Parisinus Latinus 8245, saec. xiii
$Q =$ Antuerpiensis Plant. Lat. 68, saec. xii/xiii
$T =$ Turonensis 879, saec. xiii in.
$W =$ Perpinianensis 19, saec. xiii
$X =$ Lipsiensis Rep. I, fol. 7, saec. xiii ex.
$Z =$ Lentiensis 329, saec. xii/xiii
      $\omega =$ codices praeter $RrEK$ omnes uel plures
      $\varsigma =$ eorundem aliquot uel pauci

P. OVIDI NASONIS

Florilegia, excerpta, fragmenta

e = Escorialensis Q. I. 14, saec. xiv in.
p_1 = Parisinus Latinus 7647, saec. xii ex.
p_3 = Parisinus Latinus 17903, saec. xiii
ϕ = horum consensus

m = Monacensis Clm 29007g, saec. xii/xiii
p_2 = Parisinus Latinus 15155, saec. xiii
p_6 = Parisinus Latinus 8069, saec. x/xi

exc. Put. = excerpta Puteani   ⎫ ab Heinsio laudata
exc. Scal. = excerpta Scaligeri ⎭

Interpretatio

[*Plan.*] = interpretatio pseudo-Planudea, de qua u. Praef.

P. OVIDI NASONIS
REMEDIA AMORIS

LEGERAT huius Amor titulum nomenque libelli:
  'bella mihi, uideo, bella parantur' ait.
'parce tuum uatem sceleris damnare, Cupido,
  tradita qui toties te duce signa tuli.
non ego Tydides, a quo tua saucia mater   5
  in liquidum rediit aethera Martis equis.
saepe tepent alii iuuenes; ego semper amaui,
  et si, quid faciam nunc quoque, quaeris, amo.
quin etiam docui qua possis arte parari,
  et, quod nunc ratio est, inpetus ante fuit.   10
nec te, blande puer, nec nostras prodimus artes,
  nec noua praeteritum Musa retexit opus.
si quis amat quod amare iuuat, feliciter ardens
  gaudeat et uento nauiget ille suo;
at si quis male fert indignae regna puellae,   15
  ne pereat, nostrae sentiat artis opem.
cur aliquis laqueo collum nodatus amator
  a trabe sublimi triste pependit onus?
cur aliquis rigido fodit sua pectora ferro?
  inuidiam caedis pacis amator habes.   20
qui, nisi desierit, misero periturus amore est,
  desinat, et nulli funeris auctor eris.
et puer es, nec te quicquam nisi ludere oportet:
  lude; decent annos mollia regna tuos.

INCIPIT EIVSDEM REMEDIORVM LIBER. I *R*: Incipit o.p.N. de remedio amoris *K*   1 titulum nomenque *RKω*: nomen titulumque *EP_c* 9–10 *om. R*
9 possis *ς*: posses *EKω*   10 quod *Eς*: quae *Kς*: *om. O_g*   13 ardens *K²*
(*u.l.*), *prob. Heinsius*: ardet *REK¹ωp_6*   14 ille *r* (*ex illa R*) *EKω*: ipse *ς*
19 fodit *Itali*, *prob. Heinsius*, *O_g*: fodiat *REKω*   21 est *REK²ω*:
om. K¹ς   22 eris *REK²ς*: erit *K¹ς*   24 annos *REKς*: animos *ς*

[nam poteras uti nudis ad bella sagittis,   25
  sed tua mortifero sanguine tela carent.]
uitricus et gladiis et acuta dimicet hasta
  et uictor multa caede cruentus eat;
tu cole maternas, tuto quibus utimur, artes
  et quarum uitio nulla fit orba parens: 30
effice, nocturna frangatur ianua rixa
  et tegat ornatas multa corona fores;
fac coeant furtim iuuenes timidaeque puellae
  uerbaque dent cauto qualibet arte uiro,
et modo blanditias rigido, modo iurgia, posti   35
  dicat et exclusus flebile cantet amans.
his lacrimis contentus eris sine crimine mortis:
  non tua fax auidos digna subire rogos.'
haec ego; mouit Amor gemmatas aureus alas
  et mihi 'propositum perfice' dixit 'opus.'   40

AD MEA, decepti iuuenes, praecepta uenite,
  quos suus ex omni parte fefellit amor.
discite sanari per quem didicistis amare;
  una manus uobis uulnus opemque feret.
terra salutares herbas eademque nocentes   45
  nutrit, et urticae proxima saepe rosa est;
uulnus in Herculeo quae quondam fecerat hoste,
  uulneris auxilium Pelias hasta tulit.
(sed, quaecumque uiris, uobis quoque dicta, puellae,
  credite: diuersis partibus arma damus.   50
e quibus ad uestros si quid non pertinet usus,

25–26 *secl. Bentleius, Clercquius, Merkel*   25 nam *REKω*: non *ς*
nudis *RKω*: longis *EM$_a$²O$_g$¹*   26 sed *Rω*: set *EKς*: et *E$_a$*   sanguine
REK² (*u.l.*) *ω*: uulnere *K¹A$_b$P$_a$*   30 et *REKω*: ex *ς*: e *ς*   fit *REKω*:
sit *ς*   38 non *RKς*: nec *Eς*   45 salutares *REK¹ωφp₆*: salutiferas *K²ς*
47 *om. E*   in herculeo *RK¹M$_a$*: achilleo *rK²* (*ut uid.*) *ω*   quae *RK¹ω*:
quod *K²ς*   hoste *RK¹M$_a$*: hosti *K²ω*

at tamen exemplo·multa docere potest.)
utile propositum est saeuas extinguere flammas
  nec seruum uitii pectus habere sui.
uixisset Phyllis, si me foret usa magistro,   55
  et per quod nouies, saepius isset iter.
nec moriens Dido summa uidisset ab arce
  Dardanias uento uela dedisse rates,
nec dolor armasset contra sua uiscera matrem,
  quae socii damno sanguinis ulta uirum est.   60
arte mea Tereus, quamuis Philomela placeret,
  per facinus fieri non meruisset auis.
da mihi Pasiphaen, iam tauri ponet amorem;
  da Phaedram, Phaedrae turpis abibit amor.
redde Parin nobis, Helenen Menelaus habebit   65
  nec manibus Danais Pergama uicta cadent.
impia si nostros legisset Scylla libellos,
  haesisset capiti purpura, Nise, tuo.
me duce damnosas, homines, conpescite curas,
  rectaque cum sociis me duce nauis eat.   70
Naso legendus erat tum cum didicistis amare;
  idem nunc uobis Naso legendus erit.
publicus assertor dominis suppressa leuabo
  pectora: uindictae quisque fauete suae.
te precor incipiens; adsit tua laurea nobis,   75
  carminis et medicae Phoebe repertor opis;
tu pariter uati, pariter succurre medenti:
  utraque tutelae subdita cura tuae est.

54 uitii $REK^2 \varsigma p_1 p_3 p_6$: uitiis $K^1 \varsigma e$ sui *Heinsius ex* P_a: tui Rp_6: suum
$E\varsigma$: tuum $K\varsigma\phi$ 61 philomela RE: philomena $K\omega$ 65 parin
rE: parim R (*ut uid.*) $K\omega$: elenē W helenen $REK\varsigma$: helenam ω
66 danais $REK^2\varsigma$: danaum $K^1\omega$ cadent $REK\varsigma$: forent ς 73 dominis
R: domini EK: dominis *an* domini *incert. exc. Scal.*: damnis ς: uitiis ω:
curis A_b: dictis M_a 74 suae REK^2 (*u.l.*) ω: meae $K^1\varsigma$ 78 tuae
est $E^2K\omega$: tua est RE^1B: tuae T, *fortasse recte*

Dvm licet et modici tangunt praecordia motus,
   si piget, in primo limine siste pedem: 80
opprime, dum noua sunt, subiti mala semina morbi
   et tuus incipiens ire resistat equus.
nam mora dat uires: teneras mora percoquit uuas
   et ualidas segetes, quae fuit herba, facit.
quae praebet latas arbor spatiantibus umbras,   85
   quo posita est primum tempore, uirga fuit;
tum poterat manibus summa tellure reuelli;
   nunc stat in inmensum uiribus aucta suis.
quale sit id quod amas, celeri circumspice mente,
   et tua laesuro subtrahe colla iugo.   90
principiis obsta: sero medicina paratur,
   cum mala per longas conualuere moras.
sed propera nec te uenturas differ in horas:
   qui non est hodie, cras minus aptus erit.
uerba dat omnis amor reperitque alimenta morando;   95
   optima uindictae proxima quaeque dies.
flumina pauca uides de magnis fontibus orta;
   plurima collectis multiplicantur aquis.
si cito sensisses quantum peccare parares,
   non tegeres uultus cortice, Myrrha, tuos.   100
uidi ego, quod fuerat primo sanabile, uulnus
   dilatum longae damna tulisse morae.
sed, quia delectat Veneris decerpere fructum,
   dicimus adsidue 'cras quoque fiet idem.'

82 resistat $K^1\omega\phi$: resistet $REK^2\varsigma p_6$ 83 percoquit $REK^2\omega$: deco-
quit $K^1\varsigma\phi$ 84 quae REW^1: quod $K\omega\phi$ 86 primum $REK^1\omega\phi$:
primo $K^2C_aM_a$ 88 aucta K^2 (sscr.) ςp_3: acta $RK^1\varsigma e p_1$: apta $A_b{}^1$:
ipsa E 95 amor $RK^1\varsigma$: amans K^2 (u.l.) ω: om. E 97 pauca
$REK^1\varsigma$ [Plan.]: parua K^2 (u.l.): magna $\omega\phi$ de magnis RKM_a [Plan.]:
magnis de E: de paruis ςe: paruis de ς: paruis e $A_b p_1 p_3$ 99 parares
$REK\varsigma$: parasses ω: parabas P_a 101 fuerat primo $RK\omega\phi$: primo f.
EO_bW: f. primum ς: primum f. ς 103 fructum $RK^1\varsigma$: fructus E (ut
uid.) ω: florem K^2 (sscr.) F^2 (u.l.): flores BZ

interea tacitae serpunt in uiscera flammae   105
   et mala radices altius arbor agit.
si tamen auxilii perierunt tempora primi
   et uetus in capto pectore sedit amor,
maius opus superest; sed non, quia serior aegro
   aduocor, ille mihi destituendus erit.   110
quam laesus fuerat, partem Poeantius heros
   certa debuerat praesecuisse manu;
post tamen hic multos sanatus creditur annos
   supremam bellis imposuisse manum.
qui modo nascentis properabam pellere morbos,   115
   admoueo tardam nunc tibi lentus opem.
aut noua, si possis, sedare incendia temptes
   aut ubi per uires procubuere suas.
dum furor in cursu est, currenti cede furori:
   difficiles aditus impetus omnis habet.   120
stultus, ab obliquo, qui, cum descendere possit,
   pugnat in aduersas ire natator aquas.
impatiens animus nec adhuc tractabilis arte
   respuit atque odio uerba monentis habet.
adgrediar melius tum cum sua uulnera tangi   125
   iam sinet et ueris uocibus aptus erit.
quis matrem, nisi mentis inops, in funere nati
   flere uetet? non hoc illa monenda loco est;
cum dederit lacrimas animumque impleuerit aegrum,
   ille dolor uerbis emoderandus erit.   130
temporis ars medicina fere est: data tempore prosunt
   et data non apto tempore uina nocent.

111 quam RK^1 (*ex corr., ut uid.*) Q^1 (*ut uid.*) T: qua EK^2 (*u.l.*) ω partem $REK^1\varsigma$: parte $K^2\varsigma$ 112 certa debuerat R (*caetera*) K^1: celeri d. K^2 (*u.l.*): d. celeri $E\omega$ 119 dum $EK\omega\phi$: cum $R\varsigma p_6$ 123 arte *codd.*: arti *Bentleius, coll.* 135: artem *Francius*   128 *om.* p_3 uetet $REK^2\varsigma p_1$: uetat ςe: ueta K^1 131 temporis ars m. fere est RK^2 (*sed u. Append.*): temporibus m. ualet $EK^1\omega\phi$

quin etiam accendas uitia inritesque uetando,
    temporibus si non adgrediare suis.
ergo ubi uisus eris nostrae medicabilis arti,   135
    fac monitis fugias otia prima meis.
haec ut ames faciunt; haec, ut fecere, tuentur;
    haec sunt iucundi causa cibusque mali.
otia si tollas, periere Cupidinis arcus
    contemptaeque iacent et sine luce faces.   140
quam platanus uino gaudet, quam populus unda
    et quam limosa canna palustris humo,
tam Venus otia amat: qui finem quaeris amoris,
    (cedit amor rebus) res age, tutus eris.
languor et inmodici sub nullo uindice somni   145
    aleaque et multo tempora quassa mero
eripiunt omnes animo sine uulnere neruos;
    adfluit incautis insidiosus Amor.
desidiam puer ille sequi solet, odit agentes:
    da uacuae menti, quo teneatur, opus.   150
sunt fora, sunt leges, sunt, quos tuearis, amici:
    uade per urbanae splendida castra togae.
uel tu sanguinei iuuenalia munera Martis
    suscipe: deliciae iam tibi terga dabunt.
ecce fugax Parthus, magni noua causa triumphi,   155
    iam uidet in campis Caesaris arma suis.
uince Cupidineas pariter Parthasque sagittas
    et refer ad patrios bina tropaea deos.

133 accendas $RE\omega\phi$: accendes F: accendis $K\varsigma$ irritesque R (inr-)
$E\omega\phi$: irritasque $K\varsigma$ 135 nostrae . . . arti $RK\varsigma$: nostra . . . arte $E\omega$
136 monitis fugias $REK\omega$: f. m. $\varsigma\phi$ 137 ut fecere $RK^1P_a{}^1$: quod f.
$EK^2\varsigma\phi$: quae f. ς 141 uino Rp_6, exc. Scal., primus interpretatus est
Gronouius (Obseru. I v), coll. Plin. N.H. xii 8 : limo EO_gZ [Plan.]: riuo
$K\omega\phi$: phebo F 143 qui finem $REK\omega p_6$: f. qui ς amoris $REK\omega p_6$:
amori TX (ut uid.): amandi ς 147 neruos $RK\omega$: uires E (-e) $\varsigma\phi$
148 affluit R (adf-) $EK\omega\phi$: affuit ς insidiosus $REK\omega\phi$: desidiosus ς
153 iuuenalia RW: iuuenilia $EK\omega\phi$

ut semel Aetola Venus est a cuspide laesa,
    mandat amatori bella gerenda suo.   160
quaeritis, Aegisthus quare sit factus adulter?
    in promptu causa est: desidiosus erat.
pugnabant alii tardis apud Ilion armis;
    transtulerat uires Graecia tota suas.
siue operam bellis uellet dare, nulla gerebat,   165
    siue foro, uacuum litibus Argos erat.
quod potuit, ne nil illic ageretur, amauit.
    sic uenit ille puer, sic puer ille manet.
rura quoque oblectant animos studiumque colendi;
    quaelibet huic curae cedere cura potest.   170
colla iube domitos oneri subponere tauros,
    sauciet ut duram uomer aduncus humum;
obrue uersata Cerealia semina terra,
    quae tibi cum multo fenore reddat ager;
aspice curuatos pomorum pondere ramos,   175
    ut sua quod peperit uix ferat arbor onus;
aspice labentes iucundo murmure riuos;
    aspice tondentes fertile gramen oues.
ecce, petunt rupes praeruptaque saxa capellae:
    iam referent haedis ubera plena suis.   180
pastor inaequali modulatur harundine carmen,
    nec desunt comites, sedula turba, canes.
parte sonant alia siluae mugitibus altae
    et queritur uitulum mater abesse suum.
quid, cum suppositos fugiunt examina fumos,   185

159 etola *R*: ethola *rKF*¹: etholia (-ea *s*) *E* (le-) *ω*: aetolia *A_b* (et-) *P_c*
161 quaeritis *R*, *exc. Scal.*: quaeritur *EKω*   167 ne nil illic *R* (nihil)
*EK*¹*M_a*¹*Z*¹, *exc. Put. et Scal.*: fecit ne nil *K*²*ω*: fecit ne nil illic *HM_a*²*Z*²
171 domitos *REK*²*ωφ*: indomitos *K*¹*s*   174 reddat *REK*²*ωφ*: reddet *K*¹*s*:
reddit *O_gQ*   180 iam referent *Rsφ*: iam referunt *EKs*: ut referant *s*
181 modulatur *REKsφ*: moderatur *s*   185 suppositos *ωφ*: compositos
*REK*² (*corr. ex* -as) *M_a*   fumos *RE* (-is) *K*² (*sed u. Append.*) *ωφ*: taxos
*K*¹*D*: fauos *Z*

ut releuent dempti uimina curua faui?
poma dat autumnus; formosa est messibus aestas;
    uer praebet flores; igne leuatur hiems.
temporibus certis maturam rusticus uuam
    deligit, et nudo sub pede musta fluunt;   190
temporibus certis desectas alligat herbas
    et tonsam raro pectine uerrit humum.
ipse potes riguis plantam deponere in hortis;
    ipse potes riuos ducere lenis aquae.
uenerit insitio, fac ramum ramus adoptet   195
    stetque peregrinis arbor operta comis.
cum semel haec animum coepit mulcere uoluptas,
    debilibus pinnis inritus exit Amor.
uel tu uenandi studium cole: saepe recessit
    turpiter a Phoebi uicta sorore Venus.   200
nunc leporem pronum catulo sectare sagaci,
    nunc tua frondosis retia tende iugis;
aut pauidos terre uaria formidine ceruos,
    aut cadat aduersa cuspide fossus aper.
nocte fatigatum somnus, non cura puellae,   205
    excipit et pingui membra quiete leuat.
lenius est studium, studium tamen, alite capta
    aut lino aut calamis praemia parua sequi,
uel, quae piscis edax auido male deuoret ore,
    abdere sub paruis aera recurua cibis.   210
aut his aut aliis, donec dediscis amare,
    ipse tibi furtim decipiendus eris.

189–90 *bic tradunt EKω*φ: *post* 192 ς: *om. R*   190 deligit *KH¹Z*φ:
colligit *Eω*   191 alligat *REK*ω*φ*: colligit ς   192 uerrit *RK*ω*e*:
uertit *O_b P_h p_1 p_3*: uersat *EO_g*   206 pingui *RK*² (*u.l.*) *M_a O_b p_6, exc.*
Scal.: dulci *EK¹ω*φ: leni ς   207 studium studium *EK*ω*φ*: studium
RW¹: studium prodest ς   209 deuoret *REK*ς*ep_1*: deuorat ς*p_3*
210 sub paruis *Bentleius, coll. Met.* viii 855 (*cf. etiam Fast.* vi 240):
supremis *REK*ω*φ*: sub primis *Heinsius, A_b*: suspensis *Palmer*

tu tantum, quamuis firmis retinebere uinclis,
    i procul, et longas carpere perge uias.
flebis, et occurret desertae nomen amicae,   215
    stabit et in media pes tibi saepe uia.
sed quanto minus ire uoles, magis ire memento;
    perfer, et inuitos currere coge pedes.
nec pluuias opta, nec te peregrina morentur
    sabbata nec damnis Allia nota suis;   220
nec quot transieris, sed quot tibi, quaere, supersint
    milia nec, maneas ut prope, finge moras;
tempora nec numera nec crebro respice Romam,
    sed fuge: tutus adhuc Parthus ab hoste fuga est.
dura aliquis praecepta uocet mea; dura fatemur   225
    esse, sed ut ualeas multa dolenda feres.
saepe bibi sucos quamuis inuitus amaros
    aeger, et oranti mensa negata mihi;
ut corpus redimas, ferrum patieris et ignes
    arida nec sitiens ora leuabis aqua: 230
ut ualeas animo, quicquam tolerare negabis?
    at pretium pars haec corpore maius habet.
sed tamen est artis tristissima ianua nostrae,
    et labor est unus tempora prima pati.
aspicis ut prensos urant iuga prima iuuencos   235
    et noua uelocem cingula laedat equum?
forsitan a laribus patriis exire pigebit;
    sed tamen exibis; deinde redire uoles.
nec te lar patrius, sed amor reuocabit amicae

---

213 tantum *RE*ς: tamen et (hic *P*ₕ) *K*ς: tandem *BD*   220 Allia
ed. Ald. 1502 (alia *iam ed. Parm.* 1477: halia *ed. Vicent.* 1480): alea *codd.*
222 ut prope *RK*¹ς: nec prope *EK*² (*sscr.*) ω: sed prope *O*ᵦ   228 mihi
*REK*¹*O*ᵦ: mihi est *K*²ωφ   230 leuabis ς: lauabis *REK*ωφ   232 at
*REK*²ω*ep*₁: ut *p*₃: et *K*¹*C*ₐ*O*ᵦ: an *P*ᵦ   235 prensos *REKF* (*ut uid.*)
*M*ₐ² (*corr. ex* -us): pressos ωφ   urant *REK*ω: laedant ςφ: laedunt ς
236 laedat *REK*ωφ: laedit ς   238 sed *R*ω: set *KO*ₑ*T*: et *E*ς

praetendens culpae splendida uerba tuae. 240
cum semel exieris, centum solacia curae
    et rus et comites et uia longa dabit.
nec satis esse putes discedere; lentus abesto,
    dum perdat uires sitque sine igne cinis.
quod nisi firmata properaris mente reuerti, 245
    inferet arma tibi saeua rebellis Amor,
quidquid et afueris, auidus sitiensque redibis
    et spatium damno cesserit omne tuo.
uiderit, Haemoniae si quis mala pabula terrae
    et magicas artes posse iuuare putat. 250
ista ueneficii uetus est uia; noster Apollo
    innocuam sacro carmine monstrat opem.
me duce non tumulo prodire iubebitur umbra,
    non anus infami carmine rumpet humum,
non seges ex aliis alios transibit in agros 255
    nec subito Phoebi pallidus orbis erit;
ut solet, aequoreas ibit Tiberinus in undas;
    ut solet, in niueis Luna uehetur equis.
nulla recantatas deponent pectora curas,
    nec fugiet uiuo sulphure uictus Amor. 260
quid te Phasiacae iuuerunt gramina terrae,
    cum cuperes patria, Colchi, manere domo?
quid tibi profuerunt, Circe, Perseides herbae,
    cum sua Neritias abstulit aura rates?
omnia fecisti, ne callidus hospes abiret: 265
    ille dedit certae lintea plena fugae;

240 praetendens *EKω*: praetendes (-is *M$_a$*) *Rϛ* 242 dabit *REK²FZ*: dabunt *K¹ω* 243 putes *REKω*: puta *ϛ* 245 properaris *REKω*: properabis *ϛ* 247 auidus sitiensque *REKϛ*: sitiens auidusque *ϛ* 249 uiderit *REKϛ*: fallitur *ϛ*, *ex A.A.* ii 99 253 iubebitur *REKF*: uidebitur *ω* 263 profuerunt *RO$_b$*: profuerant *EKω*: profuerint *Q* 264 sua *Rϛ*: tibi *EKω* neritias *RP$_a$*: naritias *ϛ*: nericias *K*: naricias *Eϛ*: dulichias *A$_b$* 266 plena *REω*: uela *KC$_c$¹O$_g$*

omnia fecisti, ne te ferus ureret ignis:
  longus et inuito pectore sedit Amor.
uertere tu poteras homines in mille figuras;
  non poteras animi uertere iura tui. 270
diceris his etiam, cum iam discedere uellet,
  Dulichium uerbis detinuisse ducem:
'non ego, quod primo, memini, sperare solebam,
  iam precor, ut coniunx tu meus esse uelis.
et tamen, ut coniunx essem tua, digna uidebar, 275
  quod dea, quod magni filia Solis eram.
ne properes, oro: spatium pro munere posco;
  quid minus optari per mea uota potest?
et freta mota uides, et debes illa timere:
  utilior uelis postmodo uentus erit. 280
quae tibi causa fugae? non hic noua Troia resurgit,
  non aliquis socios rursus ad arma uocat.
hic amor et pax est, in qua male uulneror una,
  totaque sub regno terra futura tuo est.'
illa loquebatur, nauem soluebat Vlixes; 285
  inrita cum uelis uerba tulere Noti.
ardet et adsuetas Circe decurrit ad artes;
  nec tamen est illis adtenuatus amor.
ergo, quisquis opem nostra tibi poscis ab arte,
  deme ueneficiis carminibusque fidem. 290
si te causa potens domina retinebit in Vrbe,
  accipe consilium quod sit in Vrbe meum.
optimus ille sui uindex, laedentia pectus
  uincula qui rupit dedoluitque semel;

268 et *RKω*: in *EHT*, *fortasse recte*; cf. *A.A.* iii 242: at *Heinsius ex codd.*, [*Plan.*]   273 primo *REK²ω*: primum *K¹ς*   281 resurgit *REKω*: resurget *ς*   282 rursus *RE¹ω*: resus *E²* (*u.l.*) *K, edd. nonnulli perperam. locus ad Agamemnona spectat*   283 et *RK¹ς*: hic *EK²ς*   284 totaque *codd.*: tutaque *Bentleius. u. Append.*   288 nec *REK²ω*: non *K¹ς*   291 domina *R*: domine *EKω*   293 sui *Heinsius*: fuit *codd.*

sed cui tantum animi est, illum mirabor et ipse   295
    et dicam 'monitis non eget iste meis.'
tu mihi, qui, quod amas, aegre dediscis amare
    nec potes et uelles posse, docendus eris.
saepe refer tecum sceleratae facta puellae
    et pone ante oculos omnia damna tuos: 300
'illud et illud habet, nec ea contenta rapina est:
    sub titulum nostros misit auara lares.
sic mihi iurauit, sic me iurata fefellit,
    ante suas quotiens passa iacere fores!
diligit ipsa alios, a me fastidit amari: 305
    institor heu noctes, quas mihi non dat, habet.'
haec tibi per totos inacescant omnia sensus,
    haec refer, hinc odii semina quaere tui.
atque utinam possis etiam facundus in illis
    esse: dole tantum, sponte disertus eris.   310
haeserat in quadam nuper mea cura puella;
    conueniens animo non erat illa meo.
curabar propriis aeger Podalirius herbis
    (et, fateor, medicus turpiter aeger eram):
profuit adsidue uitiis insistere amicae,   315
    idque mihi factum saepe salubre fuit.
'quam mala' dicebam 'nostrae sunt crura puellae'
    (nec tamen, ut uere confiteamur, erant);
'bracchia quam non sunt nostrae formosa puellae'
    (et tamen, ut uere confiteamur, erant);   320

296 iste REK^2 (*u.l.*) ς: ille K^1ς: ipse E_a 297 dediscis $REK^2\omega p_6$: desistis K^1DH: didicistis ς   299 facta $REK\omega p_6$: dicta ς: uerba ς: damna C_cD^1: regna P_c^{1} 302 titulum *ed. Venet.* 1474, O_g: titulo $RK\omega$: titulos Eς   307 inacescant $RES p_6$: acescant P_b: marcescant $K\omega$: ardescant P_a: non cessent D 309 possis Kς: posses $RE\omega$ 313 podalirius $C_a^2P_c^2$: podaribus R: podarilius r: polidarius $EK\omega$. *cf. A.A.* ii 735   317 dicebam nostrae sunt $RK\omega$: d. sunt nostrae Eς: sunt nostrae d. ς   318 uere REKς: uerum ω 319–20 *bic tradunt* REKς: *post* 322 A_bX: *om.* (*add. in marg.* ς) ς   320 et K^1O_g: nec $REK^2\omega m$ uere RKς*m* (*ut uid.*): uerum $E\omega$

'quam breuis est' (nec erat), 'quam multum poscit amantem';
haec odio uenit maxima causa meo.
et mala sunt uicina bonis: errore sub illo
pro uitio uirtus crimina saepe tulit.
qua potes, in peius dotes deflecte puellae
iudiciumque breui limite falle tuum.
'turgida', si plena est, si fusca est, 'nigra' uocetur;
in gracili 'macies' crimen habere potest.
et poterit dici 'petulans', quae rustica non est;
et poterit dici 'rustica', si qua proba est.
quin etiam, quacumque caret tua femina dote,
hanc moueat, blandis usque precare sonis:
exige uti cantet, si qua est sine uoce puella;
fac saltet, nescit si qua mouere manum;
barbara sermone est, fac tecum multa loquatur;
non didicit chordas tangere, posce lyram;
durius incedit, fac inambulet; omne papillae
pectus habent, uitium fascia nulla tegat;
si male dentata est, narra, quod rideat, illi;
mollibus est oculis, quod fleat illa, refer.
proderit et subito, cum se non finxerit ulli,
ad dominam celeres mane tulisse gradus.
auferimur cultu; gemmis auroque teguntur
omnia; pars minima est ipsa puella sui.
saepe, ubi sit, quod ames, inter tam multa, requiras:

321 nec *K*^{2}*ς*: et *REK*^{1}*ωm*   quam m. poscit amantem *R* (poscat) *EKςm* (possit): quam m. posset amari *BO*$_e$: quae m. posset amari *ς*   322 haec *REK*^{1}*ςm*: hic *K*^{2} (*u.l.*): hinc *ς*   325 qua *RKς*: quam *Eω*   329 quae *REωm*: si *Kς*: quia *F*   333 uti *Eς*, *exc. Scal.*: ut *RKς*: quod *ωm*   334 *om.* *K*^{1}, *add.* *K*^{2} *in marg.*   manum *RE* (-us) *K*^{2} (*u.l.*): pedem *K*^{2} *ωm*   337 durius *RK*^{2}*ς*: duriter *EK*^{1}*ς*   inambulet *R*, *exc. Scal.*: ambulet *EKωm*: ut ambulet *ς*   339 illi *R*: illa *EK*^{1}*ω*: ipsa *K*^{2} (*u.l.*) *ςm*   345 ames *Rςm*: amas *EKς*   requiras *RKωm*: requires *ς*: requiris *E*: require *ς*

decipit hac oculos aegide diues Amor.
improuisus ades: deprendes tutus inermem;
    infelix uitiis excidet illa suis.
(non tamen huic nimium praecepto credere tutum est:
    fallit enim multos forma sine arte decens.)   350
tum quoque, compositis sua cum linit ora uenenis,
    ad dominae uultus, nec pudor obstet, eas:
pyxidas inuenies et rerum mille colores
    et fluere in tepidos oesypa lapsa sinus.
illa tuas redolent, Phineu, medicamina mensas;   355
    non semel hinc stomacho nausea facta meo est.
nunc tibi, quae medio Veneris praestemus in usu,
    eloquar: ex omni est parte fugandus Amor.
multa quidem ex illis pudor est mihi dicere, sed tu
    ingenio uerbis concipe plura meis.   360
nuper enim nostros quidam carpsere libellos,
    quorum censura Musa proterua mea est.
dummodo sic placeam, dum toto canter in orbe,
    qui uolet, inpugnent unus et alter opus.
ingenium magni liuor detractat Homeri;   365
    quisquis es, ex illo, Zoile, nomen habes.
et tua sacrilegae laniarunt carmina linguae,
    pertulit huc uictos quo duce Troia deos.

350 multos $K\omega m$: multas $REM_a{}^1$ 351 tum $RE\varsigma$: tu ςm: tunc $K\varsigma$ sua cum linit K^2 (sscr.) ς: sua cum linet EK^2 (ut uid.) ς: sua collinet $K^1C_a{}^2$: cum linit RQ^1 (sua add. Q^2): cum linet M_a: cum liniet $BC_c{}^2$: tunc cum limet $C_a{}^1$: cum collinit P_c (-dit) W, fortasse recte; cf. R (sed linere uox Ouidiana est: Fast. iii 760, Med. 81, collinere nusquam alibi apud Ouidium inuenies): cum collinet $C_c{}^1P_bm$: cum delinit P_a: iungatis O_b 352 nec $RK\omega$: ne ςm: non EO_bP_b 354 esipa K^1 (h-) P_a: oesopa Rm: esopa EK^2 (h-) ω. cf. A.A. iii 213   356 hinc RK^2 (sed u. Append.) ωm: in $E\varsigma$: e P_h 357 medio ueneris $R\omega m$: u. m. $EK\varsigma$ 358 est $RK^2\varsigma m$: om. $EK^1\omega$ 361 nostros quidam $R\omega m$: q. n. EKA_b 364 qui uolet $E\varsigma$ [Plan.]: quod uolet $RK\varsigma$: cum uolet D: quam uolet A_bE_a: quodlibet O_b: de m incert.: quod solet Shackleton Bailey   impugnent D. Heinsius, T: impugnet R (inp-) $EK\omega m$

summa petit liuor: perflant altissima uenti,
 summa petunt dextra fulmina missa Iouis.   370
at tu, quicumque es, quem nostra licentia laedit,
 si sapis, ad numeros exige quidque suos.
fortia Maeonio gaudent pede bella referri:
 deliciis illic quis locus esse potest?
grande sonant tragici: tragicos decet ira cothurnos;   375
 usibus e mediis soccus habendus erit.
liber in aduersos hostes stringatur iambus,
 seu celer, extremum seu trahat ille pedem.
blanda pharetratos Elegia cantet Amores
 et leuis arbitrio ludat amica suo.   380
Callimachi numeris non est dicendus Achilles;
 Cydippe non est oris, Homere, tui.
quis ferat Andromaches peragentem Thaida partes?
 peccet, in Andromache Thaida quisquis agat.
Thais in arte mea est: lasciuia libera nostra est;   385
 nil mihi cum uitta; Thais in arte mea est.
si mea materiae respondet Musa iocosae,
 uicimus, et falsi criminis acta rea est.
rumpere, Liuor edax: magnum iam nomen habemus;
 maius erit, tantum, quo pede coepit, eat.   390
sed nimium properas: uiuam modo, plura dolebis,
 et capiunt anni carmina multa mei.

---

372 quidque *Rm*: quaeque *EKω*: quamque *X*: quodque ς   376 usi-
bus *RA_b* (*ut uid.*): uersibus *EKω*: *de m incert.*   e *RKω*: in *Eς*: *de m
incert.* habendus, *i.e. gerendus*   378 trahat *RK²ω*: trahit *EK¹BZm*
379 elegia *Eω*: elegeia *RP_c*: eleia *K¹* (*ut uid.; u. Append.*)   380 ludat
EKωm: laudat *Rς*: plaudat ς: cantet *C_c*   383 ferat ς: feret *REKωm*: fert
P_c   384 peccet *Heinsius*: peccat *codd.* andromache *Rς*: andro-
machen ςm: andromachem *EKς* quisquis *Rωm*: si quis *EKE_aH*
386 uitta *rς*: uittis *K¹*: uita *Rςm*: uicta ς: inuita est *E¹*: inuicta est *E²*:
nupta ς: uittata est *K²* (*u.l.*)   388 uicimus *REωm*: uincimus *Kς*
392 capiunt *RP_a*: capient *rEKωm*: capiant ς anni *RE²* (*u.l.*) *K¹ςm*:
animi *E¹K²* (*u.l.*) ω multa *REKωm*: plura ς

nam iuuat et studium famae mihi creuit honore;
　　principio cliui noster anhelat equus.
tantum se nobis elegi debere fatentur,　　　　　　　　　395
　　quantum Vergilio nobile debet epos.
hactenus inuidiae respondimus: attrahe lora
　　fortius et gyro curre, poeta, tuo.
ergo, ubi concubitus et opus iuuenale petetur
　　et prope promissae tempora noctis erunt,　　　　400
gaudia ne dominae, pleno si corpore sumes,
　　te capiant, ineas quamlibet ante uelim;
quamlibet inuenias, in qua tua prima uoluptas
　　desinat: a prima proxima segnis erit.
sustentata Venus gratissima: frigore soles,　　　　　405
　　sole iuuant umbrae, grata fit unda siti.
et pudet, et dicam: Venerem quoque iunge figura,
　　qua minime iungi quamque decere putas.
nec labor efficere est: rarae sibi uera fatentur,
　　et nihil est, quod se dedecuisse putent.　　　　410
tunc etiam iubeo totas aperire fenestras
　　turpiaque admisso membra notare die.
at simul ad metas uenit finita uoluptas
　　lassaque cum tota corpora mente iacent,

393 creuit RK^1s: crescit $EK^2\omega m$　　honore $EK^1\omega$: honori RK^2 (u.l.) sm
394 noster $K^2\omega$: uester REK^1DM_a (ut uid.) m　　396 epos Muretus: opus
codd.　　397 praecedentibus continuant R (sed cf. p. 205) EK^1s: nouum librum
inc. $K^2\omega m$, uett. edd.　　398 fortius $RK^2\omega m$: fortiter EK^1s　　399 iuuenale
R: iuuenile $EK\omega m$　　401 pleno si $REK\omega$: si p. s　　corpore RK^2s:
pectore EK^1s　　sumes REKs: sumas ω　　403 inuenias RK^1sm: inuenies
EK^2s　　405 frigore soles $REK^1\omega$: frigora sole K^2 (u.l.) sϕm
407 uenerem RK^2sm: ueneris EK^2 (u.l.) ω: ueneri K^1D　　figura
RE^2sm: figuram $E^1K\omega$: figuras HP_c　　408 qua rEK^1 (ut uid.) ωm:
quam RK^2s: quas P_c　　quamque EK^2 (ut uid.) s: quaque rK^1sm:
queque RO_e^2 (ut uid.) O_g: quasque P_c　　409 rarae sibi Heinsius, P_a:
rare tibi Ks: rara est ibi R: raro tibi $E\omega$: nam raro m　　414 tota cor-
pora (-e R, corr. r) mente $REK\omega m$: toto corpore membra s

dum piget, ut malles nullam tetigisse puellam   415
    tacturusque tibi non uideare diu,
tunc animo signa, quodcumque in corpore mendum est,
    luminaque in uitiis illius usque tene.
forsitan haec aliquis (nam sunt quoque) parua uocabit,
    sed, quae non prosunt singula, multa iuuant.   420
parua necat morsu spatiosum uipera taurum;
    a cane non magno saepe tenetur aper.
tu tantum numero pugna praeceptaque in unum
    contrahe: de multis grandis aceruus erit.
sed quoniam totidem mores totidemque figurae,   425
    non sunt iudiciis omnia danda meis.
quo tua non possunt offendi pectora facto,
    forsitan hoc alio iudice crimen erit.
ille quod obscenas in aperto corpore partes
    uiderat, in cursu qui fuit, haesit amor;   430
ille quod a Veneris rebus surgente puella
    uidit in inmundo signa pudenda toro.
luditis, o si quos potuerunt ista mouere:
    adflarant tepidae pectora uestra faces.
adtrahet ille puer contentos fortius arcus,   435
    saucia maiorem turba petetis opem.
quid, qui clam latuit reddente obscena puella

---

415 ut *Heinsius dubitanter, reuocauit Camps*: et *codd.*   malles *K²* (*sscr.*)
ω: malis *REK¹ςm*: uelles *P_c*   m. nullam *REKς*: nullam m. *ςm*
416 tibi . . . diu *RKωm*: diu . . . tibi *Eς*   417 quodcumque . . .
mendum est *REK¹Hm*: quodcumque . . . mendae est *ς*: quaecumque . . .
menda est *K²ω*: quodcumque . . . menda est *M_a¹*: quodcumque . . .
turpe est *Q¹*   434 afflarant *R* (adf-) *EK* (-grant) *DF*: afflarunt *ωm*
uestra *REKω*: nostra *ς*   435 attrahet *R* (adt-) *EKωm*: attrahat
C_aP_c, prob. Bentleius: attrahit *ς*   contentos *rEKω*: contemptos *Rς*
437 quid qui clam *W¹ an W²* incert.: quid quidam *E*: quidquid clam
Rςm: quod qui clam *K²*: quod quidam *K¹P_c*: quidam clam *H*: quid quod
clam ω: quod quia quod clam *O_e. illud* quid, qui . . . *apud Ouidium
nusquam alibi inueniri amice docuit A. G. Lee*   latuit *REKω*: latui *ς*

et uidit quae mos ipse uidere uetat?
di melius, quam nos moneamus talia quemquam;
   ut prosint, non sunt expedienda tamen.   440
hortor et ut pariter binas habeatis amicas
   (fortior est, plures si quis habere potest):
secta bipertito cum mens discurrit utroque,
   alterius uires subtrahit alter amor.
grandia per multos tenuantur flumina riuos,   445
   laesaque diducto stipite flamma perit;
non satis una tenet ceratas ancora puppes,
   nec satis est liquidis unicus hamus aquis:
qui sibi iam pridem solacia bina parauit,
   iam pridem summa uictor in Arce fuit.   450
at tibi, qui fueris dominae male creditus uni,
   nunc saltem nouus est inueniendus amor.
Pasiphaes Minos in Procride perdidit ignes:
   cessit ab Idaea coniuge uicta prior;
Amphilochi frater ne Phegida semper amaret,   455
   Callirhoe fecit parte recepta tori;
et Parin Oenone summos tenuisset ad annos,
   si non Oebalia paelice laesa foret;
coniugis Odrysio placuisset forma tyranno,

438 uidit $EK\omega$: uidi R_5m quae $RK\omega m$: quod E_5 mos $E\omega m$: mox RK_5 440 expedienda $RK^2\omega$: experienda EK^1_5 446 laesaque K^2 (*u.l.*) M_a: haesaque R: cassaque r: magnaque E_5: totaque K^1p_2: letaque K^2_5: lentaque $P_a{}^2$: lataque 5: altaque 5ϕ: sectaque 5, *ex* 443 diducto $K_5\phi$: deducto E_5: seducto R_5: subducto ω 448 nec $REK^2_5\phi$: non K^1_5 450 arce $REK\omega$: arte 5, *ut uid. cf. A.A.* ii 540 451 tibi REK_5: ubi O_g: tu 5 fueris RK^1_5: fueras $EK^2\omega$ 453 Procride *Heinsius ex* pocride K^1: prognide R (*sed u. Append.*) $EK^2\omega$ 454 *de altera Phineos uxore expl. Parrhasius*   455 amphilochi $REK\omega$: antilochi 5: amphimachi O_b Phegida *Antonius Volscus*: flegida E: phecida P_cW: phetida R: m̄phetida K^2 (*u.l.*): pheida M_aO_g: phicida D: phillida K^1 (f-) ω: feleida H 456 callirhoe (*uel sim.*) $REK^1\omega$: calliope K^2 (-irope) 5 457 parin R: paris $EK\omega$ oenone R (- ę r) K^2 (*ut uid.*) O_g: oenonen EK^1_5: oenonem ω

sed melior clausae forma sororis erat.   460
quid moror exemplis, quorum me turba fatigat?
   successore nouo uincitur omnis amor.
fortius e multis mater desiderat unum
   quam quem flens clamat 'tu mihi solus eras.'
et, ne forte putes noua me tibi condere iura   465
   (atque utinam inuenti gloria nostra foret!),
uidit id Atrides: quid enim non ille uideret,
   cuius in arbitrio Graecia tota fuit?
Marte suo captam Chryseida uictor amabat;
   at senior stulte flebat ubique pater.   470
quid lacrimas, odiose senex? bene conuenit illis;
   officio natam laedis inepte tuo.
quam postquam reddi Calchas ope tutus Achillis
   iusserat et patria est illa recepta domo,
'est' ait Atrides 'illius proxima forma   475
   et, si prima sinat syllaba, nomen idem:
hanc mihi, si sapiat, per se concedat Achilles;
   si minus, imperium sentiet ille meum.
quod si quis uestrum factum hoc accusat, Achiui,
   est aliquid ualida sceptra tenere manu.   480
nam si rex ego sum, nec mecum dormiat ulla,
   in mea Thersites regna licebit eat.'

---

463 fortius REH^1O_gm: parcius $K\omega\phi$: lenius H^2 (u.l.)   464 quem
E (ut uid.; u. Append.) WX [Plan.]: quae $RK^1\omega\phi m$: qui K^2P_c 465 con-
dere $REK^1\omega m$: tradere K^2 (u.l.) ς: fingere $P_h{}^1$ 467 uidit id $E\varsigma$:
u. ut $RK\varsigma m$: u. et rA_bE_a: uiderat T 469 amabat $REK^2\omega m$: amarat
P_h: amauit $K^1\varsigma$: habebat Q 470 pater REK^2 (sscr.) ωm: parens
K^1DQ 471 illis $REKA_bM_a{}^2m$: illi ω 472 tuo REK^1 (ut uid.)
ωm: tuam $K^2\varsigma$ 474 patria $RK\omega$: patris $E\varsigma m$ 475 est ait atrides
illius $E\varsigma$: a. ait est i. $R\varsigma m$: a. ait i. est iam (iam om. $K^2M_aO_g$) $K^1\varsigma$
476 syllaba RH (si-): littera $EK\omega m$ idem $RE\varsigma m$: idem est $K\varsigma$
477 concedat $RK\varsigma m$: concedet $E\varsigma$ 478 sentiet $rEK\omega$: sentiat $R\varsigma m$
479 accusat $REK\omega m$: accuset ς: incusat ς 481 dormiat $REK\omega m$
dormiet ς ulla RE^2 (u.l.): illa $E^1K\omega m$

dixit et hanc habuit solacia magna prioris,
  et posita est cura cura repulsa noua.
ergo adsume nouas auctore Agamemnone flammas,   485
  ut tuus in biuio distineatur amor.
quaeris ubi inuenias? artes tu perlege nostras:
  plena puellarum iam tibi nauis erit.
quod si quid praecepta ualent mea, si quid Apollo
  utile mortales perdocet ore meo,   490
quamuis infelix media torreberis Aetna,
  frigidior dominae fac uideare tuae.
et sanum simula nec, si quid forte dolebis,
  sentiat, et ride, cum tibi flendus eris.
non ego te iubeo medias abrumpere curas: 495
  non sunt imperii tam fera iussa mei.
quod non es, simula positosque imitare furores:
  sic facies uere, quod meditatus eris.
saepe ego, ne biberem, uolui dormire uideri:
  dum uideor, somno lumina uicta dedi.   500
deceptum risi, qui se simulabat amare,
  in laqueos auceps decideratque suos.
intrat amor mentes usu, dediscitur usu:
  qui poterit sanum fingere, sanus erit.
dixerit ut uenias: pacta tibi nocte uenito;   505
  ueneris, et fuerit ianua clausa: feres;

484 posita est cura *RH*: prior est posita *EK²ʒm*: prior est cura *K¹ʒ*
486 ut *REKωm*: et ʒ   distineatur *'quod in Scaligeri codice'* prob. D.
Heinsius, in textum uocauit N. Heinsius: destineatur *R, exc. Scal.*: deti-
neatur *rEKωm*   487 tu *R (ut uid.) EKω*: i *rOᵦ*: en *OₑZ*: et *Aᵦm*
492 dominae *REKωm*: glacie *Itali, prob. Heinsius, edd. plerique*   tuae
REKωm: niue *Housman*   493 nec *REK²ʒ*: ne *K¹ωm*   495 curas
REK¹ʒm: flammas *K²ʒ*: leges *Oₒ*   496 iussa *REK²ωm*: iura *K¹ʒ*
497 es *rK¹ʒ*: est *REK²ωm*   positosque *RKωm*: positos *Eʒ*   501 si-
mulabat *RKωm*: simulabat *Q, uett. edd., prob. Bentleius*: simularet *E*:
simulauit *OᵦT*   502 decideratque *R* (deced-) *EKωm*: decidit
ipse *ʒ*

nec dic blanditias nec fac conuicia posti
　nec latus in duro limine pone tuum;
postera lux aderit: careant tua uerba querelis
　et nulla in uultu signa dolentis habe.　　　　　　　510
iam ponet fastus, cum te languere uidebit
　(hoc etiam nostra munus ab arte feres).
te quoque falle tamen, nec sit tibi finis amandi
　propositus: frenis saepe repugnat equus.
utilitas lateat; quod non profitebere, fiet:　　　　　515
　quae nimis apparent retia, uitat auis.
nec sibi tam placeat nec te contemnere possit:
　sume animos, animis cedat ut illa tuis.
ianua forte patet: quamuis reuocabere, transi;
　est data nox: dubita nocte uenire data.　　　　　520
posse pati facile est, ubi, si patientia desit,
　protinus ex facili gaudia ferre licet.
et quisquam praecepta potest mea dura uocare?
　en, etiam partes conciliantis ago.
nam quoniam uariant animi, uariabimus artes;　　　525
　mille mali species, mille salutis erunt.
corpora uix ferro quaedam sanantur acuto;
　auxilium multis sucus et herba fuit.
mollior es neque abire potes uinctusque teneris

507 fac *REKω*: fer *ςm*: dic *ς*　　　513 falle tamen *REF*[1] (*ut uid.*) *M_aT*: fallet amor *K*[1] (tunc *pro te, corr. m*[2]) *ςm*: fallat amor *ς*: fallit amor *K*[2]*ς* nec *Rm*: ne *KHZ*: dum *Eω*: ut *P_a*　　　514 propositus *Burmannus, distinctione posita* (*u. Append.*): propositis *REς*: postpositis *K*[1]*C_aW*: praepositis *K*[2]*ωm*: oppositis *A_bB*[1]　　　517 sibi *REK*[2] (*u.l.*) *ςm*: tibi *K*[1]*ω* tam *RKωm*: iam *Eς*　　nec te *REO_gm*: ne te *K*[2]*ς*: ut te *K*[1]*ς*: quod te *ω* 521 ubi si patientia *Madvig*: ubi sapientia *R*: ni sapientia *O_g*: tibi ubi sapientia *K*[2] (*u.l.*): tibi ni sapientia *K*[1]*P_c*: ubi non patientia *E*[2] (*u.l.*) *D*: tibi ni (ne *O_eP_a*: non *m*) patientia *E*[1]*ωm*: si·non patientia *ς*: nisi si patientia *p_2, prob. Heinsius*　　523 et *RKωm*: haec *Eς*　　quisquam *RK*[2]*ω*: quisquis *EK*[1]*M_a* (*ut uid.*) *m*: aliquis *X*: si quis *QZ*　　dura *REKω*: saeua *ςm* 525 uariabimus *REK*[2]*ωm*: uariamus et *K*[1] [*Plan.*]　　　　528 fuit *REK*[1]*ωφm*: tulit *K*[2] (*u.l.*) *ς*

et tua saeuus Amor sub pede colla premit: 530
desine luctari; referant tua carbasa uenti,
  quaque uocant fluctus, hac tibi remus eat.
explenda est sitis ista tibi, qua perditus ardes:
  cedimus; e medio iam licet amne bibas.
sed bibe plus etiam quam quod praecordia poscunt; 535
  gutture fac pleno sumpta redundet aqua.
i, fruere usque tua nullo prohibente puella;
  illa tibi noctes auferat, illa dies.
taedia quaere mali: faciunt et taedia finem;
  iam quoque, cum credes posse carere, mane, 540
dum bene te cumules et copia tollat amorem
  et fastidita non iuuet esse domo.
fit quoque longus amor quem diffidentia nutrit:
  hunc tu si quaeres ponere, pone metum.
qui timet ut sua sit, ne quis sibi detrahat illam, 545
  ille Machaonia uix ope sanus erit:
plus amat e natis mater plerumque duobus,
  pro cuius reditu, quod gerit arma, timet.
est prope Collinam templum uenerabile portam,
  inposuit templo nomina celsus Eryx. 550
est illic Lethaeus Amor, qui pectora sanat
  inque suas gelidam lampadas addit aquam;
illic et iuuenes uotis obliuia poscunt
  et si qua est duro capta puella uiro.

531 referant *EK5*: referent *R5m*   532 uocant *RKωm*: uocat *E5*
remus *REKω*: nauis 5: uentus *rm*   537 i fruere *Heinsius*, *E*: infruere
Pₐ: fruere *RK²* (*u.l.*) *Mₐ¹*: et fruere *r5*: sic fruere 5: tu fruere *Oₑ*: per-
fruere *Mₐ²*, '*codex Scaligeri*' *ap. Heinsium*: utere et *K¹ωm*   539 t.
quaere: malis (malis *E*, *corr. m²*) *Heinsius*   et *REKωm*: quoque 5: quia
Q: nam *F*   540 credes *REK²5*: credas *K¹5*   542 iuuet *K¹5*:
iuuat *ECₐQ¹*: licet 5: libet *RK²* (*u.l.*) 5   544 tu si *REK5*: si tu *ω*
quaeres *RKF*: quaeris *Eω*: quaeras 5   545 detrahat *RK²* (*u.l.*) *ω*:
subtrahat *EK¹5*   546 sanus *REK¹ω*: tutus *K²* (*u.l.*) 5   552 lam-
padas *r* (*ex* -us *R*) *Kω*: lampades *E5*

is mihi sic dixit (dubito uerusne Cupido   555
    an somnus fuerit; sed, puto, somnus erat):
'o qui sollicitos modo das, modo demis amores,
    adice praeceptis hoc quoque, Naso, tuis.
ad mala quisque animum referat sua, ponet amorem:
    omnibus illa deus plusue minusue dedit.   560
qui Puteal Ianumque timet celeresque Kalendas,
    torqueat hunc aeris mutua summa sui;
cui durus pater est, ut uoto cetera cedant,
    huic pater ante oculos durus habendus erit;
hic male dotata pauper cum coniuge uiuit: 565
    uxorem fato credat obesse suo;
est tibi rure bono generosae fertilis uuae
    uinea: ne nascens usta sit uua, time;
ille habet in reditu nauem: mare semper iniquum
    cogitet et damno litora foeda suo;   570
filius hunc miles, te filia nubilis angat;
    et quis non causas mille doloris habet?
ut posses odisse tuam, Pari, funera fratrum
    debueras oculis substituisse tuis.'
plura loquebatur; placidum puerilis imago   575
    destituit somnum, si modo somnus erat.
quid faciam? media nauem Palinurus in unda
    deserit: ignotas cogor inire uias.
quisquis amas, loca sola nocent: loca sola caueto;
    quo fugis? in populo tutior esse potes.   580

555 is RK^1ς: hic EK^2 (*ut uid.*) ω   558 hoc REK^1ω: haec K^2ς
560 illa *Itali*, E: ille RKω   565–6 *haerent interpretes. equidem male
cum uiuit coniungendum suspicor, cum de uxorum locupletium dominatione
satis frequens iocus esset (cf. e.g. Mart.* viii 12). *sed* 566 *quomodo expediendus
sit nescio*   565 hic REKωφ: qui ς   566 fato Kωφ: facto RE
obesse ςφ: adesse REKς   568 usta . . . uua RKω: uua . . . usta Eς
570 foeda REK^1ω: saeua K^2 (*u.l.*) ςφ   571 te REKς: hunc ςφ
573 posses ς: possis REKς   574 substituisse RKW: sustinuisse Eω:
supposuisse M_aO_e: proposuisse Z: praeposuisse B^2 (*u.l.*) Q^2 (*u.l.*)

non tibi secretis (augent secreta furores)
  est opus; auxilio turba futura tibi est.
tristis eris, si solus eris, dominaeque relictae
  ante oculos facies stabit, ut ipsa, tuos.
tristior idcirco nox est quam tempora Phoebi: 585
  quae releuet luctus, turba sodalis abest.
nec fuge conloquium nec sit tibi ianua clausa
  nec tenebris uultus flebilis abde tuos;
semper habe Pyladen aliquem, qui curet Oresten:
  hic quoque amicitiae non leuis usus erit.   590
quid nisi secretae laeserunt Phyllida siluae?
  certa necis causa est: incomitata fuit.
ibat, ut Edono referens trieterica Baccho
  ire solet fusis barbara turba comis,
et modo, qua poterat, longum spectabat in aequor,   595
  nunc in harenosa lassa iacebat humo;
'perfide Demophoon' surdas clamabat ad undas,
  ruptaque singultu uerba loquentis erant.
limes erat tenuis, longa subnubilus umbra,
  qua tulit illa suos ad mare saepe pedes.   600
nona terebatur miserae uia; 'uiderit' inquit
  et spectat zonam pallida facta suam,
aspicit et ramos: dubitat refugitque quod audet,
  et timet et digitos ad sua colla refert.

581 non REK^1D: nam K^2 (u.l.) ω: et X   secretis REK^2ϛ: secretos K^1ω: dampnosos M_a 582 tibi est REϛ: tibi Kϛ: tuo est D^1: tuo ϛ   586 quae releuet ϛ: quaeque leuet REKωφ   588 uultus EK^2 (u.l.) ϛ: luctus RK^1ϛ, ex 586   abde Rω: adde EKϛ   589 pyladen RE (phi-) ϛ: pyladem Kω   Oresten Heinsius in notis: orestem codd.   591 laeserunt RKω: nocuerunt EH^1 (ut uid.)   phyllida REKω: phillidi H 593 Edono D. Heinsius: edonio REK^1ϛ: aonio K^2 (u.l.) ω   trieterica R: trieterica E: triaterica Kω   595 qua RKω: quam Eϛ: quod ϛ   596 lassa REK^2ω: lapsa K^1ϛ: fessa ϛ   598 ruptaque K^1ω: raptaque $REK^2C_oO_g$ loquentis RKω: dolentis rEϛ   599 subnubilus rK^2 (u.l.) ω: sub nubibus REK^1ϛ: sub rupibus P_a 600 qua REKϛ: quo ϛ

Sithoni, tum certe uellem non sola fuisses: 605
  non flesset positis Phyllida silua comis.
Phyllidis exemplo nimium secreta timete,
  laese uir a domina, laesa puella uiro.
praestiterat iuuenis, quidquid mea Musa iubebat,
  inque suae portu paene salutis erat.   610
reccidit, ut cupidos inter deuenit amantes
  et, quae condiderat, tela resumpsit Amor.
si quis amas nec uis, facito contagia uites:
  haec etiam pecori saepe nocere solent.
dum spectant laesos oculi, laeduntur et ipsi,   615
  multaque corporibus transitione nocent.
in loca nonnumquam siccis arentia glaebis
  de prope currenti flumine manat aqua:
manat amor tectus, si non ab amante recedas,
  turbaque in hoc omnes ingeniosa sumus.   620
alter item iam sanus erat; uicinia laesit:
  occursum dominae non tulit ille suae.
uulnus in antiquum rediit male firma cicatrix,
  successumque artes non habuere meae.
proximus a tectis ignis defenditur aegre: 625
  utile finitimis abstinuisse locis.
nec, quae ferre solet spatiantem porticus illam,
  te ferat, officium neue colatur idem.
quid iuuat admonitu tepidam recalescere mentem?
  alter, si possis, orbis habendus erit.   630

---

605 tum E_5: tunc $RK\omega$: nunc A_bZ: om. C_cO_e certe uellem $RE\omega$: u. c.
K_5 non $REK\omega$: ne 5 606 flesset $RK\omega$: fleret EO_b: flesses 5:
fleres O_oW 607 timete $RK\omega$: timeto E_5 611 reccidit RH
(reci-): decidit $EK\omega$: excidit Z: accidit P_c 612 condiderat *Heinsius*
ex P_aP_c *et Vat. Lat.* 1479, *saec. xiii/xiv*: conciderat $A_b{}^1$ (*ut uid.*) E_a:
.conciderant $REK\omega$: deciderant 5: desierant B^2 615 laesos oculi
$RE\omega\phi$: o. l. K_5 623 firma REK^2 (*u.l.*) 5: sana $K^1\omega$ 625 a RK^2
(*u.l.*) $\omega\phi$: e E (et testis) K^1_5 ignis . . . aegre $REK\omega\phi$: aegre . . . ignis 5

non facile esuriens posita retinebere mensa
  et multam saliens incitat unda sitim;
non facile est taurum uisa retinere iuuenca;
  fortis equus uisae semper adhinnit equae.
haec ubi praestiteris, ut tandem litora tangas,   635
  non ipsam satis est deseruisse tibi:
et soror et mater ualeant et conscia nutrix
  et quisquis dominae pars erit ulla tuae;
nec ueniat seruus nec flens ancillula fictum
  suppliciter dominae nomine dicat 'aue'.   640
nec si scire uoles, quid agat, tamen, illa, rogabis;
  perfer: erit lucro lingua retenta tuo.
tu quoque, qui causam finiti reddis amoris
  deque tua domina multa querenda refers,
parce queri: melius sic ulciscere tacendo,   645
  ut desideriis effluat illa tuis.
et malim taceas quam te desisse loquaris:
  qui nimium multis 'non amo' dicit, amat.
sed meliore fide paulatim extinguitur ignis
  quam subito: lente desine, tutus eris.   650
flumine perpetuo torrens solet altior ire,
  sed tamen haec breuis est, illa perennis aqua.
fallat et in tenues euanidus exeat auras
  perque gradus molles emoriatur amor.
sed modo dilectam scelus est odisse puellam;   655
  exitus ingeniis conuenit iste feris.

632 multam *Itali*, K^2 (*u.l.*): multum $REK^1\omega\phi$ 633 taurum uisa
$RK\omega$: u. t. $E\varsigma$ 634 uisae . . . equae $RK\omega$: uisa . . . equa EHT
643 reddis $REK\varsigma$, *exc. Scal.*: quaeris ω 644 querenda $RK\omega$: do-
lenda E (-o) ς 645 *post* sic *add.* te EE_aH: sic melius te C_a
646 ut RK^2 (*u.l.*) ς: dum $rEK^1\varsigma$ 647 desisse REK (ded-) ω: do-
luisse ς: dixisse O_bP_c: didicisse C_c^1 651 altior $REHZ$ [*Plan.*] (*ut
uid.*): altius $K\omega$: acrius *aliquot Heinsii, unde* acrior *Riese*   653 euanidus
$RE\omega$: radicitus $K\varsigma$

non curare sat est: odio qui finit amorem,
    aut amat aut aegre desinet esse miser.
turpe uir et mulier, iuncti modo, protinus hostes;
    non illas lites Appias ipsa probat.   660
saepe reas faciunt et amant: ubi nulla simultas
    incidit, admonitu liber aberrat Amor.
forte aderam iuueni; dominam lectica tenebat;
    horrebant saeuis omnia uerba minis.
iamque uadaturus 'lectica prodeat' inquit;   665
    prodierat; uisa coniuge mutus erat;
et manus et manibus duplices cecidere tabellae;
    uenit in amplexus atque ita 'uincis' ait.
tutius est aptumque magis discedere pace
    nec petere a thalamis litigiosa fora.   670
munera quae dederas, habeat sine lite iubeto:
    esse solent magno damna minora bono.
quod si uos aliquis casus conducet in unum,
    mente memor tota, quae damus, arma tene.
nunc opus est armis; hic o fortissime pugna: 675
    uincenda est telo Penthesilea tuo.
nunc tibi riualis, nunc durum limen, amanti,
    nunc subeant mediis inrita uerba deis.
nec compone comas, quia sis uenturus ad illam,
    nec toga sit laxo conspicienda sinu: 680

657 non curare sat est REK^2 (*u.l.*) F, *exc. Scal.*: non curandus adest ς:
nec curandus adest $K^1\varsigma$: nec curandus erit Z: nec sanus sat est M_a
658 amat $RE\varsigma$: amet $K\varsigma$ desinet RP_h: desinit $E^2K^2\varsigma$: desinat $E^1K^1\omega$
659 iuncti modo $RK\omega$: m. i. $E\varsigma$ 662 aberrat RM_aZ: oberrat $EK\omega$
663 aderam iuueni $REK\varsigma$: aderat iuuenis ω 669–70 *secl. Heinsius,*
alii   670 nec REK^2 (*u.l.*) ς: quam $K^1\omega$ 673 conducet $RK^2\varsigma$:
conducit $EK^1\varsigma$: conducat ς 675 nunc REK^2 (*u.l.*) ς: hic $K^1\varsigma$ hic
o RK^2 (*u.l.*) ω: nunc o $K^1\varsigma$: non o P_c: ac o E: hic hic O_oQ^1: nunc hic T
677 riualis $RK^1\omega$: riuales $EK^2\varsigma$ *post* limen *dist. Heinsius*   amanti
$R\varsigma$: amicae $EK\omega$ 679 comas $REK^1\omega$: comam K^2 (*u.l.*) ς quia
$REK\varsigma$: cum ς: si E_a

nulla sit ut placeas alienae cura puellae;
   iam facito e multis una sit illa tibi.
sed quid praecipue nostris conatibus obstet,
   eloquar, exemplo quemque docente suo:
desinimus tarde, quia nos speramus amari;   685
   dum sibi quisque placet, credula turba sumus.
at tu nec uoces (quid enim fallacius illis?)
   crede nec aeternos pondus habere deos.
neue puellarum lacrimis moueare, caueto:
   ut flerent, oculos erudiere suos.   690
artibus innumeris mens oppugnatur amantum,
   ut lapis aequoreis undique pulsus aquis.
nec causas aperi quare diuortia malis
   nec dic quid doleas, clam tamen usque dole;
nec peccata refer, ne diluat: ipse fauebis,   695
   ut melior causa causa sit illa tua.
qui silet, est firmus; qui dicit multa puellae
   probra, satisfieri postulat ille sibi.
non ego Dulichio furari more sagittas
   nec raptas ausim tinguere in amne faces,   700
nec nos purpureas pueri resecabimus alas,
   nec sacer arte mea laxior arcus erit.
consilium est, quodcumque cano: parete canenti,
   utque facis, coeptis, Phoebe saluber, ades.
Phoebus adest: sonuere lyrae, sonuere pharetrae;   705

682 facito *rF*: face ut *Kʂ*: fac ut *ʂ*: fac *EP_a²*: *de R incert.*   683 quid
REKʂ: quod *ω*: quae *P_c*: quem *C_a*   obstet *ʂ*: obstat *REKω*: obstant
P_c. quid . . . obstat? *Ehwald*   693 malis *RKω*: mauis *Eʂ*: quaeras *ʂ*:
quaeris *ʂ*   694 quid *Rʂ*: quod *EKω*: cur *ʂ*   695 ne *REʂ*:
nec *Kʂ*   *post* diluat *dist. Heinsius*   ipse *RM_a¹*: ipsa *EKω*: illa *ʂ*
fauebis *Rʂ*: cauebis *EKω*: caueto *ʂ*   699 dulichio *r* (*ex* duchio *R*)
K², *exc. Scal.*: dulichias *K¹ω*: dulichim *E*   furari *Housman et Palmer*:
furali *C_a*: furiali *r* (*ex* for- *R*) *EKω*   704 utque (atque *R*) facis *rK²*
(*u.l.*) *ʂ*: utque faues *EK¹ʂ*: ut faueas *ω*: tuque faue *O_b*: tuque faueas *P_b*:
atque meis *A_b*   saluber *RKω*: salubris *Eʂ*

signa deum nosco per sua: Phoebus adest.
confer Amyclaeis medicatum uellus aenis
   murice cum Tyrio: turpius illud erit.
uos quoque formosis uestras conferte puellas:
   incipiet dominae quemque pudere suae.   710
utraque formosae Paridi potuere uideri,
   sed sibi conlatam uicit utramque Venus.
nec solam faciem, mores quoque confer et artem;
   tantum iudicio ne tuus obsit amor.
exiguum est, quod deinde canam, sed profuit illud   715
   exiguum multis, in quibus ipse fui.
scripta caue relegas blandae seruata puellae:
   constantis animos scripta relecta mouent.
omnia pone feros (pones inuitus) in ignes
   et dic 'ardoris sit rogus iste mei.'   720
Thestias absentem succendit stipite natum:
   tu timide flammae perfida uerba dabis?
si potes, et ceras remoue: quid imagine muta
   carperis? hoc periit Laodamia modo.
et loca saepe nocent; fugito loca conscia uestri   725
   concubitus: causas illa doloris habent.
'hic fuit, hic cubuit, thalamo dormiuimus illo;
   hic mihi lasciua gaudia nocte dedit.'
admonitu refricatur amor uulnusque nouatum
   scinditur: infirmis culpa pusilla nocet.   730

---

712 uicit *REKs*: uincit *s*
P_c   artem *RKs*: artes *Es*   713 solam *REKω*: solum *rs*: tantum
719 pones *REKM_a*: quamuis *ω*   714 obsit *RKs*: obstet *ω*: obestq; *E*
laudamia *R*: laudomia *s*: lauodomia *X*   724 laodamia *K*: laodomia *Eω*:
uel muta *lectiones Heinsii errore natae*; *u. Append. ad* 723   725 saepe *codd.*: multa
miuimus illo *rK¹ω*: dormiuimus isto *s*: dormiuimus ambo *K²* (*u.l.*) *E_aO_e*:   727 dor-
dormiuimus uno *F* (*ut uid.*): dormimus in illo *RP_c*, *edd. post Ehwaldium*
nonnulli: domuit in illo *E*   729 refricatur *R*: recalescit *E*: recreatur
rKs: renouatur *s*: reuocatur, recitatur, referatur *s*   730 culpa
REK¹s: causa *K²* (*u.l.*) *ω*: flamma *F*

ut, paene extinctum cinerem si sulphure tangas,
    uiuet et e minimo maximus ignis erit,
sic, nisi uitaris quidquid renouabit amorem,
    flamma redardescet, quae modo nulla fuit.
Argolides cuperent fugisse Capherea puppes   735
    teque, senex luctus ignibus ulte tuos;
praeterita cautus Niseide nauita gaudet:
    tu loca, quae nimium grata fuere, caue.
haec tibi sint Syrtes, haec Acroceraunia uita;
    hic uomit epotas dira Charybdis aquas.   740
sunt quae non possunt aliquo cogente iuberi,
    saepe tamen casu facta leuare solent.
perdat opes Phaedra, parces, Neptune, nepoti,
    nec faciet pauidos taurus auitus equos.
Cnosida fecisses inopem, sapienter amasset: 745
    diuitiis alitur luxuriosus amor.
cur nemo est, Hecalen, nulla est, quae ceperit Iron?
    nempe quod alter egens, altera pauper erat.
non habet unde suum paupertas pascat amorem;
    non tamen hoc tanti est, pauper ut esse uelis.   750
at tanti tibi sit non indulgere theatris,
    dum bene de uacuo pectore cedat amor.

---

732 uiuet $rE\omega$: uiuit $RK\varsigma\phi$ 734 redardescet RE (*sed u. Append.*)
K (ret-) P_b (*ut uid.*) W: reardescet ς: recandescet (-it Z) ω: recalescet
(-it M_aP_c) ς: redundabit $A_b{}^1$ 735 argolides $REK^1\varsigma$: argolicae K^2
(*u.l.*) ω capherea R: capharea $rEK\omega$ (*uel sim.*)   737 niseide
REK^2 (*u.l.*) ω: rifeide r (ref-) $K^1A_b{}^2$: ripheide K^2W: nereide F: cepheide
$C_c{}^2$ (*u.l.*)   739 haec . . . haec $REK^1\varsigma$: hic . . . hic K^2 (*u.l.*) ω: haec
. . . hic W 740 epotas $R\varsigma$: et potat K^2 (*ex* -ta) ω: hic potat E: opta-
tas P_c: acceptas O_bP_b: aequoreas E_aQ 742 leuare $RE\varsigma$: iuuare $K\omega$
745–6 *secl. L. Müller, Madvig*   745 cnosida [*Plan.*]: cōsida E: gno-
sida $R\omega$: gnosia $K\varsigma$. *cf. A.A.* i 293   747 hecalen '*sunt qui . . . legendum
putent' Merula* (1484), *in textu pos. ed. Ald.* 1502: haetaten R: etatem K:
haecaten r: hecaten $E\omega$ (*uel sim.*)

234

eneruant animos citharae lotosque lyraeque
    et uox et numeris bracchia mota suis.
illic adsidue ficti saltantur amantes;   755
    †quid caueas† actor, qua iuuat arte, nocet.
eloquar inuitus: teneros ne tange poetas;
    summoueo dotes ipsius ipse meas.
Callimachum fugito, non est inimicus amori;
    et cum Callimacho tu quoque, Coe, noces.   760
me certe Sappho meliorem fecit amicae,
    nec rigidos mores Teia Musa dedit.
carmina quis potuit tuto legisse Tibulli
    uel tua, cuius opus Cynthia sola fuit?
quis poterit lecto durus discedere Gallo?   765
    et mea nescioquid carmina tale sonant.
quod nisi dux operis uatem frustratur Apollo,
    aemulus est nostri maxima causa mali.
at tu riualem noli tibi fingere quemquam
    inque suo solam crede iacere toro.   770
acrius Hermionen ideo dilexit Orestes,
    esse quod alterius coeperat illa uiri.
quid, Menelae, doles? ibas sine coniuge Creten
    et poteras nupta lentus abesse tua.
ut Paris hanc rapuit, nunc demum uxore carere   775

753 citharae lotosque *Salmasius ex codd., exc. Scal., Heinsius ex* c. lutos-
que *R*: c. ludosque *r*: c. cantusque *r* (*sscr.*) *EK¹ω*: cithareque iocique *K²*
(*u.l.*; -que *prius non add.*) *ς*: cithareque uenusque *Mₐ¹*: cantus citharaeque *ς*:
cetera nil moror   755 saltantur *RK¹* (salu-) *ς*: cantantur *EK²* (*u.l.*) *ς*:
firmantur *ς*: monstrantur, captantur, formantur *ς*   amantes *RK²* (*u.l.*)
ς: amores *Eς*: (facti (*i.q. ς*) . . .) amici *K¹*   756 quid *REKω*: quod
ς, fortasse recte   actor *Itali, Cₐ*: auctor *r* (aut- *Rς*) *EKω*   qua *REHZ*:
quid *Kω*: quod *ς*   iuuat *EKς*: iuuet *Rς*   nocet *EKZ*: docet *Rω*
758 ipsius *Rς*: impius *EKω*   759 amori *Rω*: amoris *EK¹ς*: amanti
K² (*u.l.*)   765 lecto durus (tutus *ς*) *RK* (*sed u. Append.*) *ω*: durus
lecto *Eς*   766 tale *RKς*: lene *E²* (*ex* -a) *HOb* (-ue): dulce *ς*   774 len-
tus *ω*: letus *REKς*   775 nunc *Rς*: tunc *EKω*: tum *OₐPc*

non potes: alterius creuit amore tuus.
hoc et in abducta Briseide flebat Achilles,
   illam Plisthenio gaudia ferre uiro.
nec frustra flebat, mihi credite: fecit Atrides,
   quod si non faceret, turpiter esset iners.   780
certe ego fecissem, nec sum sapientior illo:
   inuidiae fructus maximus ille fuit.
nam sibi quod numquam tactam Briseida iurat
   per sceptrum, sceptrum non putat esse deos.
di faciant, possis dominae transire relictae   785
   limina, proposito sufficiantque pedes.
et poteris, modo uelle tene; nunc fortiter ire,
   nunc opus est celeri subdere calcar equo.
illo Lotophagos, illo Sirenas in antro
   esse puta; remis adice uela tuis.   790
hunc quoque, quo quondam nimium riuale dolebas,
   uellem desineres hostis habere loco.
at certe, quamuis odio remanente, saluta;
   oscula cum poteris iam dare, sanus eris.
ecce, cibos etiam, medicinae fungar ut omni   795
   munere, quos fugias quosque sequare, dabo.
Daunius, an Libycis bulbus tibi missus ab oris,
   an ueniat Megaris, noxius omnis erit;
nec minus erucas aptum uitare salaces

---

777 abducta $RK\omega$: abrepta ς: arepta EO_gX 778 plistenio $rE\varsigma$, *orthogr. corr. ed. Rom.* 1471: plistinio ω: phisteneo K^1: phistinio K^2 (*ut uid.*): plistonia R: philistino, philisteia, pristino, postremo, bistonio, miceneo ς uiro r (*ex* oiro R) $EK\omega$: toro r (*sscr.*) H 779 mihi credite fecit $E\varsigma$: f. m. c. RK^2 (*ex* sibi credito K^1) ς 783 numquam tactam $RK\omega$: t. n. $E\varsigma$ 785 possis dominae $RK\omega$: d. p. $E\varsigma$ 789 sirenas $RE^2K^2\varsigma$: sirenes $E^1K^1\omega$ 791 hunc $REK^1\varsigma$: nunc K^2 (*u.l.*) ς: tu ς quo $RK\varsigma$: qui K^2 (*u.l.*) ω: *om.* E 793 at RE^1 (-t *in ras.*) K^2 (*sscr.*) ω: aut ς: uel K^1DP_h 797 an $RK^1\varsigma$: a $EK^2\varsigma$: e O_b: aut B 798 an ueniat $K^1\varsigma$: adueniat $REK^2\omega$: aut *uel* haud *uel* qui ueniat ς

et quicquid Veneri corpora nostra parat.
utilius sumas acuentis lumina rutas
et quidquid Veneri corpora nostra negat.
quid tibi praecipiam de Bacchi munere, quaeris?
spe breuius monitis expediere meis.
uina parant animum Veneri, nisi plurima sumas
ut stupeant multo corda sepulta mero.
nutritur uento, uento restinguitur ignis;
lenis alit flammas, grandior aura necat.
aut nulla ebrietas, aut tanta sit, ut tibi curas
eripiat: si qua est inter utrumque, nocet.

Hoc opus exegi: fessae date serta carinae;
contigimus portus, quo mihi cursus erat.
postmodo reddetis sacro pia uota poetae,
carmine sanati femina uirque meo.

801–2 *post* 750 *R*, *spatio iii uersuum inter* 802 *et* 751 *relicto: om. E* (*add. in marg.* 801 *tantum* m^1) ς 804 expediere *Heinsius*, P_h, *Par. Lat.* 8048, *saec. xiv*: experiere *REKω* 805 animum *REKς*: animos ς 806 ut *EKς*: et *Rς* 807 nutritur uento *Rωφ* (u. n.): ignem uentus alit *EKς* restinguitur *rEςφ*: restringitur *R* (-uitur) *Kς*: constringitur *X* 811–14 *desiderantur initia uersuum in R scissa pagina* 812 portus *R*K^1*ω*: portum *E*K^2 (*u.l.*) ς *post* 814 P. OVIDI NASONIS LIBER PRIMVS. [*sic; cf. pp.* 205, 220] REMEDIORVM EXPLICIT. *R*

APPENDIX

(u. Praef., p. xi)

Am. I i 5 uires SP_h 6 uatis R 13 sum R 21 phare-
tram . . . so[R, *marg. abscisso*   22 legit] texit S: traxit H |
ii 18 fatetur S 28 erunt R, *corr. r (ut uid.*)   38 nurus S
41 lapillos S | iii 3 petii S 8 si] sed S 12 et] ut R, *unde at*
Merkel   15 tibi S^1 21 carmina PE_aH numen PH |
iv 8 atragis SX 9 mihi] mea S 20 teges $PSHN$ 30 quid
$S\varsigma$ 46 ipse] esse P 49 facias $S\varsigma$ 53 nocebit S 55 sur-
gis P, *corr. p*   59 quoque P, *corr. p*   60 separer PF (*ut uid.*) H
63 non *om.* P cum sumet modo si tantum o. S 65 similis quoque
P, *corr. p*   67 opta S^2 (*ut uid.*) | v 11 thalamosasamiramis P
12 lais] lilis S 15 tamquam me S: t. se F | vi 2 motu P
9 aut S 13 umbra PX^1 (*ut uid.*): umbre S 14 facta P
16 flumen P 31 hostis P 41 quis S 53 est P 54 ades
et] adesse P 65 pruinosus PQ^1Z moritur P 72 lenta P |
vii 14 foras P 33 amari P, *corr. p*   39 erat P, *corr. p*   51 at
stetit PT 54 et P | viii 7 concita] cincta P, *corr. p*   11 stel-
lantia PP_a^1 24 constitutusque P 27 esse P 34 uelle
tenendus P 37 delectis P 51 aere ni tentus P: ere renitenti
usu HP_h^1 64 NOMEN P (*in marg.*) ς, *ex A.A.* i 740   67 quia] qua
P, *corr. p*   79 quasi le prior P: quas ille prior S 97 uideant
PO_b^1 103 iubet P 108 defuncta S 109 me] te S: *om.*
PO_b 110 ad P | ix 3 congruit SO_b^1 14 altaque PSP_b^1
quaerit P, *corr. p*   16 demsa P: densa p 17 infestus P
20 adille P 41 nutus P: nudus $S\varsigma$ 44 aere mere suis
PO_b^1 (era) | x 6 unda S comis P, *corr. p*   7 eram P: erat ς
17 pretio *om.* S, *add. in marg.* pretium   iubebis S^1P_b: iubeuis S^2
18 condas P 22 iusto SP_fV_b 34 alter cur S: *de P incert.*
45 omnis S: *de P incert.*   53 a diuite] ad uitę P: ad uitte HN
60 uolui] noui SF 62 quae S | xi 1 incerto sed ordine P: in-
certo sed et ordine D 11 sensere S 14 fer SP_h: *de P incert.*
15 fuit PW^1 | xii 3 omnia $P\varsigma$ discere P (*corr. p*) X 4 ipsa S
21 infamis S: insanis O_b^1 25 iacerem P 30 inmunda P |
xiii 5 tenebris S 7 aer] humor $S\varsigma$ 39 manibus] magis P
44 fama $P\varsigma$ 47 iubebam PS: uolebam H | xiv 3 quid enim est
S: quid enim Z 5 timeris P: timores S^1 16 ornatrixcȝ tuo S
25 si S 27 scelus est scelus istos SP_aP_f 37 expectaris S 45 nec
SV_b 47 rubebas $SO_b^1V_b$ 51 latrumas P | xv 3 memore/ P:
memorem $S\varsigma$ patrem SX: patris V_a: patrie A_b 5 edissere S:

238

edisere $A_c{}^1$: edicere F^1W^1 6 ingratom P praestituisse S 12 cedet P
24 terram S unda P 39 facta PV_b 40 sequetur S

II i 4 tenebris $SO_b{}^2$ 6 tacto S 7 iuuenis S^1 (*ex* -um, *ut uid.*)
18 ille SNX 24 funtis P (*ut uid.; corr. p*) 29 profuerat ps
cantator pS 31 quinque P, *corr. p*: quidque s quod P 33 puella
P, *corr. p* 34 uenis S | ii 14 quod] ut S 15 hic P: hinc P_f
31 hic S: hinc HP_c 33 multum S 42 orbarde P (*corr. p*) S (-ę)
48 ingestum P 49 nocuit merito PSs 53 auras P (*corr. p*) SD
(*ut uid.*) 54 sit PA_cF (*ut uid.*) 58 damnauitque P 59 plora-
uit P, *corr. p* ut illa p: et illa S: et ille A_b 61 inis] in his P
63 aggreditur SV_b | iii 3 recedit S^1 9 cuspes S 13 apti]
digni S | iv 4 falsus $pSHV_b$ 7 ferendum S 9 certa] forma
S 13 captor S 20 placent SD 33 longa es]
longas S: longa s 39 capiet *semel tantum* P flauet P, *corr. p* |
v 3 peccare P, *corr. p* 5 puellae Ss 7 sic ut non] sic non te S:
sic te non B: ut te non X 13 me *om.* S 16 in] sub P
21 ieram P 39 poscit SP_h 56 quid clam S | vi 13 uite S^1:
uitae [*sic*] P_h 18 ingenuosa P 19 est $SP_c{}^1Q^1$ 39 manibus
om. S 55 ales *om.* S 60 pars sibi P, *corr. p*: pars ibi S^1 |
vii 1 carmina SA_b 2 et PE_a 10 malis S 18 contempe-
rasse P 20 iubet PS 22 conplectis P | viii 7 uero P 11 bre-
seidos P 12 seruaque mixenio phebis S 13 achilli P
21 repende] re P 28 quodque P | ix 21 -que *om.* SA_b 36 sunt]
se S 45 et] hęc S 49 ales P 54 populus P, *corr. p* |
x 1 tu grece P, *corr. p*: greci S 9 uestis P, *corr. p* 10 tenet p
(*ut uid.*) Ss 16 *om.* P, *add. in marg. p* 19 aut P 30 faci-
unt S^1 33 et] quia S 34 uiuat P, *corr. p* 35-36 contingat
. . . cum moriar] cum moriar . . . eueniat *sscr. p* 36 soluer& P,
corr. p 37 autque P, *corr. p* | xi 4 puluo P 6 presta P
9 timere S 11 miserabere P 29 tu S 31 est *om.* PW^1
33 ad P 46 cadit $PA_b{}^1$ 48 quidlibet S 49 narrabas S
55 algo P | xii 20 uertit] mouit S | xiii 4 sed] si S 7 arma Ss
12 prius P 14 pompam̄ S 22 numeris PV_aX 24 pedes
(*om., sed sscr. m*[1]) . . . tuos (t *ex* p) S 25 corinna] puella S^1T
26 -que *om.* P | xiv 2 p̂&atas P, p 8 seruetur S 12 lapi-
dis P 15 negasset $PV_b{}^1$ 21 ego *om.* S 24 crudelis P (*corr.*
p) Ss 30 caesam S 33 discite Ss 37 non *om.* P 40 quae S
43 tuto] tuo P: uoto $SO_b{}^2$ | xv 21 dedecore P 23 perfundis P:
perfundens s: *cetera nil moror* 25 libidinis urgent PS (-guent)
27 foueo S: moueo PP_f: moneo B_bV_b manus S | xvi 3 sollicitet
PS moto S scindat $SO_b{}^1$ 5 paeligna *om.* PS (*spatio relicto*): late
A_b licentibus P (*ut uid.*): liqentibus p: lucentibus S 8 paciferam
$SO_b{}^1$ padada P, *corr. p* (*ut uid.*) 9 herbas] undis S^1, *ex* 5

12 abest P^3 13 semideus S 19 tu PS 21 percurrere S,
add. perrumpere *in marg.* m^1 23 quia S 24 timeat S 29 umeros
P (*corr. p*) A_c^1 34 natem P 39 ferox S | xvii 1 puto P
3 sit P urit SP_f 9 sumuntur *om. S, spatio relicto*   10 nisi]
mihi S 22 herous] inuersus P 28 rogant S 29 circumferat
esse corinnam] corinnam fecerat oi (*ut uid.*) esse S 31 ripam P,
corr. p   32 padus populifer S | xviii 1 tu *om. S*   4 tenet P
7 uix *om. S*   25 quoque P: quotque p dido strictum S 26 aoniaere
suis amata P: eolie lesbis amica p: aniȩ lespis amate S 28 iocis P,
corr. p   34 tespis S^1 36 tradetur S | xix 2 ipse] esse S
5 superemus P, *corr. p*   11 o SZ 13 o SZ 18 quodque P,
corr. p   19 ocellos] amores pA_b^2 21 in *om. SE_a*   23 -que
om. Sς   adolescet S 29 cum S 31 cupit] libet P, *corr. p*: (de
qua)libet H 33 deludet S 52 ad P, *corr. p*   53 prohibebo
P: prohibebis P *ex corr.* m^1, *ut uid.*: prohibetur p 54 nox] nec S
55 nil . . . nulla] nec . . . mille S 59 iubet S: iubat P: iuuat $p\varsigma$
60 iubat P: iuuet SA_c^1

III i 3 pendens, *sed* -ns *in ras.* (*ut uid.*) P 4 querentur P
14 erant SD 27 risit S 28 iuuenca PS 30 inpleuit SA_c^1
37 est PSA_cX mouere S 44 deaeque P 46 haec] non S
50 adstrictas P: -is p 53 pependit S 55 meminit P 57 quod
SN (*ut uid.*)   adilla P: ad illam S 58 et atposita P 60 quod]
que S: quo ς 66 abde S 70 uocat PB^1X (*ut uid.*) | ii 2 ipsa]
ipse SA_c^1 14 rora P 21 a dextra] a latere $S\varsigma$ 24 rigida . . .
manu PS (*u.l.* m^1)   34 aquis P, *corr. p*   53 tenerique P 63 iuua-
uit P 74 et date] perdite S 79 superas patique P 80 fac
rata uota] sacrata uota P: uota sacrata O_b: sat rata uota $S\varsigma$ 81 rato
P | iii 6 orbe S^1 15 discite S 16 qur P 33 focis *om. P*
37 metuere P 46 diceret S | iv 1 custode tenere puelle S
11 inuitare SD 14 ora P fluminis $S\varsigma p_1 p_3$ 27 faciet PW^1
more PS 29 adultera] ut altera S 36 gesta P | [v 5 parato
P, *corr. p*   11 nubibus P 12 uertat S^1 17 dum iacet et]
dumque iacet SX 18 facto P 19 ferenti PSA_cP_b 23 perque
uobis (bouis p) niueo P: perque bouis neute Q (*ut uid.*)   26 niger]
nihil P 38 erat $P\pi$] | vi 3 nequȩ P, *corr. p*   5 refuge P,
corr. p   14 contulit $P\varsigma$ 31 Penee] pene hi P: obsecrante SHP_f^1:
cetera nil moror   35 ubi *om. S*   47 Ilia] illa PS^1 49 de-
lectaque P: dilectaque SO_b^2 51 animosis S 56 uitta] uincta S:
uicta ς 60 uidit P 61–62 illa . . . illa P: ilia . . . illa A_b: illa
. . . ilia O_b^1 62 omnes SZ 67 delecta PN: defixa $P_f W$
70 currenti SA_b 72 prodidit S^1 premente P 73 patriaque P
74 cum P 75 uestales . . . adustas S tȩda sinuit ora dullas P
80 rabidas S 95 pectore S 97 sitiens] totiens P hausisse S

103 spectas P | vii 6 effecti $PS\varsigma$ 10 supposuique P, *corr. p*
11 uocabit P, *corr. p*   13 membra *om. P*   19 at SF^1 (*ut uid.*)
20 amata S, *prob. Knoche*   23 clid&tur P, *corr. p*   29 nomine S
34 decidet SF 36 inde] iste P: ista S 37 iste S 39 ad
quale . . . cecidique P: TITIGI *in marg. P an p incert.*   41 pylicus P:
pillus S: pilus V_b: *cetera nil moror*   43 contigerant SN (*ut uid.*) P_h
44 noncipiam P, *corr. p*   50 possideat S 51 tacitis PD
61 si *om. P*   63 atque ego nunc S: atque ego non A_c 69 istinc
$S\varsigma$ 70 pollicitos P: -us S 79 benefica P: ueneficia S |
viii 2 haut S 6 quod PH^1 7 laudabit P, *corr. p*   10 per-
fertur P 11 nunc S 20 ille P 22 et dicet P fassus PA_c:
falsas $S\varsigma$ 24 at P inane] auara S, *ex 22*   25 simus SW^1
36 omnem P, *corr. p*   40 recepta $S\varsigma$ 50 regna] dona P
55 honorem S 61 tetrices libet P ille PS^1P_h (*ut uid.*): ipsa O_bV_b
64 toto P | ix 1 plorabit P 4 animasex P, *corr. p*   8 fructus
P, *corr. p*   10 tundet S^1 EXCIPIŪT *in marg. S* (= *u.* 11 *init.*)
16 cum] cui p 29 durus optat P, *corr. p*   35 facta P (*corr. p*) ς
falso $P\varsigma$ 37 uiue tamen p plus . . . plus P (*ut uid.; corr. p*)
40 quod bureana P, *corr. p*   42 pasce P, *corr. p*   57 sunt] sed P
doloris PA_bH 64 sanguis . . . prodigite P 65 siqueri modo P
67 urena P, *corr. p* | x 19 ne (= P_h^1) . . . omnes P 20 ioui PF
24 fassurum P (*corr. p*) A_b^1 26 fingentem PV_bX: findentem FP_b
creta terra P 29 ardere PHV_a 32 et *om. P*   uomerat uncus
P, *corr. p*   36 spictas &t acome P 37 fuit *om. P*   43 tristis
P flaua] flabant P, *corr. p* | xi 1 uincta P 6 capti P (*corr. p*)
B^1 7 perfer et] perferre P, *prob. Merkel*   properit P 11 ne-
scioqui P 12 ut] et P 13 uidit P sassus P, *corr. p*
18 tuis P 32 ut] et P, *corr. p*   37 reducet PH 42 morem P
43 amores PV_bW | xiv 10 submouet] mouet P 25 uocis P
41 neque P

Med. 13 prebens MC_e 67 affecerit MB_eL_a

A.A. i 9 erat et O qui] oui R (*corr. r*) OS_a 10 apta regi]
artegi R (*add. re sscr. R an r incert.*): arte regi S_a 14 pertemuisse R,
corr. R an r incert.: perten- O 27 uisae sunt O 31 tenuis R
(*corr. r*) S_a tenues uitte A 32 medio R (*corr. r*) O 47 con-
tinet $O\varsigma$ hamum ϕ 48 quia A, *corr. a*   57–58 quod . . . quod
(= b: quot A_b) . . . quod R (*corr. r*) A_b 59 quod Rb 64 con-
scius O 69 sui R (*corr. r*) OS_a 72 libia R (*corr. r*) OS_a
75 ueneris R (*corr. r*) OS_a 77 nemphitica RS_a 78 ipsa] ante
AB_b 80 referta R (*corr. r*) OS_a 89 ceruis O 98 est *om. A\varsigma*
101 primos R (*corr. r*) OS_a, *prob. Ehwald*: primo O_g 105 illae R
(*corr. r*) OS_a 108 fronte O 112 ludis R (*ut uid.*)   126 et

patuit multis tunc timor ipse dei S_a 129 aeque R *(corr. r)* S_a
130 quod pater est matri AFO_a 131–2 *post* 136 S_a 139 nulla
R *(corr. r)* OS_a 141 nec bene R *(corr. r)* OS_a 145 requires O
155 officio R (-tio) OS_a 167 manu R *(corr. r)* A *(ut uid.; corr. a)*
173 nimphe O 175 quis] uir O 185 tuis ROS_aAU 189 pueris
R *(corr. r)* S_a 199 feras R 201 uincantur . . . uincantur OL:
-untur . . . -untur S_aQ: -antur . . . -entur U 204 e nobis O: eu
nobis R: heu nobis S_a 205 euinces O 218 defundet O: -que
om. O *(add. m^2)* S_a 220 feruntur Os 222 refert R *(corr. r)* S_a
234 illa R *(corr. r)* OQ^1 237 caloribus $ROA\omega ep_1{}^2$: coloribus sp_3:
amplexibus $p_1{}^1$ *(sscr.)*   240 color ROb 245 hic] nec O
248 utramque deam A *(corr. a)* s 259 memorale Os 267 ubiq O
auertite Os 270 capias O 273 blanda $ROA_b{}^1$ 277 con-
uenient O: conuenie///t R: conueniet r 278 blanda rogansque
cogat O 281 *post* libido *add.* mortis R, *eras. r*   283 byblia R:
biblia O quae uetito A 285 amabit O 292 tabes AF^1 *(ut
uid.)*   295 passiue O 303 passiue O formossas O 304 iste O
307 credita mens RO 308 cuperis R *(corr. r)* O 316 se stulta]
est ulta RO 319 sacra] frena O: sacra r: *de R incert.*   322 placere
A *(ut uid.)* A_bB 324 uicta R *(corr. r)* O 329 repisset R, *corr. r*
330 abisset R: abiisset O 333 terra *om.* A: terris as 337 am-
torides R: aginorides O 339 phinetus O 344 negat ON
347 uoluntas O 348 animis OU 354 locis ROs 357 quod
R *(corr. r)* O 358 quod R, *corr. r*   359 tu R 361 nec] non O
367 hanmatutino pectentem R, *corr. r*: hanc matutina pectentem O:
hanc matutinus pectentem N 370 ipse R 373 properet R
(corr. r) O 381 cadam O 382 erat R, *corr. r*   393 abrepto
Os 402 aqua R 406 continuisse luna O 407 fugit O
sigillis] tapetis AO_a 408 oues O 410 nunc RO 411 si qui
R *(corr. r)* O: se qui P_aP_f 415 regendis ROs 419 uitaueris R,
corr. r: uitalis O 421 ueniat OE_a 422 expedeat O: -iat BF
423 inspiciens (aspitiens $P_a{}^1$) rapere . . . rogauit O 424 rogauit O
425 iurauit O 435 quod non mihi R, *corr. r*: quid mihi O
437 raris O 438 erat RA *(ut uid.; corr. a)* L^1: erit OB 445 te-
neret O 448 praeteritum] pretium OH *(sscr.)*   455 peroretur R
(corr. r) O_g: perhornetur O 457 pomo] primo OP_c: dono R, *corr. r*
458 apta (= O_b) . . . tuis O 463 desertus OO_a 479 nolit] noli R
(corr. r) O 487 siue *eqs.*] sibillator eresupina R, *corr. r*; sibi bella-
tore sopina O 491 uacuans O illis R *(corr. r)* OU 494 festi-
nas O 496 continuisse R *(corr. r)* O: conseruisse s 498 auferet
R *(corr. r)* $P_a{}^1$ 499 respicies OA_b 508 conciditur R
509 menoida ROO_gW^1 512 siluis] similis O: sililis N 518 re-
fecta ROH 521 odoratis R: -antis O: -anti B 526 atiuuat R
543 ecce] atque O 546 malus urget] calce urget O: male sedit r:

de R incert.   548 pater] senex OP_a: puer *D*   554 premit *R*
559 e *om. R*   *post* curru *add.* desilit *R* (*corr. r*) *O*   561 ualebit *O*
580 utiliter *O*   584 ne *A* (*corr. a*) ⟨   588 mandari *O*   589 a
om. R   bibendo *O*   592 et minimum *O*   605 amotus *A, corr. a*
617 esse *R* (*corr. r, ut uid.*) *O*   619 furtim ut *A, corr. a*   depre-
hendere *R* (*corr. r*) *O*⟨   620 pendes *R* (*corr. r*) *O*   628 opus *RO*
633 reddet *R*   amandum *O*   638 dura *O*   639 illis *R* (*corr. r*) *O*
641 adpossitum *O*   645 profana *O*   649 busiren *R*: bussiren *O*
piare *O*   651 ille *R* (*corr. r*) *O*   busseris *O*   652 inquit et]
incedit *O*   653 pericli *RO*   655 uterq̱ . . . neq̱ *O*   657 fal-
lent *RO*: fallunt ⟨   660 uideas *R*   665 pugnauit *O*   674 no-
lunt *O*   679 phoebi *R*: phebei *O*   sapori *O*   686 erit *R*
695 operosa *R* (*corr. r*) OF^1 (*ut uid.*)   700 ipsa *O*   709 prius *O*
711 roget *R, corr. r*   715 factus *R* (*corr. r*) $O_a{}^1$: flatus *O*   721 auditu
. . . tritice *O*   727 pallaide *O*: puella deae *R* (*ut uid.; corr. r*)   728 eras
R, corr. r   729 hinc *R, corr. r*   amandi OH^1L 733 arguet *R*
(*corr. r*) A_b putamus OP_a 734 comes *O*   736 sit AO_aO_g
738 amans *O*   739 admoneam *RO*: aut moneam *r*   743 actoridis
O: actoritis *R* (*ut uid.; corr. r*)   temerabit *O*   achilles *R* (*corr. r*) $OO_a{}^1P_c$
u. Append. ad. Rem. 473   746 tindare *R* (*corr. r*) $OO_a{}^1O_g$
747 superat *O*   748 supet *O*   749 nihil tibi *O*: nil tibi ⟨p_3
751 facimus . . . amandi *O*   752 quod *R, corr. r*   757 illis *O*
760 erat *O*   763 piscis *R* (*corr. r*) *O*   765 conueniat $OO_a{}^1P_a$
ad annos] adamanti *R*: in annos *r*⟨   771 ∫pat *O, cf.* 747, 748;
sed u. Lindsay, Notae Latinae, p. 299

ii 18 orbe] hoste *R*: arte *r*   27 patriam RO_b 34 quassis *R*
(*corr. r*) $O_b{}^1$ (*ut uid.*)   37 irae *R*   43 mouet *R, corr. r*   44 uiam
AO_b 57 ergo *R, corr. r*   64 ferant AO_bT: -unt ⟨   72 bine
RA, corr. ra   74 currus *R*   82 cunctaque *R* (*corr. r*) *U*
85 propriore *R*⟨   87 dispexit *R, corr. r*   100 reuellet *R, corr. r*: -at
aL   107 sed *R* (*corr. r*) *A*   108 quid *A* (*corr. a*) ⟨   110 captus
A (*corr. a*) DE_a 123 erit sed *R, corr. r*   125 ipsum *A*⟨   126 esse]
sese *R*: sepe *r*   necauit *R, corr. r*   128 illi *R* (*corr. r*) *A* (*corr. a*) O_g
129 illi *RA, corr. ra*   131 uirga *om. R, add.* uirgam [*sic*] *r*
fronte *R, corr. r*   133 fecit] pingit *A* (*corr. a*) *FL*   134 sit *om.*
RO_b (hicque t. sim.)   139 fluctus] fletus *R*: flatus *r*: fluctus *r* (*u.l.*)
162 quid *R, corr. r*   167 amet] aget p_1, *corr.* m^2: agat ep_3 168 ferat]
fuerat *R, corr. r*   169 me *om. R*   181 posses AO_a 201 flebit
deflere *A*⟨   206 ibi *R*   210 ipsa *A*⟨   213 ipsa *R, corr. r*
215 nec] nil *A*   sit] aut *R, corr. r*   222 i *om. R*   225 differt *R*
229 dicit *R* (*corr. r*) A_b 231 nec grau& & tempus sciensq; canicula
turdet *R, corr. r*   233 est *om. A*   241 factus *A, corr. a*   245 ad *R*
250 ille $RO_a{}^1$ 256 munere *R*   258 luna *R*: lussa O_a: iussa ⟨:

243

ausa $P_a{}^1$ 263 rapi R 272 ac R: hac O_g 273 praecipiant R, corr. r 274 et R 285 uigilantum A, corr. a 286 exiguis $RA_b{}^1$ (ut uid.)   306 quaerentis R 313 depressa $RA_b{}^2P_c$ 320 suae R, corr. r 327 uoue] uoces RF^2 (u.l.): uoce A, corr. a: uoc* $O_a{}^1$: moue ς 329 ueniet $A\varsigma$ 336 porrigit R 337 sed non] non tibi ϕ uentis R 355 torrebat A 356 tuos R 360 trepido A (corr. a) E_aQ (ut uid.)   363 fumose b 365 hic om. R, add. r: et A (corr. a) ς 373 non est . . . in ira ϕ 377 quam] cum R 379 flammamque AP_b 383 quem R 391 posset RA (corr. a) H^1 (ut uid.) P_c 393 nec $rA\varsigma$ 395 quotiens tibi scribes R, corr. r: q. illis (-s add. a) s. AT (om. totas): q. s. illi P_b (om. totas) 396 plumbis multę R (ut uid.), corr. r 403 adducta $R\varsigma$ 412 haec] quaedam ϕ 416 ista] nolo A (corr. a) O_aU 423 sumantur hiametia mella sumantur R 432 tumen RP_c 443 situs R 444 eliaendus R 452 genus R 459 gaudia menti b 462 tu A (corr. a) B_bU 466 habent $R\varsigma$ 482 aquas R 490 ferre R: fere r 497 his A (corr. a) ς 503 expectetur R 505 uetet R, corr. r 506 arte bibit A, corr. a 507 deserti $RA_b{}^1$ (ut uid.) O_a (-ant . . . -us) $p_1{}^1p_3$ 511 propriora $A\omega$ 512 ferat R 516 proponunt R, corr. r 517 quod ($= A_bp_1{}^1p_3$; corr. r) . . . quod R 519 quod b 520 madant R 521 uideres R: uidere r 522 ipse R putas R, corr. r 529 accides R uetabit R 531 coniecturam Rubenii esse ex Heinsii notis in Bodl. Auct. S. 5. 7 seruatis apparet   532 tempora R 537 uirtus] uincunt AO_g 550 quodlibet R 556 ab ore] amore N, ex. Am. III x 29; moneo tamen ne quis hinc praecedentibus fasso uictus ut diffidat inducatur   560 pestat R: praestat $A\varsigma$ 568 ducitur RW^1 569 simulac AO_a: simulat Q: simulet D 581 illa R 600 locis RL 626 nil e. m. nunc (nil p_3) ϕ 627 excutient somnis R 638 ipse A (corr. a) O_a: ille B 640 tactaque R 641 exprobare $R\varsigma$: exbrobre A, add. a sscr. a 645 speciosior $AO_a{}^2$ 646 qui om. R, add. r 647 feres] ferens R 653-4 post 656 ϕ 656 adsidue RW^1 (ut uid.; ass-)   657 mollisse AU 665 sit R (corr. r) A_b 667 iuuenis A (corr. a) ς 670 cura b 675 illis om. R 681 illi RAD: illic $a\varsigma$ non] tunc AO_a (ut uid.) 684 amare R 686 cogitet ADO_a 695 mihi om. R 704 at RB (ut uid.) O_a 707 inueniant R (ut uid.; corr. r) NW: -unt BP_f 713 bresei R: briseida r 716 at RA_b 719 reperies $b\varsigma$ 723 accendet . . . accendet R 726 currus $AO_a{}^2$

iii 4 uolet A, corr. a 5 erit A (corr. a) B 9 crimen diffundere ABO_a 12 perit R 15 ast A an a incert., H: at O_gP_f 20 -que om. R 25 pascuntur R (corr. r) P_aU 33 demisit R, corr. r 35 ad te $a\varsigma$ theseus R 51 ne laede] nede R 61 etiam num riceditis R, unde alii alia frustra coni.   80 cadit A, corr. a

81 quid *R*　　　90 melle . . . sumā *R*　　　103 quota parsque *A (corr. a)* ꜱ: pars quaeque ꜱ　　　peribit *AO*$_a$^{2}　　　109 inducta *A (corr. a)* ꜱ 115 capitalia quamque *R*　　　118 tenete *R*　　　129 non caris] praeclaris *r*　　　puellis *R, corr. r*　　　149 grandes *R*　　　150 ne quod apes *R, corr. r*　　　157 heuoe *R: cetera nil moror*　　　164 arte] certe *R* 166 arte *a*ꜱ: esse *BE*$_a$　　　167 pudor ꜱ, *Dilthey*　　　182 grauem *R* 185 quod *RBL*^{1}　　　189 breseida *R*　　　193 nec cruxa perire in *R*: (ha quociens monui) ne trux aper iret in *A* (iret *super ras. sscr.; uersus recte in marg. a*): ne trux aper iret in *N*: trux ne appareret in *F*　　　197 quod si *A, corr. a*　　　203 tenuis *R*　　　207 petite *RW*^{1}　　　224 comes *R* 226 altius *R*　　　235 ad non pectandos *R*　　　237 memor ora *R* 241 demouet *R*　　　246 turpida *R*: turgida *A, corr. a*　　　261 menda] mendo *R, prob. Merkel*　　　272 uinclis] cum dis *R*　　　277 loquetur *RDT* 280 ridento *R*　　　ferens *R, corr. r*: feret ꜱ　　　285 perpetua *R* 288 risuꝗ *AP*$_a$　　　putas *A (corr. a)* ꜱ　　　290 riudet *R*: ridet *r*: ridit *A (corr. a) O*$_a$^{1}　　　291 qui *R, corr. r*: quid ꜱ　　　299 est et incessu *RL* incensu *A*　　　302 accipit et extensos *R*, ext- *eras. r*　　　306 molliter *AO*$_a$^{2}　　　313 hic . . . resoluet *R*　　　320 mea *R*　　　354 tuos *R* 355 iactat *R*　　　356 quam quoꝗ uocet *R*　　　357 laudat *RLP*$_a$^{1} 364 tot *R*　　　375 resonet *A, corr. a*　　　381 locos *R*　　　388 cum] qua *R* 393 bacchae *R*　　　398 ueste *Ra (u.l.) B*$_b$*O*$_g$　　　399 superes et] superest *R*: superes ꜱ　　　401 cous *om. A*　　　404 habet] erit *A (corr. a) P*$_c$　　　438 posset *AO*$_a$　　　439 manere *R*　　　443 liquido fallat *ADU*　　　454 amoris *A (corr. a)* ꜱ　　　465 uiris *A*ꜱ　　　469 uadunt *R, corr. r*　　　476 ne *R, corr. r*　　　478 ueniet *AO*$_b$　　　484 e studio bis uestros *R*　　　490 fluminis *RO*$_b$　　　492 iure *RA*$_b$^{1}　　　496 ulla *A (corr. a) U*　　　498 ille (-a *aO*$_a$) . . . ante *AA*$_b$^{1}*O*$_a$　　　510 cominus *A (corr. a) O*$_a$　　　511 experte (= *N*) . . . factus *R*　　　538 multis *R, corr. r*　　　542 pectus *R*: specus *r*: lucus ꜱ　　　544 sumus *R, corr. r* 546 erunt *RB*^{1}　　　554 uisa caere *r*. amens (amans *r*) *R*　　　556 artificetque *R*　　　557 iuuenta *R*　　　573 uritur *O*$_g$　　　et umida *RA (ut uid.; corr. a)* ꜱ　　　575 illa *R*　　　576 qua *R (corr. r) O*$_a$　　　celeri fugiunt *AU*　　　580 locis *RB*$_b$　　　612 preteritus erat *R*　　　614 docet *AN*　　　617 adsint *R, corr. r*　　　618 quod *R*　　　621 scriptor *A* 629 qua *R*　　　631 at fuit *RT*: afuit *A*: et fuit *O*$_g$　　　634 uinctos *R*ꜱ 636 quodque *A, corr. a*　　　649 mala *RO*$_g$　　　652 posset *R*ꜱ 656 uir *sscr. a, sed ita ut glossa in* ipse *fuisse uideatur*　　　660 solas *R* 667 corpore *A, corr. a*　　　672 gladio *R*　　　673 efficit et *R*: effice nam *D*: efficere hoc ϕ　　　689 legit *R*　　　700 auditas *R*　　　713 tum *R*　　　715 aure *R*　　　720 putet *AU*　　　734 tale *R*: tala *rF*^{1} *(ut uid.)* 740 hoc face & posita eu temihi terra liu& *R*　　　751 incende *RO*$_g$ 764 constant et nequa sint *A*: nec quae sunt iuxta *eqs.* ϕ　　　766 illi *R* 783 philleida *ALP*$_f$: phillida, philacida, phillacia *sim.* ꜱ　　　784 soluere et fusis *R*　　　789 phoebi *R*　　　794 iubet *R (corr. r) O*$_g$　　　796 locis *R*

799 torpent R, *corr. r*   801 confinges $R\varsigma$ 802 ipse R
803 quid& iuueat & uos & a. argiat o. R 804 et color et centum
pars *eqs.* ς putet R 807 fenestras R, *corr. r*   809 iussus RO_g

Rem. 8 faciem R, *corr. r*   11 nunc nostras E 14 nauigat E^1O_g
17 collum laqueo KO_e nudatus $REA_b{}^1O_b$ ab alto $K^1P_aP_h$
19 uiscera K^1D 20 habent K^1 (*ut uid.; corr.* K^2): habet ς: habe P_c
26 te lacerent R (*corr. r*) E^1 (*ut uid.*)   34 capto $K^2\varsigma$ 37 comptus
R: contemptus ς funere EM_aO_g 42 exsomni R, *corr. r*
51 quid] quis R 59 contra suos filios uiscera E 60 est *om.* E^1
(*ut uid.*) O_gZ^2 62 potuisset $EO_g{}^1$ 64 habebit R (*corr. r*) O_e:
abibis E 70 erit $EP_a{}^1$: erat M_a 71 uoluistis E 73 suprema EB 74 faueto EA_b 79 medici R 85 potantibus E
91 obsta (-at $p_1{}^1$) sera est m. medentis $W\phi$ 92 male R inualuere
K^1: incaluere P_h 93 profer K^1 96 dies est KC_aO_b 100 nec E
102 lentae E 106 male R, *corr. r*   112 manum R, *corr. r*
113 multos annos sanatus creditur E 118 procumbere R, *corr. r*:
succubuere K^1: conualuere ς, *ex* 92   119 est *om.* E 121 discendere R, *corr. r*: discedere $K^2C_c{}^1$ 126 ueneris RP_c 128 est *om.*
K 131 medicinae R ars   fere *sscr.* K^2, temporibus *non mutato*
145 nullo sub $X\phi$ 146 alliaque E tempore R (*corr. r*) P_cQ
147 animos in uulnere R, *ut uid.*: animoso in uulnere r: animosa (-o m^2)
ĩ puluere K^1, *add.* uulnere (*u.l.*) *in marg.* K^2 149 sequi] siquis R,
corr. r   154 suspice R dile/// R: dilectẹ r: dulicie E 155 magna R
157 parthique EDQ^1 158 refert . . . binas (-a K^2) K^1 164 transtulerant REM_a 165 sine opera uelli . . . gerebant (-at m^2) E
166 sine foro E: si uero R 171 iubet R sub pondere $EA_b{}^1$
178 tot dantes R 179 rupesq; p̄ruptasq; E^1 182 canum EO_e
185 exanima R, *corr. r* ł coposito fumo ł mos K^2 *in marg.*   186 torta K^1
188 uerba K^1 194 deducere K 195 ueneris KC_a 196 operata
R, *corr. r*   198 pugnis K^1 204 auersa KC_cF^1 212 erit $E\varsigma$
221 quod . . . quod R (*corr. r*) O_e supersunt $K^1\varsigma$ 234 praecipuus
labor est ϕ 235 prima iuga $E\varsigma$ 237 patriis laribus EP_bP_h
pigebat E^1: pudebit K^1 238 sed] et $E\varsigma$ 239 reuocauit RE
243 dediscere R letus E 247 quid quod et EDX 248 creuerit K^2 (*u.l.*) P_hQ^2 (*ut uid.*)   249 eumonie E 255 exibit K
259 deponant E: -unt B 261 qua E^1: quam E^2 (*ut uid.*)   Phasiacae] pasiphe RP_a: phasidẹ K^1 262 peteres K^1 267 nec EA_b
268 mansit $K^1\varsigma$ 279 nota E 284 tua est R (*corr. r*) F^1 (*ut uid.*)
$O_g{}^2$ (*ut uid.*)   286 uotis K^1 288 illic E: illi HZ^1 (*ut uid.*)
301 ea est contenta rapina K 302 mittit K^1H 308 nec difer E
311 puelle R (*corr. r*) $E\varsigma$ 315 adsiduae R 319 quod KB^2 (*u.l.*)
326 limine te falle E 340 ille refert E: illa refert B^1 341 uixerit K^1 342 mane] mater E 343 auferimus RW 344 ipsa

puella] femina saepe φ   tui R, corr. R an r incert.   346 hoc oculis R   aegide] egit E   diuus K^1 347 deprehendes $R\varsigma m$
348 excidit K   352 obstet ut eas E   356 huie K^1: huic K^2:
hinc K^2 (u.l.)   357 medios praestamus (-emus Q) in usus K^1Q
368 huic (= Q^1: hunc O_e) . . . quod R, corr. r   370 iouis] iocus R
375 sonent E   tragicos om. R: tumidos rF: tragico E^1 376 e modicis K^1 379 eleia K^1: ellia K^1 an K^2 incert.: elegia K^2 (ut uid.)   canta
mores R: cantat amores r   383 andromache K^1m: -en K^2: -ē EC_c
thaidis artes $K^2C_cQ^2$ (u.l.)   387 se spondet R (ut uid.; corr. r): se
respondet K^1 391 docebo K^1 402 qualibet RO_gm 406 iuuat E
unda] umbra R   sit $R\varsigma m$ 407 sed pudet E   putet R, corr. r
dicat K^1 410 quo RO_g 413 at] ad R, corr. r   416 tracturusque $K^2\varsigma$ 419 uocabis R (corr. r) O_b^1: uocauit E   421 spetiosum
R   423 usum K^1 424 grandis] magnus $K^1\varsigma$ 427 falso K^1
431 quod om. R, add. autem r   433 istamquere R, corr. r   438 ipsa
rO_b uiuere E   443 biperato R: biperto E: bipertitus K^1
444 subtrahet K^1Q: -at O_b 453 progne deperdidit R: progne perdidit ς prodidit K^1 457 summo E: summus K^1 462 uinatur
R, corr. r   464 quam quem] quamq̄; Ep_3^1 (u. Lindsay, Notae Latinae,
p. 234): quem quoque r: quam quoque p_3^2 467 uidi E   472 nata E
473 achilles R (corr. r) Q^1: u. Append. ad A.A. i 743   485 curas K^1D
493 delebiṣ R   503 dediscitur usus EK^2 (u.l.) ς 505 dixerat EK
506 et si fuerit E   508–12 post 518 E   508 om. m   511 factus
R, corr. r: falstus E   512 nostro K^1 514 praepositus. frenis
eqs. Burmannus ad loc.: uoluisse propositus ex erratis (Tom. iv, fol. Ll 1ᵛ)
apparet   515 quod si non E   fiat EE_ap_2 516 nimium $E\varsigma$
aues R, corr. r   518 sumere . . . caedit R, corr. r   tuus E   521 fati
R (ut uid.; corr. r)   522 promptius K^1 529 uictusque K^2 (u.l.) ς
530 suppede R   532 quoque K^1 533 proditus K^1 534 METRṼ
R in marg.   535 quod et praecordia possunt E   537 nulla RM_a^1
539 malis E^1 551 lethus E   sonat E^1 556 erit K^1F^1 (ut uid.)
557 sollicitus R   561 quia E   quipute alia namque R   563 cadant K^1 564–5 ISIDOR' ĒPS DIXIT R in marg.   569 iniquam R,
corr. r   571 nobilis R (corr. r) $K^1\varsigma$ agant K^1 572 caùsam R,
corr. r   577 undam E: undas K^1 (ut uid.; sed medias K^2)   578 cogar R, corr. r   582 auxilio] in populo K^1, ex 580   586 adest $K\varsigma$
588 ne R, corr. r   tuis R (corr. r) E_a 601 post 602 E   607 exemplum R, corr. r   609 me E   611 et EK^2 (sscr.) H   613 ames
K^1P_h 614 etiam] que E   619 manet EHP_a recedis EQZ
622 occursus EP_aT 627 solq; E   630 posses E   erat E
633 nec KA_bB 635 tangam R (corr. r) Z: tangis K^1 638 preserit
R   639 seruus] paruus E   640 nomine] non est E   641 rogatri˙ & E: rogari O_g 642 profer K^1 644 referes K^1 647 queraris E   648 dicat R, corr. r   649, 652, 655 (= P_c) sed] si E

651 solq; *E*   653 fallat ad et *R, corr. r*   aures *R (corr. r)* $A_b{}^1$ *(ut uid.)*   657 amore *E*   662 amonitus *E*   666 prodiderat K^1A_b
669 discedem pacem *E*   pane K^1 671 dederis K^1P_b lege K^2
(u.l.) D   672 minore *R, corr. r*   677–8 tunc . . . tunc . . .
tunc K^1 678 tuis K^1 681 placeat E^1P_h 683 uris K^1TX
(ut uid.)   684 quoque *R*: quisque M_a: queque E_a: quẹque (do-
cenda) *Z*   685 qua *R, corr. r*   sperauimus *K*   687 et tu K^1P_h
quis *E*   690 oculis *R, corr. r*   691 opugnantur E^1 692 &or-
aeis *R, corr. r*   694 tamen *om. E*   695 dileuat *R*   696 et
K^1P_c ipsa *KT*   697 quis ille est *R, corr. r*: quid silet est *E*
700 rapta *E*   ausim] auis *R*   703 monenti *E*   704 ades] eris *E*
705 abest *R, corr. r*   714 non EE_a: nec *KW*   716 in] cum K^1ʂ
718–66 *hic om., add. in calce operis* K^1 719 inuictus RC_aM_a
721 thespias *R (corr. r) K*   722 flammis *E*   723 multa *RK,*
unde ad 725 *Heinsii nota* 'multa *Regius*'   725 fugite $RM_a{}^1$ 729 ad-
monitus $RC_c{}^2$ uultusque E^1 731 poenae *R*   734 redardesq;
mō *E*   735 cupient *E*   737 captus K^1 739 sunt *K*   741 alio
R (corr. r) E_a 743 perdet K^1O_b 744 hec *E*   746 aliter $EP_h{}^1$
747 quam EKM_a 751 non] noli *E*   752 bene de] blande K^1
754 uox atque humeris b. nota *E*   763 patuit *R*   765 gallo durus
discedere lecto *K*: ⸋ gallo K^2 *in marg.*   767 *et suo loco et in calce (cf.*
quae ad 718–66 *adnotaui) tradit K*: *post* 764 *E*   quod] quis EB^2F^2 *(ex*
qui): quid ʂ   772 quod] quid *E*   773 cretem *EX*: -am ʂ
777 breseide *R*   781 non *K*ʂ   783 nam se quod *E*: sed q se K^1
(ut uid.)   brisseda *R*: briseide *K*   787 et] que K^1 788 celeris *E*:
scelerė *K*: sceleri ʂ, *solito errore*   791 dolebat *E*   800 et] *q*** K^1
803 da *R*   munera *E*   811 serta] ꝓta *E*

INDEX NOMINVM

( ) = nomen per circuitum significatum
[ ] = nomen spurium uel corruptum uel alioqui dubium
* = nomen ex coniectura ortum

249

Encelados *Am.* III xii 27.
Endymion *A.A.* iii 83.
Enipeus *Am.* III vi 43.
Ennius *Am.* I xv 19; *A.A.* iii 409.
Eous *Am.* I [viii 5], xv 29; II vi 1,
 [xv 10]; *A.A.* i 202; iii 537.
Ephyraeus *A.A.* i 335.
Epistula (*sc. Heroidum*) *A.A.* iii
 345.
Erato *A.A.* ii 16, 425.
Eriphyla (*Am.* I x 51); *A.A.* iii 13.
Error *Am.* I ii 35.
Erycina *Am.* II x 11.
Eryx *Am.* III ix 45; *A.A.* ii 420;
 Rem. 550.
Euadne [**Am.* III vi 41]; (*A.A.* iii
 21–22).
*Euanthe *Am.* III vi 41.
*Euhios *A.A.* i 563.
Euphrates [*Am.* II xvii 32]; *A.A.*
 i 223.
Europa (*continens*) *Am.* [I x 1];
 II xii 18.
Europa (*puella*) (*Am.* I iii 23–24;
 III xii 34); *A.A.* i 323; (iii 252).
Eurotas *Am.* I x 1; II xvii 32.
Eurus *Am.* I iv 11, ix 13; II xi 9,
 [40]; III xii 29; *A.A.* [*i 373];
 ii 431.
Eurytion *A.A.* i 593.

Falisci *Am.* III xiii 1, 35.
Faliscus *Am.* III xiii 14.
Fors *A.A.* i 608.
Fortuna *A.A.* ii 256.
Forum *Am.* III viii 57.
(Furiae) *Am.* I vii 10.
Furor *Am.* I ii 35.

Galatea *Am.* II xi 34.
Gallicus [*Am.* II xiii 18]; *A.A.* ii
 258.
Gallus (*poeta*) *Am.* I xv 29 (*bis*), 30;

III ix 64; *A.A.* iii 334, (537);
 Rem. 765.
Gangetis *Am.* I ii 47.
Gargara *A.A.* i 57.
Germania *Am.* I xiv 45.
Germanus *A.A.* iii 163.
Geta *A.A.* iii 332.
Gorge *A.A.* ii 700.
Gorgoneus *A.A.* iii 504.
Gradiuus *A.A.* ii 566.
Graecia *Rem.* 164, 468.
C. Pomponius Graecinus *Am.*
 II x 1.
Graius *Am.* III xiii 27; *A.A.* i 54,
 686.
Gratia *A.A.* ii 464.
*Gyes *Am.* II i 12.

Haedus *A.A.* i 410.
Haemonius *Am.* I xiv 40; II i 32,
 ix 7, [xv 10]; *A.A.* i 6, 682;
 ii 99, 136; *Rem.* 249.
Halaesus *Am.* III xiii 32.
Harmonia *A.A.* iii 86.
(Harpyiae) *Rem.* 355.
*Hecale *Rem.* 747.
Hector *Am.* I ix 35; II i 32, vi 42;
 A.A. i 15, 441, 694; ii 646, 709;
 (iii 110).
Hectoreus *A.A.* iii 778.
Helene (*Am.* I x 1–2); *A.A.* (i 54,
 685–6; ii 6), 359, 365, 371, 699;
 iii 11 (*bis*), (49), 253, 759; *Rem.*
 65, (458, 774).
(Heliades) *Am.* III xii 37.
Heliconius *Am.* I i 15.
Helle *A.A.* iii 175, (336).
Hercules *Am.* III vi 36; *A.A.*
 (ii 217–22); iii 168.
Herculeus *A.A.* i 68; *Rem.* 47.
Hermione *A.A.* i 745; ii 699;
 [iii 86]; *Rem.* 771.
Hero *Am.* II xvi 31; (*A.A.* ii 249).
(Hesiodus) *A.A.* i 27–28; ii 4.